KB196981

양자적 인간

『양자역학과 동양철학 그리고 나』 개정 증보판

인과론적 사유에서 상관론적 사유로

양자적 인간

A Quantum Person

김환규 지음

개정 증보판을 발간하며

이 책에서는, 현재 지구촌에서 일어나는 자연환경과 과학, 산업, 인간의 가치관과 인간관계가 도무지 정신 못 차릴 정도의 엄청난 변화를 겪고 있는 지금, 나름 공인된 서양의 양자역학이라는 물리과학과 분석심리학 등의 학문과 서양의 여러 철학적 이론과 주장들을 살펴보고, 새롭게 조명되고 있는『주역』과 동양의 여러 사상들을 살펴서 두 영역과의 관련성, 유사성, 정합성을 발견하고자 한다. 그리하여 새로운 시각을 확보하여 **배타적으로 존재하는 인간 개인을 파악하고, 인간관계의 문제를 해소하여 화합하고, 지구와 인간의 공존을 모색하여 작금의 제반 문제를 해결하는 데 도움을 주는 것을 목표로 한다.**

맨 처음, 2023년『양자역학과 동양철학 그리고 나』라고 하는 책을 발간한 이후 독자의 입장으로 책을 읽어 보았다. 천천히 새롭게 읽어 본 소감은 정말, 발행된 책을 모두 회수하고 싶은 정도였다. 왜냐하면, 부족한 부분이 많이 보였기 때문이다. 생각건대 기본적으로 출간을 너무 서두른 측면이 있었다.

제일 먼저 책의 내용을 서술함에 있어서, 너무 깍두기 썰 듯 딱딱 끊어지는 내용의 전개가 너무 심했다. 부드럽다거나 유려하다거나 하는 표현은 차치하고라도 너무 서술 형식이 딱딱하여 독자들께서 저자의 의도나 주장을 받아들이기가 상당히 어려웠을 것으로 느꼈다.

두 번째는 책에서 제시하는 어떤 주장이나 논거를 주장하기 위해, 비교하거나 비유하거나 제시하는 자료가 상당히 두루뭉술하여 애매하거나 생략되거나 하여 설득력이 매우 약한 경우가 있다고 느꼈다.

세 번째는 주제 자체가 일반인들에겐 어렵게 느끼는 매우 물리과학적 소견과 더불어 철학적 사변을 요구하기 때문에 좀 더 세밀하고 친절한 설명과 자료의 제시가 필요함에도 내 머릿속에서 움직이는 사유가 점프하는 일이 많아서 독자들께서 이해하기 힘들 만큼 좀 더 세심하지 못한 부분이 있음을 보았다.

네 번째는 많은 인용 학설과 법칙과 과거로부터 전해져 오늘날에도 그 경전의 위치한 저작들을 소개하면서 이 책의 주제에 부합하는 결론을 끌어내는 과정과 그 결론에 대한 저자의 생각이나 주장이 미흡한 점이 크게 드러났다.

이러한 문제들을 보완해야 한다는 무거운 책임감과 압박감을 통감하며, 부족하지만 드러난 문제점을 나름 보완하여 완성도를 높이기 위해서 개정 증보판을 내면서 『양자역학과 동양철학 그리고 나』를 『양자적 인간 : a Quantum Person』이라는 제목으로, 천지자연의 원리와 인간의 생체조직 구조의 근본적 인자인 양자의 원리를 파악하여 독립적 인간인 '존재론적 나'를 들여다보는 시각에서 한발 더 나아가 사회적 존재인 '지구적 인간'을 조명하는 시각으로 넓혀 보았다.

끝으로 공무원 신분인 아인슈타인을 발굴하고, 지금의 양자개념을 발견하여 양자역학의 아버지로 불리며, 현대 물리학이라는 새로운 장을 열게 만든 장본인인 막스 플랑크(Max Planck)의, 다음에 소개하는 한마디 말이 『주역』을 공부하는 나에게는 큰 울림이 되어, 좀 더 동서양의 인식 문제를 생각함에 있어, 중도적이며 보편적인 무엇을 찾기 위한 과정이 여기까지 온 것 같다.

> "과학은 자연의 궁극적인 신비를 풀 수 없다. 최종 분석에서 우리 자신은 자연의 일부이고, 외부 세계에 대해서 우리가 형성한 모든 관념은 궁극적으로 우리 자신의, 인식의 반영일 뿐이다. 우리는 자기-의식에 반하는, 곧 자기의식과 무관한 자연은 논리적으로 말할 수 없다."

일러두기

먼저 이 책을 쓰기에 앞서 독자들께 고백 아닌 고백을 하고 시작해야 할 것 같다.

사실 맨 처음 이 주제를 생각하게 된 것은 사부님께 배운 바대로 근 20년이 좀 지나도록 상담하는 일을 하는 과정에서 설명할 수 없는 여러 가지의 임상 결과들을 보면서 '이것은 뭐지?' 하고 마음속으로부터 질문이 계속되었다. 그리하여 그 질문에 대한 답을 찾기 위해 한 걸음씩 걸어 들어가게 되었고 논문을 쓰는 마음으로 시작하여 결국에는 생각지도 못한, 책이란 것을 출판하기에 이르렀다.

막상 이렇게 되고 보니 언감생심, 모자람투성이인 내가 세상을 향해 나름의 주장을 영원히 기록될 책을 통해 말하는 것이 너무 교만하고 누(累)가 되는 것이 아닌지 진정 염려가 크다. 그리하여 나의 적나라한 학문적 과정을 설명이라도 하는 것이 독자를 위한 조금의 성의라 생각하여 써 본다.

나는 대학에서 『역경(易經)』과 관련된 학문을 전공하지 않았다. 단, 고등학교에서 화학공업과(化工科)를 선택하여 3년간 화학과 물리 기초를 배웠고, 서양철학과 심리학은 대학에서 교양 과목으로 개론 정도만 배웠을 뿐이다. 『노자』, 『장자』, 『회남자』, 『묵자』, 『포박자』, 『서경』, 『논어』, 『시경』, 성리학의 이기론 등 동양철학 역시 정규 프로그램이나 선생님에게 배우진 않았다. 그러나 서적 유통 사업을 영위하면서도 매일 접하는 서점에서 좋은 책들을 발견하여 틈틈이 읽고 공부하였다.

42세에 『역경』에 입문하고 나서 본격적으로 관련 도서들을 통해 스스로 공부하기 시작했다. 특히 서양철학 관련 책 중에서는 대학 새내기 시절 『서양 철학사』 상하권(버트란트 러셀 저, 최민홍 역, 집문당 출판)을 읽은 것은 서양철학의 기초 소양을 쌓는 데 많은 도움이 됐다. 이후 서양의 여러 사상을 배우고 읽어 이해하는 데 큰 어려움은 없었다. 물론, 서양철학 개개의 연구를 하는 전문 학자들의 수준을 이야기하는 것은 아니다.

불가(佛家)의 사상을 배우는 데 있어서 몇 가지의 경전들과 여럿의 책들을 읽었고, 특별히 김영사 출판, 나카가와 다카 주해, 양기봉 역의 『육조단경』과 빛과글 출판, 다카가미 다쿠쇼오 저작, 김명우 역의 『반야바라밀다심경』, 그리고 해인사(海印寺) 장경각에서 출판한 『백일법문』 1, 2권과 『선림고경총서(禪林古鏡叢書)』 37권을 어렵사리 구하여 읽은 것이 두고두고 기억에 남는다. 지금은 완전히 새롭게 다시 출간한 것으로 안다. 물론 지금도 『반야심경』과 『금강경』을 매일 읽으면서 그 뜻을 새롭게 곱씹기도 하지만 결국 투철한 수도를 통한 오(悟)와 각(覺)을 아직도 이루지 못한 것은 달팽이 뿔 위에 올라앉은 형국이고 나의 한계이며 처지이지만 말이다.

성리학 영역은 대표적으로 고려대 출판부 출판, 윤사순 교수의 『퇴계철학의 연구』와 서광사 출판, 민족과사상연구회 편찬의 『사단 칠정론』 그리고 통나무 출판, 손병욱 역주의 『기학』과 명문당 출판, 김형주 역의 『서화담 전집』 등이 있고, 『역경』은 출판된 책들을 거의 다 보았으며 새롭게 발굴, 발견된 자료를 바탕으로 『역경』의 역사와 기원, 시대 상황 등을 서술한 글항아리 출판의 『상나라 정벌』은 『역경』의 참모습과, 시대적 상황, 그리고 본문 해석에 있어서 실체적 접근을 통해 나를 좀 더 큰 세계로 눈을 뜨게 해 주었다.

천체물리학, 우주론, 일반 물리학, 양자물리학 등도 역시 모두 나열할 수는 없지만 여러 가지 책들을 시간 가는 줄 모르고 읽고 이해하고, 배우는 중이다.

스승이신 충주의 고(故) 송술용 선생님께서 권하신 대로 완전히 새로운 영역인 『주역』의 세계에 들어가 홀로 장님이 코끼리 만지듯 하며, 몽골의 광활한 벌판을 조심스럽게 한 걸음씩 내딛는 마음으로 공부에 매진하면서 하나씩, 하나씩 관련 영역을 어렵게 들여다보며 여기까지 왔다. 그럼에도 다시 말하지만 이관규천(以管窺天), 이려측해(以蠡測海), 이정당종(以莛撞鐘), 즉 대롱으로 하늘을 보고, 고둥 껍데기로 바닷물을 재며, 작은 막대기로 종을 치는 그러한 우매하기 그지없는 짓을 범하는 것만 같다. 지식도 얕고, 논리 전개도 부족한 내가 『역경(易經)』을 중심으로 파악한 원리를, 가장 최근의 서양 과학인 양자역학과 심리학 분야와 비교하고 분석한다고 하는 것이 혼란만을 부추기는 우(愚)를 범하는 것은 아닌지 두렵고 불안한 것이 사실이다.

그럼에도 다만 바라기는 나는 독자들이 이 책을 통해 도도히 흐르는 큰 강물의 흐름처럼 각기 인간과 세상에 존재하는 것들과 활동의 본질을 고민하고 들여다보고 또, 생각하고 생각하여 그 원리를 꿰뚫어 내어, 주체적으로 개인의 행복을 이루며, 너와 내가 서로 얽힌 사회생활에서 오는 스트레스에서 해방되는 지경에 이르기를 바랄 뿐이다. 그렇기에 되도록, 각

이론의 전공자들과 달리 기존에 통설로 굳어졌거나 학문적, 이론적, 실험적으로 검증되어 정설로 인정된 사실들을 중심으로 논리를 전개해 나갔고 함수관계나 물리 공식, 수학적 이론 전개 등은 설명하기엔 지식이 너무도 짧으므로 등장시키지 않으려 애썼다.

또한, 인간의 삶과 인간관계에서 일어나는 많은 번민, 그리고 인간에게 불행함을 가져다주는 문제와 우리가 사는 지구촌 전체에 엄습하고 있는 문제의 본질들을 양자역학과 동양철학 특히,『주역』원리와의 상관관계나 유사성 등을 통해 독자들 스스로 밝혀내고 이해하는 데 도움을 주는 것을 이 책의 목표로 삼았다. 그리하여 일반 독자들께서 이 분열의 사회를 살아가는 과정에서 너와 나를, 나와 사회를, 인간이 활동하는 지구촌 전체를 살펴보고, 사회 전체가 서로를 이해하고 화합하여 좀 더 평안하고 행복한 마음이 되어 하루하루 기쁘게 살아가는 삶이 되기를 바라는 바이다.

그리고 양자역학의 제 이론과 동양철학의 여러 가지 원리를 살펴 최종적으로 증명된 이론과 원리를 드러내어 일반화된 설명을 통해 동양철학 상담 전문가들에게 좀 더『주역』의 원리를 깨달음의 영역까지 확실하게 공부하는 데 도움이 되고자 할 뿐이다.

그러하기에 여기에서 논의하는 서양 학문에 대해 나의 소양과 지식은 깊지도 넓지도 못하지만, 그 원리를『역경』과 비교 분석한 것으로 평가해 주길 바란다.

목차

시작하기 앞서

내가 살면서 여러 가지 마음이 요동치거나,

너무 많은 것들을 붙들고 있어서 힘들어하는 사람들에게

내가 꼭 붙들고 있는 생각이 있어

항상 새롭게 들려드리는 말이 있다.

그것은 바로

"나(사람)는 분명히 죽는다! 지금 바로 죽을 수도 있다!"이다.

이 생각을 놓지 않고 있으면 참으로 가볍다. 내가!

중국 동진 시대 스님이신 승조(僧肇) 스님께서 형장에서

돌아가실 즈음 남기신 임종게(臨終揭)가 있어 소개한다.

四大元無主(사대원무주)

지, 수, 화, 풍으로 이뤄진 내 몸은 주인이 없고

五蘊本來空(오온본래공)

색, 수, 상, 행, 식의 모든 인식 작용에 의한 것은 본래 공한 것이니

將頭臨白刃(장두임백인)

내 머리에 서슬 퍼런 칼이 내리친다 해도

猶如斬春風(유여참춘풍)

마치 봄바람을 베는 것 같으리라

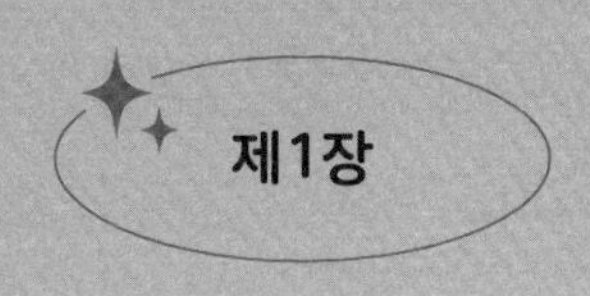

서문

제일 먼저 『주역(周易)』이라는 말의 기원을 역사적으로 살펴보자. 기원전 2,000년경 요순시대에 곤의 아들 우(禹)가 치수 사업을 벌여 성공한 공로로 순임금에게 왕위를 선양받아 세운 중국 최초의 세습 왕조인 하(夏)나라와 뒤이어 하나라의 17대왕 걸(桀) 임금을 쳐서 하나라를 무너뜨리고 천하를 통일한 탕 임금(B.C 1766~1754)이 건국한 상(商)나라(참고로 다음에 등장하는 주나라 사람들은 상나라를 은이라 불렀다), 뒤이어 상나라 31대 마지막 임금 주(紂)를 멸하고 등장한 주(周)나라 시대의 역이라 하여 붙인 이름이지만, 그 역사를 살펴보면 이미 하나라 때부터 존재하는, 하늘의 뜻을 살피고 인간의 운명을 예측하는 영역으로서의 역을, 단정적으로 『주역』이라 함은 부족함이 있다. 그러나 역을 완성한 공자가 펼친 유교의 영향이 지대한 역사를 지나온 현재로서는 습관적으로 사용하기는 하지만, 주나라의 역이라는 의미보다는 '역'이라는 보통명사의 의미로 쓰고 있음을 밝힌다.

『역경』은 사마천의 『사기(史記)』에 따르면, 상고시대로 거슬러 올라가 동이족 환웅천왕의 아들로 기록된, B.C 3,400년경 동이족 인물인 청제(靑帝) 풍(風) 태호복희(太皞伏羲)씨가 8괘와 64괘를 만들었다고 한다. 그리고 지금으로부터 4,000년 전 하나라의 갑골문에 있는, 연산역에 처음 나오는 박괘(剝卦)의 해석에서 "終亦不知變也(종역부지변야, 끝내 또 한 번 변해야 함을 알지 못한다)"라는 명문이 있다.

그리고 하 왕조의 뒤를 이어 B.C 3,000년경 동아시아의 대륙 동쪽에서 발원한 용산문화와 상나라 초기의 정저우 상성 영역에서 발견된 소의 갈비뼈에는 글자와 부호들이 새겨져 있었는데 내용은 "又, 乇土羊, 乙丑貞, 比(及)孚, 七月(우, 탁토양, 을축정, 비(급)부, 칠월)"으로,[1] 해석하면 "또, 토지 신에게 양을 부탁하여 을축에게 점을 쳤는데 7월에 기쁜 일이 생겼다"라는 내용이다. 이후 상나라에 살면서 중국 서부 강(羌)족의 일파인 주족의 기반을 닦은 주나라 시조, 고공단보(古公亶父)의 손자이며 후에 주 문왕이 되는, 희창(姬昌)의 갑골 복사와 64괘사가 발굴되었다. 이러한 자료를 근거로 현재의 『주역』은 이미 하나라와 상나라를 거쳐 이후 367년 서주(西周) 시대에 이르러 완성된 5,000년 이상의 역사를 지녔을 것으로 추정되는 책이다.

이 『주역』은 우주 질서를 체계화, 도식화, 수량화하여 미래를 예측하는 상수 역학이자 음양론으로 우주, 자연, 만물의 탄생과 그 운행 원리를 설명하고 있다. 그리고 인간의 역사 속에서 펼쳐진 인간 생활에 관련된 제반 영역을 다루고 있으며 인간과 이뤄지는 상호관계에 대한 원리가 내포되어 있다. 그리하여 인간이 속한 우주, 자연 전체의 속성과 원리에 입각하여 인간의 생각과 행동이 어떠한 결과를 가져올지를 예측하는 책으로, 그 원리는 변화의 원리로 미래를 예측하는 점서이자 그 점으로 마음을 닦는 수양서이며 만학의 제왕으로 불린다. 가히 오묘하고 신비스럽게 느낄

---

1) 『상나라 정벌』, 리숴, 홍상훈 역, 글항아리, 2024년.

만하다.

이는 과학적, 철학적으로 완성된 음양, 사상, 팔괘, 64괘의 창조와 배치, 전체 384효의 논리적, 과학적, 수리적 전개 그 모두를 해석하였으며, 자연 원리와 현실적 인간 생활의 근본적 이치를 밝힌 최고의 경전이다.

하지만『역경』의 원리와 쓰임이 지금껏 통용되어 온 동양과 달리 서양에서는 현대에 이르러서야 그 가치가 증명되었다. 그동안 서양에서는 절대자와 인간의 이분법적인 원인과 결과의 법칙과 양자택일적 이분법 혹은 작용과 반작용의 법칙으로도 불리는 인과율(因果律)과 공간적으로 멀리 떨어져 있는 두 물체는 절대로 서로 직접적으로 영향을 줄 수 없다는 국소성 원리(局所性原理, principle of locality)에 기초한 관념론이 주된 사상이었다.

이러한 시각은 영국의 과학철학자이며 반증주의(falsificationism)에 입각한 과학적 방법론으로 연역적 추론만이 합당하다고 본 칼 포퍼(Karl Popper)가 "과학이냐 아니냐의 기준은 실험적 검증을 얻어지는 반증 가능성(falsifiability)의 여부에 있다"라고 이야기한 사실에 비추어 볼 때 오로지 과학적 증명의 재현성만이 옳고 바르다는 법칙을 따랐다.

하지만 현대에 이르러서는 스위스의 심리학자인 칼 융이 "자연법칙이란 통계적인 진리일 뿐 실험실에서 이상적인 제약조건을 가하지 않고는 타당성의 입증이 가능하지 않다"라고 하였고, 독일의 대표적 과학자인 베르너 하이젠베르크는 "우리가 관찰하는 대상이 자연 그 자체가 아니라 과학적 방법론에 노출된 자연의 일부"라고 했으며, 막스 플랑크는 "과학은 자연의 궁극적 신비를 풀 수 없다. 왜냐하면, 최종 분석에서 우리 자신도 자연의 일부이고 따라서 우리가 풀려고 하는 그 신비의 일부가 되기 때문이다"라고 하였다. 이렇듯 서양학자들도 이제 기존의 가치체계, 인식 방법을 넘어서는 동양적 사고의 인식 방법의 그 가치를 인정하고 있다.

이렇게 변해 가고 있는 현대사회 중심에서 『역경』을 공부하고 생활하는 나로서는 이 책에서 가장 최신의 물리학 이론과 금세기 심리학의 정신분석 이론과 철학, 생물학 등 서양의 학자들을 거명해야만 하는 현실이 탐탁하지 않다. 그렇다 보니 자꾸 올라오는 자괴감을 떨칠 수 없는 것이 사실이다. 그렇지만 나는 우물 안 개구리 식으로 한쪽의 사상과 영역의 관점에서만 이야기해 온 종래의 방법보다 현재, 세계 주류의 보편적 사상과 사유 방법을 파악하여 그에 맞는 교차검증 방식을 택하는 것이 기존의 인식에 물든 일반인들에게 설명하기에는 훨씬 타당하다고 생각한다.

이러한 생각에 의거하여 동양과 서양의 여러 가지 논거를 동원하여 비교 분석하게 되기에 이르렀고, 나 또한 오히려 즐거운 마음도 있음을 미리 밝혀 둔다. 더불어 도가(道家) 계열 사상과 불가의 사상 등을 통해 『역경』의 깊은 이론을 설명하고 서로의 공통점을 발견하여 음미한 것은 참으로 기쁘고 반가운 일이었다.

우리가 흔히 쉽게 이야기하는 『역경』은 한마디로 정의하자면 하늘과 땅과 만물의 존재 원리와 방법을 알고, 인간과 인간관계를 파악하고 인간생활과 인간에게 영향을 미치는 환경변화에 대하여 궁금한 것을 역(易)에 의하여 점(占)을 치는 점서(占書)다.

물론 이러한 목적을 달성하기 위해 우주의 탄생과 존재 방식, 그리고 운동 법칙을 밝혔고 우리 세계 만물의 생명 활동의 이치를 밝혔으며 동양사상의 발전에 모든 기초와 근거를 제시하였다. 그리하여 동양의 『역경』, 『서경』, 『시경』 3경의 한 축으로 가장 중요하고 넓은 영역에 영향을 끼치고 있는 경전이 되었다. 그렇게 국가의 통치 이념을 제공하고 제자백가 사상의 토양이 되었으며 의식주 문화와 생활 속 모든 곳에 깊이 침투되어 있다. 인간 생활 전반의 모든 정신과 물질 영역에서 일어나는 모든 것들을 개념화하고 규정하며 그 원리를 밝혀 원인과 과정 그리고 결과에 이르는 전 과정에 심대한 영향을 미치고 있다.

그러나 이 책에서는 역(易)을 이루고 있는 본문이면서 주로 괘와 효로 이루어져 있는 경(經)과, 주석과 해설로 공자 등 후세 학자들이 작성한 전(傳)의 내용 소개와, 『역경』에 대한 기본 이론과 64괘와 그 괘명(卦名), 괘사(卦辭), 단사(彖辭), 효사(爻辭) 등 각 내용의 주석과 해석은 하지 않았다. 또한, 현실에서 점(占)을 치는 여러 가지 방법인 작괘법(作卦法)과 그 괘를 해석하는 여러 가지 이론과 방법 그리고 점에 의한 정단의 정확성을 파악하고 문제를 해결하는 사례를 이야기하고자 하지도 않았다.

다만 『역경』에 내재되어 도도히 흐르는 인간 존재와 각각의 인간이 관계되는 인간 세상사와 더 나아가 모든 천하 만물의 존재 방식을 통찰하는 철학적 논리성을 이 책에서 다루고자 한다.

본인이 상담실 개원 이후 실행해 온 상담 경험을 돌아보면, 우리 인간에게는 다양한 개성과 그 개성에 따른 욕구의 크기, 그 욕구의 충족 가능성, 욕구의 추구 방식 등 그 요인들이 서로 부딪혀 펼쳐지는 인생의 다양한 문제들이 있다. 그 많은 문제들은. 기존의 여러 가지 사회적 공인된 시스템을 통해 해결되지 않는 경우가 많았으며 그러한 경우에 내가 『주역』을 이용하여 심리적, 현실적으로 진단하고 그 풀리지 않는 문제들을 해결했을 때, 그 임상경험과 결과들이 일상적으로만 바라보기에는 놀라운 결과들이 펼쳐졌다.

이러한 상황들은 어디에서 기원하여 이루어지는지, 그 근거는 무엇인지를 확실히 알지 못하는 상태에서 나 스스로는 사부님께 배운 바대로 태호복희(太皞伏羲)의 뜻과 문왕, 공자의 말씀과 여러 선배, 학자들의 실전 예들을 거울삼아 궁구함으로 답을 구하였다. 그러나 그렇게 구한 정답을 '오묘한, 신비한, 영험한'이라는 표현이 아닌, 보다 논리적이고 과학적인 근거를 통해 사람들에게 보편타당하게 설명하고 싶으나 그렇게 할 수 없는 현실에 마주하게 되었다.

물론, 이원론적 사유 방식의 세계에선 설명할 수 없는 것임을 나중에야 알았지만, 그것을 깨닫지 못하고 무작정 내가 나에게 보편타당하고 명약관화하게 설명해야만 할 것만 같았다.

급기야 나로서는 이러한 임상경험이 분명한 사실임에도 불구하고 그저 우연의 세계로 치부할 수밖에 없는 현실과 나 자신을 이해시키지 못하는 상황이 답답하여 더욱더 유(儒), 불(佛), 선(仙) 동양의 일원론적 관념의 심학(心學)과 서양의 여러 철학사상에 더욱 매진하게 되었다.

그러던 중, 문득 맨 처음 명리학을 지도해 주시던 동우(東佑) 송해윤 사부께서 대중에게 무료 강의하시던 때 이런 말씀을 하셨다. "서양에 새로운 과학 학문이 생겼는데 그 학문을 세상에 나오게 하는 데 가장 큰 역할을 한 과학자가 있다. 그가 바로 닐스 보어다. 그는 자기가 발견한 양자역학의 상보성 개념을 동양의 『주역』 사상에서 깨달았다 했으며 노벨상 수상 자리에 8괘 문양이 가득 그려진 옷을 입었으며, 작위(爵位)를 받을 당시 만든 가문 문장에도 인도의 코끼리 문양과 태극 문양을 넣었다. 더불어 덴마크의 500크로네 지폐에도 태극 문양이 들어 있을 정도로 동양의 사상을 깊이 들여다본 인물이다. 닐스 보어는 덴마크에서 소중히 여기는 인물로 미시 세계에서의 상보성 원리가 동양철학, 특히 『주역』의 태극, 양의(兩儀), 사상(四象), 64괘(卦)의 원리에 그 기원이 있음을 세상에 밝혔다."

나는 이 말을 듣고 예전 고등학교에서 전공하던 화학공업과에서 무심히 배운 보어의 원자 이론이 떠올랐다. -물론 그때는 내가 배운, 보어가 앞에서 언급한 닐스 보어라는 사실과 그의 중요한 연구 성과가 양자역학이라는 사실도 몰랐다- 그때 공부했던 원소의 주기율표, 원자(原子)와 분자(分子) 개념, 세상에 존재하는 물질인 원소(元素)들의 특징과 원소기호, 원자 배열, 분자구조, 분자 결합, 화학반응 등과 화학·물리 과목에서 배운 제반 법칙들이 기억났고, 그 영역이 전혀 낯설지 않았다. 그래서 닐스 보어를 시작으로 양자역학의 문을 두드리기 시작했다. 그러다 보니 접근도 쉬웠으며 다행히도 나름대로 이해도 빨랐으며 먼저 물리와 화학의 기초를 배운 상태에서 명리학과 『주역』 등 동양 사상과 비교하며 공부하는 것이 참으로 우연치고는 고마운 일이었다.

그때부터 서양의 아인슈타인, 닐스 보어, 하이젠베르크, 파울리, 슈뢰딩거 등의 학자들이 그동안 연구하였던, 기존의 고전역학 이론과 대비가 되는 미시 세계의 양자역학 관련 이론, 원리와 더불어 새롭게 『역』을 다시 공부하기 시작했다. 또한 『역경』과 더불어 『황제내경』, 『회남자(淮南子)』, 『천기대요(天機大要)』 등과 명리학에서 자주 등장하는 하늘과 땅의 개념을 공부하기 위해 어깨너머 들여다본 우주와 천체 물리학 관련 서적들, 그리고 실제 상담 과정에서 마주하게 되는 개인의 심리상태와 대상과의 관계에서 발생하는 심리적 관계 등을 겪으며 공부하게 된 불교 사상과 심리학 등 보다 다방면으로 사고 검증을 하며 실제 상담 과정에서 스스로 모호성의 시각을 벗어나기를 바라던 것을 일부분 이룰 수 있게 되었다.

이렇게 내가 살아온 것과 전혀 다른 영역에서 새롭게 출발한 지 어언 20여 년이 넘는 시간이 흐른 지금. 나의 삶과 내가 마주하는 많은 사람이 겪고 있는 삶의 여러 가지 상황과 모습들을 보고 듣고 깨달은 바가 있다. 그것은 어느 한쪽의 삶은 출생한 이후 삶의 진행 과정에서 일어나는 생, 노, 병, 사, 희, 노, 애, 락, 애, 구, 욕의 모든 일들을 숙명적인 것으로 받아들이고, 순응하면서 긍정적 사고로 극복을 위해 부단히 노력하면서 살아간다는 것이고, 또 다른 한쪽의 삶은 끊임없이 부정적 생각으로 현실을 부정하고 갈등하며 본인이 생각하는 바에서 한 걸음도 벗어나지 못하고, 나를 둘러싼 외부환경과 조화를 이루지 못하고 불행하다고 느끼며 살기도 하고, 또 하나는 자신이 통제할 수 없는 신경·정신적 어려움을 겪으며 산다는 것이다. 물론 그와 같은 양상도 사주 속에 내재되어 있지만 말이다. 이렇듯 사람이 살아가는 과정에서 사람마다 삶을 인식하는 방법과 삶을 영위하는 방식, 문제 해결 방법과 그 결과가 모두 다르다는 것이다. 또한, 죽음에 이르게 되는 원인과 시기와 양태가 인간의 의지와 상관없이 각각 모두 다르다는 것을, 독자들께서도 한 번만 잘 생각해 보면 알게 될 것이다.

우리 인간 모두는 똑같이 한 번 사는 삶임에도 하물며 똑같은 사주임에도, 누구에게는 행운 같은 삶이며, 누구는 너무도 억울한 삶이고, 누구는 준비된 상황들이 펼쳐지고, 누구는 너무 갑작스러운 일을 당하며, 누구는 충분히 이해 가능하지만, 누구는 도저히 납득이 안 되는 삶. 같은 원인과 같은 노력의 같은 과정을 거쳐도 얻어지는 결과가 모두 다른 삶을 사는 것처럼, 삶의 노정이 제각각 다른 이유가 궁금하여 생각해 본 결과는 다음과 같다.

인간을 둘러싸고 있는 지구의 공전과 자전, 지구 자전축의 23.5° 기울어짐으로 인한 봄, 여름, 가을, 겨울 사계절의 변화와 1년 365일 하루 24시간 동안 변하는 일기(日氣)가 있겠다.

이런 현상의 중심에는 지구가 속한 태양계의 중심이 되어 지구에 가장 많은 에너지를 제공하여 생명 활동의 중심이 되는 태양이 우리 인간에게도 가장 중요하고 심대한 영향을 주고 있음을 우리는 다 알고 있다. 또한, 지구와의 중력 작용 등으로 바다 등 물과 관련 있는 생명의 생명 활동에 영향을 주는 달 또한 중요하다. 그리고 지구의 자전과 공전으로 인한 여러 가지 바람과 해류의 움직임, 지구 대기권 안의 모든 생물에게 지대한 영향을 미치는 자기장과 많은 기운의 변화가 있으며, 수성, 금성, 화성, 목성, 토성, 천왕성, 해왕성, 불규칙한 혜성 등 행성들의 움직임 등도 많은 영향을 미치고 있으며, 과거에는 이 같은 행성의 움직임을 인간 활동의 길흉을 예측하는 징조로 보기도 했다.

또한, 달이 천구(天球)의 백도(白道)를 따라 주천(周天)할 때에 적도 주변의 남북에 있는 28개 별자리 집단과 -동쪽의 각(角), 항(亢), 저(氐), 방(房), 심(心), 미(尾), 기(箕)의 7수(宿). 북쪽의 두(斗), 우(牛), 여(女), 虛(허), 위(危), 실(室), 벽(壁)의 7수(宿). 서쪽의 규(奎), 루(婁), 위(胃), 묘(昴), 필(畢), 자(觜), 삼(參)의 7수(宿). 남쪽의 정(井), 귀(鬼), 류(柳), 성(星), 장(張), 익(翼), 진(軫)의 7수(宿)- 지구의 자전축과 일직선을 이루어 지구의 육, 해, 공 전 구역에서 모든 생명의 위치와 이동의 기준점이 되는 북극성, 예로부터 인간 생명의 죽음을 주관한다는 북두칠성과 인간 생명의 탄생을 주관한다는 남두육성 등이 이 지구와 지구 생명체에게 끝없이 영향을 주고 있다. 그리고 엄청난 과학적 발전을 이룬 현재까지도 지구를 비롯한 태양과 우주의 모든 것을 우리는 모르는 것이 많다. 그 많은 것들이 우리에게 영향을 미치는 것이다.

이렇듯 앞에서 열거한 지구와 지구가 속한 우주의 여러 가지 활동에 따라 우리에게 영향을 미치는 그 무엇에는, 우주 안에 존재하는 전체 물질의 16%만이 양성자(陽性子), 중성자(中性子) 또는 원자(原子)나 분자(分子)의 형태로 만들어졌으며 나머지 84%는 우리가 밝혀내지 못한 완전히 다른, 원자처럼 잘 알려진 형태가 아니라 **힉스 입자, 쿼크**, 빛을 복사(輻射)하거나 반사하지도 않고 흡수하지도 않는 그 무엇인 **암흑물질**(暗黑物質, dark matter), 그리고 뒤에 설명하는 **반물질**(反物質, Antimatter), 그리고 **암흑에너지**(dark energy)다. 이는 1990년대 말 관측으로 우리의 우주가 점점 더 빠르게 팽창하고 있다는 걸 밝혀냈으며, 이 사실은 우주의 팽창률을 가속시키는 엄청난 양의 에너지가 있는 것을 반증하는 것으로, 그것은 우주에 있는 모든 물질이 지닌 에너지보다 더 많은 에너지로서, 비어 있는 공간에 존재하는 진공 에너지다.

더욱이 우리가 밝혀낸 16%의 물질 중에서 실험과 반복 증명을 하여 우리 눈으로 확인한 사실은 결국 5% 정도만 알고 있다는 사실이다. 이는 눈으로 확인한 5%의 물질과 바로 이 95%의 알 수 없는 에너지들이, 결국, 동양의 장재 선생이 이야기한 태허는 기(氣)로 이루어져 있다고 본 사실을 증명하는 것이다. 그리고 아직 밝혀내지 못한 여러 물질 등으로 이 지구와 지구 생명체와 우주는 서로 연결되어 있다.

이렇듯 무한대로 수없이 서로 주고받는 순간순간마다 에너지가 변하게 되는데, 그 변하는 에너지의 구성과 양은 한마디로 '우주의 기운'이라고 할 수 있겠다. 그 끝없이 변하는 우주의 기운이, 한 인간이 엄마의 배 속에서 나와서 처음으로 호흡하는 그 순간, 인간의 몸 각각의 모든 세포와 기관에 스며드는 이치를, 해와 달의 움직임을 보고 기록한 태음태양력을 통해 분류하고 그것을 태어나는 순간의 연월일시의 4개의 기둥과 8개의 글자로 배열하여, 그 사람 개개의 **선천적 특성**이 만들어지게 된다는 결론에 이르게 된다. 이것을 **선천운**이라고 한다.

이렇게 만들어진 인간의 선천적 특성이 나를 둘러싼 사회의 대상들에게 보이는 각 개인의 독특한 개성이 되는 것이고, 마찬가지로 각각의 개인이 저마다 다른 개성의 대상과 빚어내는 상호관계 속에서 복잡하고 다양하며 여러 가지 질곡이 펼쳐지는 인간의 삶이 이루어진다. 그리고 그때마다 쉼 없이 일어나는 크고도 미세한 우주의 에너지 변화가 각각의 고유한 특징을 가진 사람에게 다르게 작용하고 다르게 받아들여져 각 개인은 여러 가지 문제를 발생시키게 된다. 그것을 우리는 **후천운**이라고 한다.

이렇듯 인간이 하루하루 살아가는 삶의 과정에서 이렇게 복잡다단한 문제가 발생했을 때 내가 도와줄 수 있는 문제의 해결 과정은 다음과 같다.

먼저 **역(易)**의 깊은 철학적, 수리적 원리에 기초하여 그 사람이 태어난 연월일시에 따라서 10천간(天干), 12지지(地支)의 부호를 만들어 배열하는 8개의 부호와 4개의 기둥으로 표현되는 사주팔자(四柱八字)로 암호화한다. 그 후, 각각 개별적 부호의 특성을 규정하고, 각 부호 간의 독특한 관계를 설정하고 그 관계로 인해 규정되는 부호의 특징을 파악한다. 그다음에 8개의 부호가 제각기 서로 영향을 미치는데 이러한 상황 전체를 통합하여 그 사람을 파악한다. 그리하여 인간의 성장 변화에 맞춰 매시, 매월, 매년 시간의 흐름에 따라 각각의 특징 지워진 인간에게 예측이 가능하게 작용하는 기운의 변화에 따라 길흉, 화복, 희비, 성패를 파악하는 것이다. 이러한 학문을 명리학이라고 한다.

이처럼 '명리학'이라는 학문을 통해서, 인간 개인의 정신적, 육체적 특징을 구성하는 형태와 더불어 인식 방법, 행동 특성과 사회적 관계 설정 방식, 자아실현 방법, 상황 대처 능력 등의 차이를 분석하고, 해마다, 달에 따라, 날마다 달라지는 개개인에게 작용하는 기운의 변화 등이 그 인간에게 미치는 영향을 규명하고 그에 따른 개인의 차별적 특징을 **정태적**으로 분류하고 분석하게 된다.

이후 인간이 삶을 영위하는 과정에서 예측 불가능하며, 불가항력적 상황을 마주하거나 '나'라고 하는 실존하는 캐릭터가 끊임없이 변하는 환경과의 관계에서 예측 가능하지 않은 상황을 마주하게 되고 그에 따라 이것이냐, 저것이냐의 의사결정이 필요한 순간이 오게 된다. 이때 **『주역』 육효점**의 영역으로 들어오게 되는 것이다.

『주역』 육효점은 정태적인 명리학으로 분류하고 분석한 자료를 바탕으로 한 비전(祕傳)의 작괘법으로, **역(易)의 육효(六爻)**를 **작괘**하여 『역경』의 태극, 음양, 사상, 64괘, 384효의 생장, 소멸의 무한한 변화의 이치로써 점(占)이라고 일컫는 예측 불가능한 **동태적** 문제를 진단하는 행위를 하는 것이다.

그 과정은 인간의 안과 밖에서 일어난 '양자화(量子化)된 에너지'라고 부를 수 있는 의식의 파장을 12지(支, 하늘의 기운을 땅이라는 현실에 12가지로 구분한 시간 변화의 기운)에 접목한 후 시공간의 차원 이동으로 정보를 획득하게 된다. 이를 통해 자신의 정신적 심리상태와 현실적으로 욕구하는 방향과 욕구의 양을 분석하고, 나를 둘러싼 대상이며 환경이라 할 수 있는 상대방이 처한 환경과 나를 향해 취하는 여러 가지 형태의 현실적, 심리적 방향성을 파악한다. 그리고 난 후 최종적으로 지금 예측 가능하지 않은 기운의 침입 양상을 살펴 바로 나에게 필요하며 가능한 선택과 그 선택의 성취 가능성과 그 선택의 옳고 그름의 구분 그리고 현재의 **가변적**인 사회, 환경, 상태 등을 파악하여 방문 상담자에게 옳은 의사결정을 할 수 있도록 적절한 코칭을 하게 된다. 이와 같은 설명한 상황을 가능하게 하는 것이『주역』육효점의 신비로운 부분이다.

정태적 명리학과 동태적 **『주역』의 파악 기법**을 통한 **해결책을 제시함**에 있어서, 나는 오묘함이나 신비함, 요상함, 희한함이 아닌 소위 과학적, 보편타당하다고 하는 원리를 찾아 표현하고 싶었다. 그렇기에 선현, 선배들의 깨달음을 통해 학문적으로 인정받은 많은 영역의 연구 결과와 함께 몇천 년 전부터 거듭 이어져 내려오는 동방의 주요 철학사상인 역(易)의 음양, 사상, 64괘, 384효의 **11,520**가지의 변화를 -여기서 우리가 11,520이라는 숫자의 근거를 자세히 알아야 한다고 생각되어 설명하자면,『주역』에 포함된 수리 철학을 알아내어『도서선천상수지학(圖書先天象數之學)』,『황극경세서(皇極經世書)』등 저술을 통해 상수학(象數學) 이론을 펼친 중국 송(宋)나라의 안락(安樂) 선생으로 불리는 소옹(邵雍) 소강절(邵康節, 1011~1077) 선생이 밝힌 것으로, 하나가 둘로 나뉘는 법칙인『주역』

「계사상전」 제9장의 가일배법(加一倍法)에 따라 음양의 2제곱하여 4괘, 3곱하여 8괘, 6곱하여 64괘가 되는데, 이를 착종(錯綜)이라고 한다. 그리고 총 주역 괘의 합인 64괘에 6효를 곱하여 384효가 되고 384효 중에는 192개의 양효와 192개의 음효가 각각 존재하게 된다. 이와 같은 소옹 선생은 양의 책수(策數)는 36이고, 음의 책수는 24이라고 했으며 이 둘은 소강절의 책수라고 하고 원조수(元祖數), 원수(元數)라고도 한다. 이를 통해 건(乾)괘의 양(陽)의 책수를 살펴보면, 6×36=216으로 양의 착종수이고, 곤(坤)괘 음(陰)의 책수를 살펴보면 6×24=144의 음의 착종수가 나온다. 이리하여 64괘 중, 양효의 총 책수는 36×192효=6,912가 되고, 음의 총 책수는 24×192효=4,608이 된다. 그리하여 건과 곤(天과 地)의 총 책수는 둘을 더하여 11,520이라는 수가 나온다. 이를 세상에서 일어날 수 있는 변화의 가짓수, 세상 모든 것의 수, 만물의 수라고 한다. 특히, 소옹의 상수학 이론은 12세기 주희에게 전해져 성리학에 영향을 끼쳤고, 나아가 18세기 서양의 라이프니츠가 말한, 참과 거짓을 진리로 보는 이치 논리에 의한 2진법에도 영향을 주었다는 설도 있다.

참고로 소강절 선생은『황극경세서』에서 우주의 시간도 도출하였다.

우주의 1시간은 우리의 시간으로 30년으로 하여 세(世),

우주의 1일은 우리 시간으로 12세 하여 360년을 운(運),

우주의 1달은 우리의 시간으로 30운 하여 10,800년을 회(會),

우주의 1년은 우리의 시간으로 12회 하여 129,000년을 원(元)으로 하였다. 다시,

원의 세는 129,600×30년 하여 3,888,000년

원의 운은 129,600×30년×12세 하여 46,656,000년

원의 회는 129,600×30×12×30 하여 1,399,680,000년

원의 원은 129,600년을 제곱하여 16,641,000,000년이며

원의 원의 원의 원을 2만8천2백11조 9백90만7천4백56억 년까지 우주의 시간을 계산하였다.

또한, 우주의 시간은 1회인 10,800년에 하늘이 열리고, 두 번째 회인 21,600년에 땅이 열리고, 세 번째 회인 32,400년에 인간이 나고 만물이 생성한다고 하였다.

또 다른 차원에서 살펴볼 수도 있는데, 우리가 지구에서 볼 때 태양이 하늘을 1년에 걸쳐 이동하는 경로가 있는데, 이를 황도(黃道, ecliptic)라고 한다. 그 경로는 태양이 360° 경도(經度)를 움직인 것이며, 움직인 각도를 황경(黃經)이라 하며, 그 황경을 24등분으로 분할하여 1달에서 5일을 1후(候)로 2후, 3후로 하고 3후의 15일은 1기(氣)로 하며 1년을 12절기와 12중기로 하고 둘을 합하여 72후, 24절기를 만들어 사용한 바 동양철학 쪽에서 쓰는 흔히 이야기하는 음력은 정확히는 태음태양력(太陰太陽曆)이 맞다.

그리하여 **황경(黃經) 0°**인 춘분에서 출발하여 15°씩 이동하여 청명, 곡우, 입하가 45°, 소만, 망종, 하지는 90°, 소서, 대서, 입추는 135°, 처서, 백로, 추분은 180°, 한로, 상강, 입동은 225°, 소설, 대설, 동지는 270°, 소한, 대한, 입춘은 315°, 우수, 경칩을 거쳐 다시 황경 360°인 춘분으로 돌아오는 1년의 태양주기로 24절기가 된다.

이 중에서 입춘, 경칩, 청명, 입하, 망종, 소서, 입추, 백로, 한로, 입동, 대설, 소한을 초절기(初節氣)로서 12달을 나타내는 12절기의 구분을 짓는 기준일로 삼으며, 명리학에서는 절입일(節入日)으로 정하여 쓴다. 이 자

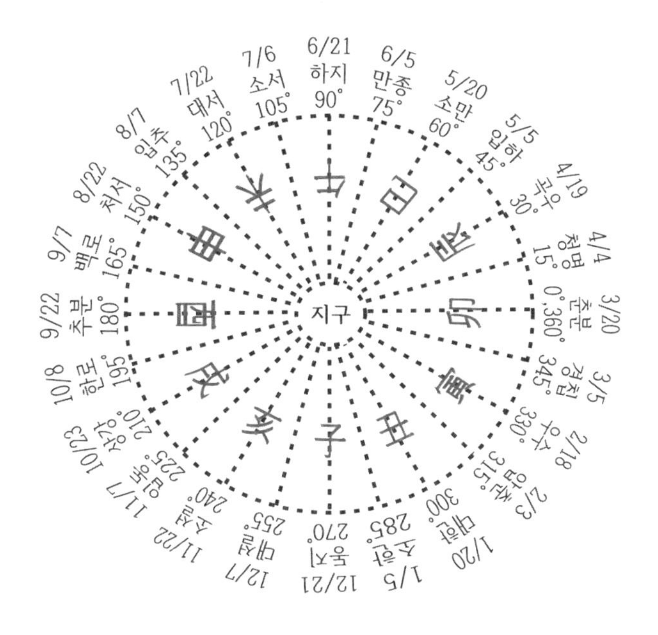

황경 24절기표(2024년 기준)

료를 근거로 1년 단위로 일어날 수 있는 변화의 수를 예를 들어 구해 보면 다음과 같다.

춘분 360 × 64괘=23, 040이 되고, 대칭되는

추분 180 × 64괘=11, 520으로 빼면 11, 520

상강 195 × 64괘=12, 480이 되고 대칭되는

청명 15 × 64괘=960으로 빼면 11, 520

입춘 315 × 64괘=20, 160이 되고, 대칭되는

입추 135 × 64괘=8, 640으로 빼면 11, 520

동지 270 × 64괘=17, 280이 되고, 대칭되는

하지 90×64괘=5, 760으로 빼면 11, 520

입동 225×64괘=14, 400이 되고, 대칭되는

입하 45×64괘=2, 880으로 빼면 11, 520

대한 300×64괘=19, 200이 되고 대칭되는

대서 120×64괘=7, 680으로 빼면 11, 520

이렇듯 1년의 시간을 24 계절로 나누고 다시 그들은 음양으로 나누고, 64괘를 곱하여 대칭되는 계절의 수를 빼서 1년 동안 일어날 수 있는 경우의 수를 밝혔으며 그러하기에 만물의 수라고 하게 된 것이다.- 파악하여, 인간의 불확실성을 나름 제거해 온 육효점(六爻占)과의 관계를, 새로이 밝혀지는 여러 서양 과학 지식을 대입하여 비교하였다. 그리하여 그 의문점을 논리적으로 타파하고, 기저 이론을 배우고 밝혔다. 더불어 각각의 영역과의 원리적 통일성과 유사성을 찾아내 우리 인간세계의 모든 사회적 생명 활동과 육효점의 논리적, 과학적 근거를 마련했다고 자부한다.

또한, 정신적, 현실적 도움이 필요한 사람들에게 역(易)을 다루고 공부하여 조언과 방법을 제시하는 상담 전문가들을 위해 스스로 존재와 행위의 타당성을 제공하였다. 더 나아가 일반인들이 살아가는 이 삶의 원리를 알아서 마음으로부터 행복이라는 느낌을, 더 느끼고 구가하기를 진심으로 바라며, 나름 좁은 소견으로 도움이 되고자 하는 마음에서 감히 용기를 내 본다.

마지막으로 현재 지구촌 곳곳에서 벌어지는 전 지구적인 문제를 동양과 서양의 문화와 사유 방식을 통해 살펴 다뤄 보려고 한다. 이는 이 책의 결론 도출 과정에서 자연스럽게 다뤄질 수밖에 없는 일이다.

동서양의 사유 방식을 설명하기에 앞서 먼저 간략히 소개하자면 첫 번째로 가장 중요한 문제는 다음과 같다.

스피노자가 설파한 "우리들은 가장 강하게 구속하는 욕망은, 현재만을 고려하고, 미래는 고려하지 않는다."(『에티카』 제4부 정리 60, 주석)라든가, "우리들의 이익을 고려하는 이성은 인간 이외에 자연에 존재하는 모든 것의 유지를 요구하지 않는다. 오히려 이성은 그것들을 다양한 용도에 따라서 보존하거나 파괴하며 또는 모든 방법으로 우리들의 필요에 적용하도록 우리들을 가르친다."(『에티카』 제4부 부록 제26항)라는 지적에서 보듯이, 재화의 무한한 증가를 바라는 인간의 물적 욕구를 충족시키기 위해 기술 발전을 이룬 산업혁명 이후 거대자본 세력의 탄생과 그들의 이익 증가를 위한 무분별적 개발과 그에 따른 잉여 그리고 과잉생산, 과소비로 인한 결과로 빚어지는 지구 재앙에 가까운 **환경파괴** 문제다.

두 번째로는 과학의 발전으로 인해 산업의 고도화와 생산의 대량화, 자본의 대형화가 심화되고 있다. 이러한 현상으로 인해 인간의 생활 전반의 사회, 문화, 정치 분야에서 의도적, 암묵적으로 계층이 생성, 고착되었다. 전 세계 인구의 5%가 전 세계 부의 95%를 소유하고 있는 지금, 네덜란드의 잉그리드 로베인스는 그의 저작 『부의 제한선』에서 정치적 제한선의 기준으로 1천만 달러, 우리 돈으로 약 139억 원 정도, 윤리적 제한선의 기준으로는 1백만 달러, 우리 돈으로 약 14억 원 정도를 부의 제한선으로 제시하고 있는 실정이다. 이렇듯 그 계층 간 **불평등**이 더 커지고 있다는 문제이다. 그러한 불평등의 심화로 인해 계층 간, 조직 간 충돌이 심해지고 있는 작금의 현실이다. 그중의 중요한 하나는, 신앙의 문제로서 국내적으로는 극히 일부의 사람들이 혐오와 증오로 사회를 분열시키고, 국제적으로는 종교, 문화적 우월성과 배타적 시각으로 인한 인종, 민족, 국가 간 유·무형의 증오와 침탈과 착취가 끊임없이 일어나고 이성적으로 도저히 상상할 수 없는 전쟁도 일어나고 있다는 점이다.

세 번째는 개인의 욕망이 우선시되는 **정치 영역**이다. 우리의 정치 영역은 정치집단이 인간의 존엄보다 인간의 욕망을 성취하는 것만을 우선하여 일반 대중을 우민화하고 그들의 정치 이데올로기를 우선시함으로써 상대를 공존하는 것이 아닌, 제거해야 하는 대상으로 만들어 최종적으로는 인간의 권력욕을 성취하는 것을, 목표로 삼기 때문에 문제가 있다. 이런 목표 때문에 인간 존재에 대한 온유와 공감과 공존을 통해 이루어야 할 화합과 평화를 깨트리고 이 사회를 분열시켜 자신들의 욕구만 충족시키고자 한다. 이러다 보니 흑백논리를 앞세운 의도적인 양분화의 중우정치와 우민화 이론과 방법들이 횡행하고 있다. 그리하여 세상을 어둡게 하고 있다.

이러한 인간의 이기적, 독점적, 배타적인 끝없는 욕심으로 만들어 낸 문제들이 현재 사회를 극단적 분열 상태로 인간과 세계의 존재들을 파괴시키고 있음을 인식해야 할 것이다. 나아가 이 문제를 이대로 간과한다면 우리의 미래 역시 끔찍해질 것이라는 사실을 알아야 한다. 이러한 이유로 우리 일반 시민 대중은, 지금보다 더 현명하게 사회현상의 본질을 파악하고 깨달아서 극소수의 자본가와 권력자와 권력의 쟁취를 목적으로 하는 자들의 횡포에 맞서야 한다. 또한, 우리 일반 개인은 그들의 사욕을 채우는 도구로 이용되지 않아야 하며 우주의 원리와 질서처럼 주체적이고 바른 행동을 하는 주권자인 우리가 되어야 할 것이다.

그리하여 종국에는 모든 만물에는 '함께'라고 하는, 서로에게 영향을 끊임없이 주고받는 상관적(相關的), 양자적(量子的)이라는 **양의(兩儀)**가 있음을 생각하여 우리가 평화롭게 화합하여 앞에서 언급한 문제들을 해결하는 현명한 각각의 인간이 되어야 한다.

그렇게 하기 위해서는 여러 가지 방안이 있을 수 있으나 여기서는, 우주의 원리와 태양계의 존재법칙과 지구와 인간의 생존 양식과 우주와 세상 물질의 기초 구성 입자의 존재법칙을 밝힌 물리법칙과『양자역학』그리고『역경』의 원리를 살피고 실천하여 전 지구적인 문제를 해결하는 열쇠로 삼아야 한다. 너무도 늦긴 하였으나 철학적 사유 방식과 현실적 생활방식의 전환이 절실하게 필요한 때가 아닌가 싶다. 이것만이 온 인류가 지속가능한 삶을 영위할 방법임을 주장하는 바이다.

그리하여 사회적 동물인 인간이 더 바람직한 방향 즉, 상호 존중, 상호 의존, 공감과 배려를 통한 우리가 속한 사회의 평화를 추구하여 결론적으로 지구 인류의 현재와 미래에 이익이 되는 존재가 되어야 할 것이다. 이제는 인간의 숭고한 본연의 모습과 하늘과 땅을 닮아 순리에 따르는 모습을 되찾는 데에 초점을 맞추는 인류의 모습을 보여야 한다. 정치 또한 정치인과 정치집단의 이익 추구보다는 인류의 공존, 화합과 평화와 공공의 이익을 우선으로 하는 정치 이론과 정치집단만이 살아남도록 해야 할 것이고, 그렇게 함으로써 당연히 그들의 목표 또한 그렇게 변화되어야 한다고 생각한다.

특히, 우리 민족은 고대로부터 '홍익인간(弘益人間) 재세이화(在世理化)'로 대표되는 이타적 정신문명이 면면히 이어져 내려왔다. 이기적인 나, 배타적인 나로 시작하여 결국 배타적인 집단, 종교, 정당, 사회적 소집단, 대립적인 의미의 **'너와 나'**보다 상대방을 이해하며 존중하며 배려하는 우리 엄마, 우리 아빠, 우리 형, 우리 언니, 우리 집, 우리 동네, 우리 마을, 우리나라, 두레, 계 등등 열거할 수 없을 만큼 아름다운 이타적, 호혜적으로 서로 공감하는 **공동체 문화**가 이어져 발달해 왔다.

우리 민족의 뛰어난 과학, 문명을 살펴보면 선사시대, 고조선, 고구려, 백제, 신라는 말할 것도 없고, 고려는 세계적으로 우수한 문명과 문화를 떨쳤으나, 말기에 이르러 현실의 정치와 정신의 종교가 극단적 부패로 백성의 삶이 극도로 피폐해졌다. 더하여 조선 초까지 극심하던 왜구의 노략질로 백성의 삶이 고초를 겪었고, 16세기 성리학의 극단적인 이기(理氣) 논쟁으로 촉발되어 정치적 파벌로 발전하였고 붕당정치와 당쟁으로 인한 국력 쇠퇴와 그에 따른 왜국의 임진왜란, 정유재란과 17세기 중국 청나라의 병자호란을 거치는 동안 전통의 정신문명이 쇠퇴하였다. 유교 사상의 일부 잘못된 부분의 사회 작용으로 기존의 차별을 격화시켜 남녀 차별, 사회 계급화 등이 고착, 심화되어 사회적 역량을 약화시키게 되고 아름다운 인간성을 상실하였다.

특히 근대 이후 극심하던 자기 집단 이익 추구의 제국 시대에는 지금도 인정하지 않고, 반성하지 않고 사죄하지 않는 이웃 일본 제국의 비도덕적이며 비인간적인 침략과 처절한 **식민 지배**와 모든 영역에 걸친 분서갱유에 비견할 만큼 철저히 행해진 민족정신과 문화의 말살정책과 비이성적인 전쟁 수행을 위한 극심한 수탈로 인하여 이 나라는 정신문명의 종말을 맞게 되었다. 거기에다가 2차 대전 이후 승전국 프랑스와 패전국 독일에서 지금까지도 철저하고 단호하게 이뤄졌던 과거 청산이, 우리나라에선 여러 가지 국내외 정치적 이유로 이루어지지 않았다.

그중 하나를 들여다보자면, 광복 이후 미·소의 이념논쟁과 미국의 묵인과 필요에 의한 미군정의 은밀한 반대로 인해 대한민국 임시정부를 배척하였으며, 그들에게는 친일의 문제는 그다지 중요하지 않았다. 그에 따라 철저한 과거 청산이 이루어지지 않았고, 친일 부역 세력이 주도권을 유지하게 되는 특수한 상황이 되었다. 이로 인하여 반일 독립 세력이 와해되어 명맥이 끊어지고 과거 청산과 역사 바로 세우기가 미진한 상태가 계속되면서, 서양의 일부 종교가 정치와 결탁하여 이데올로기 신념과 종교의 신앙을 한데 묶여, 지금에 이르러서는 그 종교를 전해 준 나라와 이어받은 나라 사이에 종속적인 관계를 만들어 회복하기 어려운 지경으로 사회를 분열시키고 있다.

다른 측면에서는, 세계적인 극단적 이데올로기 대립으로 인한 북한이 저지른 비참한 **6.25전쟁**을 겪는 과정에서 우리 민족은 수많은 목숨을 잃었으며, 원치 않는 극심한 이데올로기의 희생자가 되어 지금까지 나라가 위아래로 분리되고 다시 동서로 쪼개져 그 안에서 첨예한 대립을 하는 작금의 현실이 만들어졌다. 그로 인한 분열 상태에서 국민주권의 헌법정신을 파괴하면서까지 자신들과 그 집단의 이익을 추구하는 일부 정치집단들은 평화와 통일을 모색하기보다는, 이런 비극적인 상태를 계속 부추기고 이용하고 있으며 현재에도 계속되고 있는 가슴 아픈 현실이 되었다. 그럼에도 고대부터 면면히 이어져 온 우리의 정신문명을 보존하려는 적지 않은 사람들의 노력으로 다시금 우리의 문명이 꽃을 피우는 시기에 당도하고 있다. 이에 우리 각 개인은 다시금 바른 판단력이 절실하게 필요한 때인 것이다.

현재의 국제정세는 몇몇 강대국들이 자기 나라의 이익을 극대화하기 위해서, 세계를 무대로 펼치는 당연한 자국 이익 우선 정책으로 인하여 세계 강대국들 사이에 끼어 있는, 우리나라는 내부에서의 대립은 더욱 극심해지고 있고, 그러한 혐오와 대립과 분열을 부추기고 이용하는 사악한 정치집단이 권력 획득을 위해 더욱더 갈등을 조장함으로 인해 아름다운 공동체 문화는 사라지고 결국 땅도 양분되어 불행한 나라가 된 것이 현실이다.

더 나아가 현재 세계에서 가장 과학적이고 가장 쉬우며 가장 많은 소리를 표현할 수 있는 최고의 문자와 언어를 가진 우리 대한민국은, 긍지와 자부심의 장구한 역사는 뒷전이요, 나의 마음을 들여다보고 나를 탐구하는 철학, 도학(道學)은 쇠퇴하고 윤리, 도덕, 국사 과목은 교육 과정에서 철퇴를 맞고 말았다.

만연한 배금사상인 극단적인 자유방임 시장만능주의, 성장지상주의, 반환경주의로 대표되는 신자유주의의 물학(物學)을 맹신하는 시대가 되었고, 이러한 극단적 자본주의 시대는 우리나라의 경우 순자산 29억 원, 금융자산 10억 원 이상을 보유한 개인을 부자로 정의하는데, 이들이 약 58만 6천 명이고 이는 전체 인구의 0.89%에 해당하며 이 인구가 대한민국의 토지의 50%를 소유하고 이 중 72%가 수도권에 거주하고 있다. 또한 국세청 자료에 의하면 2022년 전체 배당소득의 70%가 상위 1%에게 배당된다고 한다. 그리고 상위 1%의 사람이 우리나라 전체 부의 22.3%를 소유하고 있는 현실이다. 이렇듯 이익을 추구하는 극소수의 관련 집단이 오히려 차별을 조장하는 것을 방편으로 삼아 사회 시스템의 계층구조를 고착화하였다. 미래를 책임질 동량들을 교육하는 백년지대계인 교육 시스템조차 정신교육은 뒤로하고, 개인의 절대적이고 주관적인 개인의 행복보다 상대적이고 차별적 비교우위를 바탕으로 하는, 화합보다는 경쟁을 통한 이익과 탐욕을 부채질하는 교육, 각각 숭고한 개성을 가진 인간을 획일적인 필요한 잣대로 평가하고 구분하고 구별하는 도구로 만들어 계층분화를 공고히 하는 교육제도가 심화되고 있는 실정이다.

더불어 대한민국은 지정학적인 이유로 인하여 강대국 간 자국 이익 극대화를 위한 대상과 도구로 이용되기도 하고, 대륙 세력과 해양 세력 틈바구니에서 많은 어려움을 겪고 있다. 이러한 지경에 이르러 국가의 존립과 융성과 강성함을 최우선으로 하는 것에 초점을 두어 사회 통합에 진력하여 국력을 강화해야 한다. 대한민국 헌법에서 밝힌 민족적, 역사적 사명인 평화통일을 잊지 말고 그러기 위해서는 현존하는 상대를 타도하거나 흡수해야 할 적으로 보아 끝없는 위기 상황으로 몰아서는 안 된다.

상대를 인정하는 단일민족의 한시적인 2국가 체제를 통하여 평화적으로 인적, 물적 교류 협력을 하며 접촉을 늘리면서, 내적으로는 힘을 키우고, 대외적으로는 위험 리스크를 줄여 세계인들에게 매력적인 투자처로 인식시켜 부강을 이루며, 궁극적으로 자연스러운 민족의 평화통일을 이루는 것을 제일 목적으로 해야 할 것이다. 이어서 실사구시(實事求是)의 정신으로 4대 강국에 둘러싸인 우리 국가의 현실 극복을 위해, 이념을 중시하면서도 융통성을 발휘하여 국가의 이익을 우선하는 것을 모토로 하여 평화통일을 이루어 민족과 국가의 번영을 꾀해야 할 것이다.

그러나 불행하게도 일제강점기 이후 부역의 대가로 기득권 세력이 되었거나, 현재에도 일제강점기 시절부터 이어진 일본의 인맥과 은밀한 지원과 협력의 정책적 접근으로 이루어진 친일 세력과 우리가 직접 배우고

받아들인 종교가 아닌, 제국주의 시대 침략의 선봉에 서서 유입된 외래종교의 극히 일부 세력이 있다. 이들은 개인의 구원과 상호 존중의 화합을 통한 인류의 행복 추구라는 본래의 목적을 넘어서서 5천 년 이상의 역사를 가진 빛나는 하나 된 우리 민족을, 너와 나, 믿는 자와 믿지 않는 자, 아군과 적군으로 구분하는 이분법적 사고를 만연시켜 나라를 분열시키는 지경에 이르렀으며 대승적으로 민족과 국가를 우선하기보다는 전 세계적으로 찾아볼 수 없는 우리나라만의 작은 이기적 좌우 이념과 신앙 간 충돌로 필요 이상으로 사회가 격렬히 양분되었다.

이 지점에서 우리는 확고하고 결연하게 다짐해야 한다. 먼저 우리나라는 민족의 능력을 최대화하여 세계평화와 만국 공영에 이바지할 수 있으며 세계에 우뚝 서서 세계 문명을 리드하는 나라가 될 수 있는 중요한 계기가 되는 통일을 이루기 위해 국가역량을 모두 발휘하여 노력을 가일층 경주하여야 한다. 그리하여 감격스러운 통일을 이루어, 전체 인구수의 증가와 전체 국토 면적의 확대로 인적 자원과 지하자원 증가로, 지금보다 더 획기적인 부국강병을 꾀하여야 한다. 그리고 지정학적 요인을 이용하여 주변 강대국들에게 중립적, 실리적 자세를 견지하며, 조선 말 서구 열강 제국들의 침략과 일본의 침략에 너무나 무력하게 나라를 내준, 수치스러운 역사를 교훈 삼아 우리 스스로 보호할 수 있는 자주국방을 위해 끊임없이 노력해야 한다.

실제로 존재하는 문제를 몇 가지 들어 보면, 국방력 강화의 필수사항인 방산 첨단기술의 독자 개발 문제, 미사일 사거리 문제, 포화 상태인 방사성 폐기물 처리 문제, 핵 개발 등 미국과의 대화가 필수적인 사항들을 외교적 역량을 강화하여야 한다. 이런 문제들이 산적해 있음에도 국익에 전혀 도움이 되지 않는 소모적인 이념 문제로 나라가 시끄럽다.

한 가지 예를 들어 보겠다. 지금 화제가 되는 분이 있다. 그는 '을미사변' 이후 강원도에서 의병 활동을 하시다 연해주로 활동 무대를 넓혀 봉오동 전투와 청산리 전투의 대승을 이끄신 분이다. 그리고 아내와 두 아들을 독립 활동 중에 잃고 우리나라가 일본 제국주의의 침략으로부터 광복을 맞이하기 2년 전인 1943년 10월 25일에 -참고로 김일성의 조선민주주의 인민공화국의 설립은 1948년 9월 9일이다- 저 먼 카자흐스탄의 타국에서 쓸쓸히 돌아가시고 어렵사리 78년 만인 2021년 8월 18일 대전 현충원에 안장되신 고 홍범도 독립군 사령관이시다. 이번에 이슈가 되고 있는 육사 교정의 홍범도 장군 동상 철거와 관련하여, 첫 번째로 먼저 고려해야 하는 것은 지금의 한 정파의 정치와 이념의 상황적 잣대로 그 당시를 재단해선 안 될 것이고, 둘째는 소련 안에는 미국, 유럽, 일본 등 제국주의와 연합하고 있는 백군(白軍)과 피지배 식민과 노동자, 피지배계급과 연대하는, 공산 독재자 스탈린 시대가 아닌 레닌의 적군(赤軍)으로 나누어져 있었다는 사실을 알아야 하는 것이고, 세 번째는 1920년대는 김일성의 나이 7살 때로, 북한의 공산당도 김일성을 지원한 스탈린의 공산당도 있지도 않은 시기라는 것이다.

이러한 외부 환경 상태에서, 일본 제국이 우리나라를 침략하여 우리의 의사와 상관없이 군과 외교와 정치 경제를 모두 장악하여 나라의 주권을 빼긴 상태였다. 그리하여 2차 세계대전 당시 나치 독일이 프랑스를 점령하던 1944년 6월 3일에 알제리에 세웠으며 이후 제4 공화국으로 수립 전까지 국가 통치를 맡은 프랑스 임시정부처럼, 우리나라는 3.1 독립 만세 운동을 계기로 나라의 독립을 위한 운동을 끊임없이 하기 위한 조직으로 온 국민이 응원한, 대한민국 임시정부 시기였다.

그러므로 정상적 국가는 위법적으로 병탄되었고 군대는 해산되어 없었기에 독립운동하는 독립군은, 프랑스의 레지스탕스처럼 당연히 빨치산(partisan)이라고 통용된 비정규군이었다. 김일성의 공산당은 존재하지도 않았던 시기였고, 지금 우리가 이해하는 6.25 전쟁 이후의 김일성의 조선공산당과 박헌영의 남조선 노동당의 빨치산과는 엄연히 전혀 다른 개념이다.

제국주의에 물든 이웃인 일본이 불법적인 침략으로, 우리나라를 식민지로 만들어 국가의 외교, 경제, 국방, 정치를 빼앗고 역사와 문화와 민족정신을 도륙하는 지경에서 일본을 상대로 독립전쟁을 수행하는 우리의 독립군은, 의지할 나라도 없는 상태였고, 필요한 자금과 무기와 병사도 부족한 열악한 환경이었다. 이때 독립운동을 하는 우리나라 독립군의 선택은 어쩔 수 없는 차선의 선택을 할 수밖에 없었을 것이다. 만약, 그대들이라면 군자금과 군수물자가 절대적으로 필요한 상황에서 나라의 독립을 위한 결정을 한다면, 어디와 손을 잡아야 하는지 물어보고 싶다. 진정으로 침략 당사자인 일본과 손을 잡기라도 했어야 한단 말인가? 이런 이슈를 만드는 놈들은, 일본군에게 역사에 남을 치욕스러운 패배를 안겨 준 홍범도 장군을, 일본을 대신해서 우리 민족의 영웅을 비하하고 배척하여 자기들의 모욕적인 역사를 지우려 하는 건 아닌지 의심스럽다.

네 번째 우리나라의 헌법에서 국통으로 천명한 대한민국 임시정부의 수립과 그에 의해 운영된 신흥무관학교와 중국과 멀리 서남아시아 지역까지 당당히 대한민국 임시정부의 군대로 파병까지 한 광복군으로서 당시 나라들로부터 대한민국의 국군으로 정통성을 인정받은 우리의 국군이라는 것이다.

이렇듯 우리나라의 주권이 미치는 영역으로 외부의 침입으로부터 보호되어야 할 고유하고 배타적인 국토를 지키는 군인들 가운데 엘리트 지휘관을 기르는 육군사관학교는 오직 지금의 북한 공산당만을 대상으로 교육한다는 것이 말이 되는가?

조선 말기 신미양요, 병인양요(을축양요) 등에서 보듯이, 강철 군사 동맹국이라는 미국도, 지금의 현실은, 미국에 있으면서 대한민국을 위해 애쓰는 합법적인 여러 정보 채널들을 감시하고, 감청하며 그것을 언론에 터트려 외교적 이익을 취하는 이러한 현실이다. 하물며 우리의 대통령이 집무하는 곳까지 감청하는, 이렇듯 치열하게 보이지 않는 전쟁 중인 상황이다. 이렇듯 어떻게 변할지 모르는, 어제의 동지가 오늘은 적이 되는, 오늘의 적이 내일의 동지가 되는, 모든 나라가 최종적으로 모든 사항에 우선하는 자국의 이익 추구와 보호를 최고의 목적으로 두는, 이러한 현대의 국제 외교 정세에서 오직 대한민국의 국토와 국민과 그 안에서 창출되는 이익을 노리고 세계적으로 뻗어 나가는 우리를 방해하는 단체, 조직, 국가라면 누구도 적이 될 수 있다는 유연한 설정을 해야 하는 외교와 국방 정책이 되어야 하는 것이 맞지 않는가?

또 하나의 논쟁거리가 있다. 바로 건국절 논란이다. 태조 이성계가 1392년 조선을 건국한 이후 500년 넘게 유지해 오다 일본이 무력과 자본을 앞세워 강제적으로 1905년 11월 17일 대한제국의 외부대신 박제순과 일본 제국의 주한 공사 하야시 곤스케가 자주적인 외교권 박탈과 통감부 설치를 주 의제로 하는 **을사늑약**을 체결하여 우리의 외교권을 강탈했다. 이어서 **1910년 8월 22일 한일 병합 조약이 체결**되고, **8월 29일** 조선의 국새와 황제의 서명조차 없이 당시 내각 총리대신 이완용이 찍은 '칙명지보'라는 행정 결재에 쓰는 옥새만 찍힌 채 순종 황제 조칙이 발표된 **경술국치(庚戌國恥)**를 통해 우리나라를 강제로 병탄시켰다.

그러나 이와 같은 원천 무효인 강도질에 맞서, 강인한 우리 국민이 1919년 3월 1일 전 국민적인 3.1 만세운동이 일어나 우리의 주권과 나라를 되찾는 독립선언서를 발표하며 우리나라가 자주적인 나라와 자립적인 백성임을 전 세계에 천명하는 역사적인 거사를 일으켰다. 그에 따라 1919년 4월 11일에 전 국민의 지지를 받는 유일한 합법적인 대한민국 임시 정부를 수립하고 전 세계에 천명하였다. 이에 온 국민은 임시정부 주도하에 수많은 독립투쟁, 독립전쟁, 독립운동을 일으켰고, 독립자금을 십시일반으로 모금했으며, 친일 패역 세력을 제외한 모든 국민은 임시정부와 하나 된 마음으로 독립을 위해 헌신했다.

이후 1945년 8월 15일 광복을 이뤄 냈고, 1965년 박정희 정권과 일본 정부는 국내의 거친 반대를 무릅쓰고 '한일 기본조약'을 체결한다. 그 내용은 제2조에 분명하게 다음과 같이 쓰여 있다. **"1910년 8월 22일 또는 그전에 대한제국과 일본 제국 간에 체결된 모든 조약 및 협정이 이미 무효임을 확인한다"**라고.

또한, 1986년 독일과 네덜란드 정부에서 우리나라 정부를 향해, '대한민국은 대한제국이 가입한 다자 간 조약을 유효하게 인정하는가?' 하는 문의에 우리 정부는 **'대한제국이 체결한 조약은 지금도 유효하다'**고 밝힌 바 있다.

대한민국 헌법 전문을 보면 **"유구한 역사와 전통에 빛나는 우리 대한민국은 3.1운동으로 건립된 임시정부의 법통과 불의에 항거한 4.19 민주 이**

념을 계승한다”로 시작된다. 그리고 일부 친일 보수주의자들이 국부라고 말하는 초대 대통령이자 초대 국회의장이었던 이승만의 1948년 5월 제헌 국회 기념식 발언을 보면 “기미년(1919)에 서울에서 수립된 민국 임시정부의 계승이니 이날이 29년 만의 민국의 부활임을 우리는 이에 공표하며”로 나온다.

또한 1948년 9월 1일 대한민국 제1호 관보가 대한민국 정부 공보처 발행으로 나오는데 처음 발표한 기사가 대한민국 국회의장 이승만의 이름으로 발표하는 헌법 전문이다. 그 내용은 다음과 같다. “기미 삼일 운동으로 대한민국을 건립하여 세계에 선포한 위대한 독립 정신을 계승하여 이제 민주 독립 국가를 재건함에 있어서”로 시작한다. 이는 1919년 4월 11일 국호는 대한민국으로, 정치체제는 민주 공화제를, 헌법인 ‘대한민국 임시 헌장’을 공표한 대한민국 임시 정부 수립한 이후 30년째라는 뜻이며, 이는 **대한민국을 세운 지 30년째가 되는 해**가 1948년이라는 뜻이다. 그리고 임정 초대 대통령이었던 이승만이 일제강점 당시에, 19세기 체결한 조미수호조약을 근거로 미국에 협력을 요구했던 사실도 있다.

이러한 사료들을 볼 때 우리나라는 일본의 무력 침략에 의해 국권을 유린당했으나 일본 침략하의 전체 역사는 모두 위법한 행위이며 그에 따라 한 번도 우리나라 국민이 아닌 적이 없었다. 그렇기 때문에 불법적인 일본의 침략과 그에 따른 모든 국민과 국가 재산에 가해진 모든 피해에 대한 일본의 법적 피해보상은 당연한 것이다.

현재까지 대한민국 정부의 공식 입장은 ‘대한제국에서 대한민국까지 체제는 바뀌었지만, 국가는 계속되었다는 사실을 확인하며, 정확히는 국호가 1919년 대한민국으로 바뀌었다’는 것이다.

그러니 1948년 건국절 운운은 일제 36년간 그들의 침략행위를 합법화하고 강제징용이나 위안부 문제를 일본 내의 문제로 하여 법적, 인도적, 경제적 책임에서 벗어나려는 일본 놈들의 생각과 말을 대신하는, 일본 꼭두각시들의 궤변일 뿐이다.

이렇듯 지금 이 순간에도 역사적, 지리적, 국제법적으로 명백한 우리의 영토를 자기네 땅이라고 억지를 부리고 일제강점기 강제징용 사실을 부인하고, 배상도 거부하며, 군 위안부 존재 사실도 부인하는 일본이다. 더구나 국제무대에서 우리나라를 번번이 트집을 잡는 일본, 우리나라를 침략했던 일본과, 전시작전권이 미국으로 넘어가 있어서 전쟁 발발 시 주체적으로 수행할 수 없는 우리나라가 일본과 군사정보를 공유하고 유사시 우리나라 국토에 일본이 군을 주둔시킬 수 있는 군사동맹, 군사 협력을 하자는 것이 진정코 온당한가? 36년간 우리나라의 정신적, 물질적, 역사적인 모든 것들을 짓밟고 도둑질한 그놈들을 우리나라에 군대를 주둔할 수 있게 하는 빌미를 주자는 것이 말이 되는가?

그래서 우리는 오랫동안 자주국방, 자주국방 하지 않는가? 더욱이 한 나라의 지도자가, 자국의 국민도 아니고 자국 군대도 아니고 강대국 군대에 의존하는 것은, 안보를 위태롭게 하는 것임이 불 보듯 뻔하지 않은가? 마키아벨리는 "부득이한 경우 이외에는 자기보다 강한 자와 손잡고 제3자를 공격해서는 안 된다"라고 했다. 왜냐하면 승리해도 동맹국의 먹이가 되기 때문이다. 이러한 이유로 주한 미군의 필요성을 백 번, 천 번, 만 번 인정하면서도 전시작전권 환수 문제도, 언제 어떻게 변할지 모르는 주한 미군의 주둔 상황을 대비해야 하는 것도, 국가와 국민을 수호해야 할 대한민국 정부의 일이다.

그렇기 때문에 상대를 인정하면서도 정권의 사적인 이익이 아닌 국가 이익을 추구하는, 원칙 있고 사려 깊은 자주적 역사에 기초한 실리적인 외교, 국방정책을 추구하기를 바란다.

한 가지 예를 들어 보자. 노태우 정부 당시 북방정책을 펼쳐 공산당 일당독재인 중국과 수교하여 지금의 경제 강국이 되는 기폭제 역할을 하고, 공산·사회주의 소비에트 연방인 소련과는 우호 관계를 맺어 교류를 시작하여 현재의 우리나라의 경제 성장과 방위산업 발전에 획기적인 큰 교두보를 마련하지 않았는가?

이와 같이 실리적이고 자주적인 국가 정책 수립과 사회 통합이라는 화두를 견지해 나가야 하는 전 국가적 측면에서 우리 국민 개개인이 가져야 할 마음자세를 말해 보자면, 우리나라 국민 모두는 각각의 이념과 종교가 나만이 옳음이 아니라 서로의 신념과 신앙을 존중하고 최종적으로 나라의 안녕과 국익을 극대화하는 방향으로 나아감이 옳지 않은가 하는 생각을 해 본다.

결론적으로 정치, 사회, 문화 전반에 얽힘(entanglement)과 중첩(superposition)의 양의적이고 상보적 철학인 『주역(周易)』의 원리가 스며들어 서로를 이해하여 온 나라와 국민이 화합하고 각각의 사회가 통합되고 어우러져야 한다. 그리하여 이 나라가 본래 가지고 있는 무한한 능력을 더욱더 발휘하며, 가장 아름다운 미소를 가진 민족으로서 그 미소를 전 세계에 전하는 날이 오기를 학수고대하고 있다.

『역경(易經)』 중 공자가 지은 「설괘전(說卦傳)」 제5장에 다음과 같은 말이 있다.

艮 東北之卦也(간 동북지괘야)

팔괘 중 간은 동북방의 괘이다.

萬物之所 成終而成始也(만물지소 성종이성시야)

세상 만물이 그 끝을 이루고 처음을 이룬다.

故曰 成言乎艮(고왈 성언호간)

그런고로, 간방에서 천하 대업을 이룬다.

이 말씀처럼 **이 세계를 철학과 이념으로 선도(先導)하는 행복한 대한민국**이 되기를 간절히 소망해 본다.[2)]

---

2) 참고로 간절곶의 한자 표기는 '艮絶串'이다. '간절곶'을 풀어 보면 '팔괘 간방이 끝나는 바다로 돌출된 육지의 끝부분'이라는 뜻이다.

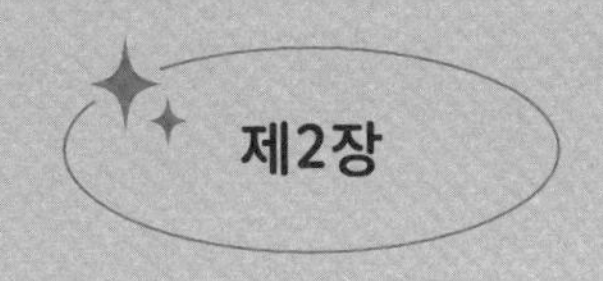

동서양의 세계관(世界觀)과 사유방식(思惟方式)

제1절. 동양의 세계관과 사유방식

동양의 철학적 세계관은 일원론적(一元論的), 상관론적(相關論的) 세계관으로 『역경』의 태허, 태극, 음양 사상, 8괘 64괘의 우주론과 물상론, 인간통론의 모든 변화를 통찰한 사상이 근본을 이룬다.

여기에 무위(無爲)와 허(虛)와 정(靜)으로 축약되는 도와 덕을 숭상하는 어느 정도 정치적인 노자와, 절대화한 나의 관점만 주장하지 말고 상대의 관점에도 사물의 관점에도 귀 기울이자는 장자의 도가 사상이 있다. 이는 자연의 실상을 파악한 참 지혜를 통해 무위의 삶을 추구하는 사상으로 특히 황제와 노자를 신봉하여 황로 사상이라고도 한다. 원래의 샤머니즘 토양 위에 도가 사상, 역리, 음양, 오행, 참위, 의술, 점성, 불교, 유교 사상을 받아들여 심신 수련을 통한 불로장생의 탐구와 기복을 통한 현세 이익을 추구하는 일반인들의 정서를 민간 신앙으로 계승된 도교가 있다.

그리고 B.C 6세기경 고타마 싯타르타에 의해 창시된 종교인 불교는 우리가 겪는 모든 것은 변하므로 무상하여 괴로운 **고성제**(苦聖諦), 우리가 끊임없이 무엇인가를 욕구하는 갈애(渴愛) 때문에 집착하여 생기는 괴로움의 원인을 밝히는 **집성제**(集聖諦), 탐(貪), 진(瞋), 치(痴) 3독(毒)이 사라진 상태인 **멸성제**(滅聖諦), 사람에 대한 올바른 통찰을 위한 계(戒), 정(定), 혜(慧) 3학의 8정도 실천을 통해 열반으로 가는 길인 **도성제**(道聖諦)

의 **4성제**와 4성제에 이르기 위한 8가지 방편인 정견(正見), 정사(正思), 정어(正語), 정업(正業), 정명(正命), 정정진(正精進), 정념(正念), 정정(正定)의 **8정도**(八正道)의 내용이 담긴 석가의 설법으로 시작되었다.

무(無)와 공(空) 그리고 무명(無明), 명색(明色), 행(行), 식(識), 육입(六入), 촉(觸), 수(受), 애(愛), 취(取), 유(有), 생(生), 노사(老死)인 12지분 간의 '세상 만물은 홀로 존재하는 것이 없고, 서로 관계하며 존재한다'로 이해되는 연기(緣起)로 인한 윤회의 순환성을 표방하여 개인의 끊임없는 참선, 율력, 만행, 계율 등의 수행을 통해 나와 세상의 존재 이치를 깨닫고자 하는 '불가 사상'이다.

그리고 존재 일반의 본질을 규명하여 극기복례(克己復禮)를 통한 인간의 심성 개발과 입신양명을 추구하며 인, 군자, 천(天), 중용, 예, 효를 강조하며 군군(君君), 신신(臣臣), 부부(夫夫), 자자(子子)의 계급 논리로 지배층의 정치이념을 제공하기도 한 유교다. 이는 인본주의로서 천인합일을 이루는 것을 인간관계의 목표로 삼은 실천철학이다. 조선의 정도전은 그의 저서『심기리편(心氣理篇)』에서 불가는 심(心), 유가는 이(理), 도가는 기(氣)로 규정하였다.

그리고 힌두교는 B.C 1,500~1,200년경 멀리 인도 서북부 지역으로부터 아리안족이 불(아그니), 태양(수리아, 사비티리), 여명(우샤스), 폭풍(루드라), 전쟁과 비(인드라), 자비(미트라), 신의 권위(바루나), 창조(인드라, 비슈누)와 같은 자연과 우주의 현상이 인격화한 존재인 신들을 찬양한『베다(Veda)』를 가지고 침입하면서 만들어진 것으로, 신화적, 철학적, 종교적 경전인『베다』를 중심으로 만들어진 사상이다.

『베다』에는 가장 오래된『리그베다』,『아유르베다』,『사마베다』등이 있으며, 리듬과 억양을 살려 지금까지 구전되고 있다. 이 베다 사상은 우주 만물과 현상에게 제의를 드리며 만들어진 사상으로, 제의를 담당하는 사제 계급인 브라만이 제의(祭儀)를 독점하며 그 밑으로 크샤트리아, 바이샤, 수드라의 계급이 고착된 계급 사상이 특별하다. 그리고 세계의 본성을 다루는 우주론과 실재함의 본성을 다루는 형이상학, 지식의 본성을 다루는 인식론이다.

더불어 대우주의 본체인 브라만(Brahman, 梵)과 개인의 본질인 아트만(Atman, 我)이 일체라고 하는 범아일여(梵我一如)의 사상인 관념론적 일원론의『우파니샤드(Upanishads)』가 있다. 그리고 윤리학, 특히 서양에서 신의 개념에 비춰 보면 절대 인정할 수 없는 무(無)의 개념이 인도에서는 만물의 생성 기점이라는 생각에서 창조된 **0의 개념**의 발견은 놀랍다.

이러한 사상, 종교들이 서로 영향을 미쳐 세계와 인간 본성의 통합으로 수렴되어 세계와 인간이 그 근원에서 분리되지 않으며, 분리된 부분들의 단순한 집합체가 아니라 통합된 전체로 파악하여 인간의 정신세계와 현실 세계에서 모든 활동에서 자연과의 조화를 중시했다.

따라서 인간의 탄생과 함께 세계가 탄생하고 인간의 소멸과 함께 소멸하는 것으로 우리 인간은 우리가 살아가는 유한한 자연계에 철저히 구속되고 의존하는 존재로 보았다. 이렇듯 인간과 세계가 서로 깊은 영향을 주고받아, 하나를 이루는 것으로 파악한 동양의 세계관은 유기적인 것으로, 도(道)로 상징되는 형이상학적 실체는 말로는 표현할 수 없으며 세상에 어떠한 것도 창조되지 않는 것이라는 입장을 드러내고 있다.

이러한 입장을 좀 더 자세히 살펴보자.

『역경』「계사상전(繫辭上傳)」 제5장에 "일음일양지위도(一陰一陽之謂道)", 즉 하나의 음과 하나의 양을 **도(道)**라 했고, 도(道)는 언어로 설명할 수 없는 것으로 보았으며, "생생지위역(生生之謂易)"이라 음이 양을 낳고, 양이 음을 낳아 변하는 것을 **역(易)**이라 하였다.

제2장에서는 "강유상추 이생변화(剛柔相推 而生變化)", 즉 강함과 부드러움의 양의가 서로 밀고 당기는 추이(推移)로 변화를 발생한다고 했다. 그리고 『도덕경』 제1장에 "무명천지지시 유명만물지모(無名天地之始 有名萬物之母)", 즉 무(無)는 하늘과 땅의 시초가 되는 도의 이름이고 유는 만물을 낳는 어머니의 이름이라 하였다. 또 "차쌍자 동출이이명 동위지현 현현우현 중묘지문(此雙者 同出而異名 同謂之玄 玄玄又玄 衆妙之門)", 다시 말해 이 둘은 하나에서 나왔으나 그 이름이 다르다. 이 둘은 모두 어둡고 오묘하며 깊고 오묘한 도가 바로 천지 만물이 끊임없이 생육, 화성하게 하는 만물의 오묘한 문이라 했다.

역시 노자의 『도덕경』 제42장에서는 "도생일 일생이 이생삼 삼생만물(道生一 一生二 二生三 三生萬物)"이라 하여 무(無)라 할 수 있는 도에서 만물이 발생한다고 했다. 그리고 제25장에서 "인법지 지법천 천법도 도법자연(人法地 地法天 天法道 道法自然)", 즉 사람은 땅의 이치를 본받아 살고(사람은 땅에 구속-제한-되며), 땅은 하늘의 이치를 본받아 움직이며(땅은 하늘에 구속-제한-되고), 하늘은 도의 이치를 따라 존재하고(하늘은 도에 구속-제한-되며), 도는 자연의 이치를 따라 펼친다(도는 자연의 법칙에 구속-제한-된다)고 하였다. 이렇듯 자연은 우리 인간의 큰 동맹이고 위대한 영감이며 우리가 자연을 보살피면 자연도 우리를 보살필 것이라 믿었다. 이렇듯 인간과 세상은 끊임없이 순환하며 자연과 합일하게 된다고 했다.

이렇듯 만물은 모두 다 스스로 자연의 도리를 따라서 운행할 뿐, 각 인간의 감정에 적합하게 성리학에서 말하는 사단칠정(四端七情)을 가지고 자신의 생멸을 표시하는 것이 아니라고 보았으며 궁극적인 실재의 다른 양상으로 모두가 한데 묶여 일어나는 것으로 이해했다.

그리고 "같은 강물에 두 번 들어갈 수 없다"라고 하며 생성과 변화를 중시한 고대 그리스의 헤라클레이토스 또한 세계 내의 모든 변화에 대해 대립자들의 쌍(雙)을 통일체로 보았는데 나는 이 '대립자의 쌍'을『역경』의 양의 개념이요, 양자역학의 상보성과 이중성, 얽힘이라고 본다. 이는 전술한『역경』「계사전」제2장과,『도덕경』제1장과도 통한다고 할 수 있겠다.

마지막으로 불가에서 설파한『반야심경(般若心經)』에서는 "색즉시공 공즉시색(色卽是空 空卽是色)"라고 하여 색은 공이 전제되어야 진정한 색이요, 공은 색을 포함하는 공이어야 진정한 공이며, 6조 혜능 조사께서는 "일체유심조(一切唯心造)"라 하여 내가 세계를 본다는 것은, 사실 나의 마음을 보는 것과 같다고 하였다. 이는 뒤에서 얘기하는 파동과 입자처럼 있음/없음, 삶/죽음, 하늘/땅, 너/나 등 대대법적인 양의 개념으로 서로 의지하여 존재하고, 연결되어 있다는 일원론적 관념론의 핵심이다.

이와 같이 동양의 사상들은 이 우주 공간은 기(氣)로 가득 차 있다고 생각하였고, -현재에 이르러 이런 생각은 암흑물질이나 암흑에너지의 발견으로 증명되고 있다.- 그 공간에 가득 차 있는 기가 모여서 사물을 이룬다고 생각했다. 그렇기 때문에 서로 떨어져 있어도 떨어질 수 없는 하나의 불가분의, 비국소적인 관계로 연결되어 있다고 보았으며 이는 사물과 현상을 미루어 헤아리는 것(유추, 類推)으로 분류하고, 같은 이치의 현상을 지닌 양상들을 한 묶음으로 나누는 것으로 음양론과 오행론은 모두 필연적으로 탄생한 것이다. 이와 같은 인간과 세계의 관계는 모두 거대한 묶음의 일부분으로 그 안에서 순환성을 띤 총괄적, 일원론적, 상관론적 세계관이다.

이러한 동양의 철학적 사유방식을 **상관적 사유(相關的思惟, Correlative Thinking)**라고 한다. 이것은 없다는 개념(無, 허공, 공간)을 눈에 보이는 현상세계의 본체나 본성으로 설정함으로써 동일한 본질을 서로 다른 현상의 상관적 차이로 보아서 상대적 관계를 설정하고 대칭적 논리로 사물을 규정한다. 이에 따르면 세상은 이미 시작부터 원칙적으로 음/양, 생/사, 왕/래, 선/악, 미/추, 정/사, 물/불, 천/지, 전/후, 고/하, 진/위, 심/천 등 대대법적(待對法的)으로 구별되어 있다. 이들은 각각이 따로 존재하기도 하지만, 서로의 가역적 상호성에 의해 서로 간 관계에 있어서 상대로 인하여 나를 규정지을 수 있는 가역적으로 변할 수 있는 인과관계를 나타내며, 쌍방이 같이 생기고 사라지는 것에 불과하다.

이러한 순환론적 사유 방식으로는 불가의 인과응보론, 노자, 장자, 회남자(淮南子, 유안), 하이데거, 스피노자, 범신론 등이 있다.

이와 같은 동양의 세계관과 사유 방식은, 개체 중심의 입장에서 파악하기보다 우주 만물의 전체 시스템 속에서 각기 존재하는 '나'와 '세계'를 중시했으며, 1초도 쉼 없이 변화하는 나와 세계의 현상 속에서 서로 관련을 맺으며 존재하는 인간과 그 본성을 연구하며 유기적으로 바라보는 입장이다. 이런 세계관과 사유 방식은 독립적으로 존재하는 인간 개인과 그 자체를 우선하기보다는 개인과 대상으로 존재하는 것들을 나와 동등하게 보거나 전체 속에 나를 인식하는 경향을 보이며, 정치와 법과 제도에 있어 전체를 우선하는 결과를 낳았다.

하지만 전체를 우선하기에 개인의 자유와 인권은 등한시하는 현상이 늦게까지 지속되고 있기도 하다. 이러한 점이 이원론적 세계관의 서양이 일원론적 세계관인 동양의 세계관을 후진적으로 여겨 온 이유다. 특히 자연, 사물과의 일원론적 사고로 인해 물질보다는 마음과 정신을 중시해 온 까닭으로 기계문명의 발전이 더뎌져 인간 생활에서도 후진적 양상을 보였다. 하지만 여기서 말하는 후진적 양상은 서양 세계관의 기준일 뿐이며, 지구 생명 전체로 바라볼 때 오히려 바람직한 양상이라고 나는 생각한다.

우리는 끝없는 소비적 과학 발전인 첨단기술(High Tech)만이 살길이라고 외치며 주장하고 신봉하는 시대에 살고 있다. 요즘 보이는 광고마다 A.I, A.I, 인공지능을 말한다. 우리가 그 실체가 어떠한지를 면밀히 살펴보기도 전에 무작정 무차별적으로 도입하고 있다. 이는 인간이 엄청난 에너지를 소비하고 노력하여 얻을 수 있는 것, 혹은 도저히 얻을 수 없는 것들을 희한하고 재미있고 빠르게 인간을 대신하여 이루는 것을 보며 놀라워하고 있다. 그리고 고고학, 의학, 과학 등의 여러 분야에서 엄청난 도움을 주고 있는 것도 사실이다. 그러나 '굳이?' 하는 영역에서 극소수의 인간을 대상으로, 혹은 필요 이상으로 취미와 같은 오락을 접하듯이 A.I를 이용하는 경우가 허다하게 많이 있다. 만약, 이러한 결과로 인류에게 부정적인, 유능한 A.I의 시대가 온다면 어찌할 것인가? 왜 이리 서두르는 것인가? 그 물음의 답은 호기심을 자극하여 무조건 소비자를 끌어들이기 위해

서라고 생각한다.

이렇듯 무조건적인 과학의 발전과 소비는, 그에 따른 부작용인 환경파괴와 인간소외, 즉, 지구와 인류의 공멸을 초래할 것이다. 이러한 오염의 주범인 소수 선진국의 독점적 개발과 무한의 이익 추구와 소비를 조장하는 등의 행태로 인하여 발생하는 문제들을 이대로 방치하기에는 너무 늦은 지경에 와 있다.

양상들을 살펴보면, 지구 온난화로 인한 남북극과 고산지대의 빙하 해빙, 그에 따른 해수면 상승. 해류의 변화로 인한 엘리뇨, 라니냐 현상. 지진과 대규모 산불, 화산 폭발, 해수 온도 상승 등과 미세 플라스틱 문제, 폐가전 문제, 화학섬유 문제 등이 있으며 특히 산업 생산물에 의한 환경문제에 있어서 그 피해를 다수의 일원론적 세계관을 가진 글로벌 남부 지역 저개발국들이 오롯이 떠안고 있어 안타까운 현실에 처해 있다.

이러한 지경에 이르러 성현의 말을 빌려 인간과 자연의 공생을 생각해 보자.

먼저, 맹자는 "만물이 모두 나에게 갖추어져 있다" 하여 인간과 자연이 하나임을 부르짖었고, 장재 선생은 그의 저서 『정몽(正蒙)』의 「대심(大心)」편에 "사물을 체득하고 내 몸을 체득하는 것이 바로 도의 근본이다. 몸으로 도를 체득하면 사람이 크게 된다. 도는 내 몸과 사물을 하나로 여길 수 있으므로 크다. 사물을 내 몸과 같이 여기지 못해 사물이 내 몸에 누가 된다면, 이는 심히 못난 사람의 일이다"라면서, 인간이 자연과 하나이므로 그 자연 존재 자체를 나만큼 존중함이 마땅함을 말씀하셨다.

진정코, 국가별, 영역별, 조직별, 개인별 등 여러 가지 상황을 고려하지 않은, 지구라는 전체 생명체와 인간과의 관계를 결론지어 설명하자면, 이

지구라는 아름다운 행성에서 모든 무생물과 인간을 포함한 모든 생물들의 오롯한 존재와 삶을 살펴보면, **오로지 인간을 위한, 인간에게 이익이 되는, 인간을 행복하게 하고자 하는, 인간들이 하는 일체의 입고, 먹고, 쓰고, 살고 하는 인간의 모든 활동의 결과로 파생되는 모든 것들이 이 지구에 공존하는 유·무생물 전체 존재에 커다란 해악을 끼치고 있다는 생각에 다다른다**.

지구의 지붕이라는 히말라야의 높은 고봉들 아래 그 많은 쓰레기들과 대한민국 동네 뒷동산의 구석구석마다 인간이 놓고 간 썩지 않는 페트병과 일회용 커피잔들과 합성 섬유 옷가지들, 그리고 방글라데시와 인도의 마른 개천을 가득 채운 페트병들, 더욱이 태평양 한가운데 남한 면적 크기의 15배 이상의 거대한 섬으로 존재하는 쓰레기 섬을 보라. 세계 바다 전체에 존재하는 쓰레기 섬은 지구 표면의 25%를 넘어선다. 그곳은 해양 생태계의 먹이사슬을 위협하며 버려진 어망이 해양생물을 계속 잡는 유령 어업이 이뤄지는 끔찍한 곳으로, 그중 가장 큰 태평양 쓰레기섬은 약 8만 톤이나 되는 플라스틱 쓰레기로 이뤄져 있으며, 그 안에는 1조 8천억 개의 플라스틱 조각이 있는 것과 같은 의미고, 그 크기는 160만 ㎢에 이른다. 이는 프랑스 국토의 세 배요, 텍사스주의 두 배 크기다. 이곳은 주로 일본, 중국, 한국, 대만, 미국에서 버려진 것이라고 하며 최근의 보도자료에 의하면 한국산이 가장 많이 늘었다고 한다. 또한, 인도양과 북, 남 대서양과 지중해와 북해에도 추가로 쓰레기 더미들이 만들어지고 있는 실정이다.

그리고 내 주변에서 금방 목격할 수 있는, 끊임없이 버려지는 음식쓰레기들과 옷가지들을 보라. 이러한 것들의 공통점은 인간이 생각 없이 버리지 않고, 지구에 온 손님이라는 생각으로 덜 쓰고, 안 버리고, 되가져오기만 해도, 재활용 용품을 깨끗하게 처리하여 재활용을 완전하게 하기만 해도 일어나지 않았을 모습이다. 지금이라도 우리가 그리 행동한다면 지구와 우리의 후손들에게 조금은 부채를 덜 지지 않겠는가?

그리고 **우리 인간이 덜 먹고, 조금 덜 입고, 덜 쓰고, 덜 편하고, 조금 덜 부유하고, 조금은 덜 배부르고, 덜 따뜻하고, 덜 시원하고, 조금 더 움직이고 한다면 인간 개인과 이 지구는 좀 더 건강하고 좀 더 행복해질 것이다.**

앞에서도 언급했지만, 요즈음 A.I 가 큰 이슈다. 물론 인간에게 도움이 되는 부분은 분명하게 있기 때문이리라. 이러한 큰 흐름을 어찌하겠는가. 그러나 한 번 더 생각해 보면 갑작스러운 A.I 산업이 인간 사회에 끼치는 여러 가지 영향을 미처 준비하고 대처할 겨를 없이 발전만을 추구할 경우, 사회의 여러 분야에서 문제가 일어날 가능성도 있지 않겠는가? 나중에는 우리 일부 인간은 적응하지 못하고 퇴화하고 밀려나며 여러 영역에서 인간 고유의 기능이 멸절되어 종국에는 A.I에 종속되지 않을 거란 확신이 있는지 모르겠다. 과학기술 발전에서 우리가 가져야 할 자세는 '우주관광'과 같은 인류 극소수를 위한 산업에 대한 기술 개발·투자보다는, 지구 환경문제와 인류의 불평등 해소를 위한 투자와 기술 발전이 필요한 것이다. 정말로 일부 개발·공급자가 아닌, 이익을 추구하고 얻는 자가 아닌 전체 인류를 생각해야 한다.

또한, 인간의 끝없는 욕구를 충족시켜 재물을 불리기 위한 기술의 발전은 그 발전만큼 지구를 퇴행시키는 요인들을 배출할 수밖에 없다. 여기서 한 가지 지적하고 싶은 것이 있다.

개발자이건 공급자이건 새로운 기술이 나오면 그들은 일단 기아에 허

덕이는 세계인 모두를 먹여 살릴 만큼의 엄청난 부를 얻게 된다. 그 얻게 되는 재물은 일반 소비자들의 주머니에서 나온다. 여기까지가 한 사이클이다. 그다음은 어떤가? 그 기술, 그 시스템으로 인한 환경의 변화와 재앙으로 인류는 더 많은 비용의 지출을 요구하게 된다. 그 비용의 지출과 재앙은 순전히 일반 소비자들의 몫이라는 거다. 그렇기 때문에, 과학적 발전이 인간이 지속적으로 살아가야 할 이 지구를 위한 기술의 발전으로 방향을 바꾼다면 후손들의 미래가 조금은 좋아지지 않겠는가?

이 지점에서 아메리카 인디언(몽고리언)의 격언을 통해 그들의 생각을 들여다보면서 20세기의 인류가 이 격언들을 생활 속에서 실천하려 했다면 무차별적 기술 개발의 끝인 현재의 이상기후 위기와, 환경파괴의 문제는 어느 지점에 있을까 음미해 볼 필요가 있다고 생각한다.

- 그대에게 필요한 것만을 취하고 대지를 처음 그대로 내버려두라.
- 물을 사용할 때는 마치 사막에서 지내듯이 한 방울이라도 지혜롭게 써라.
- 필요한 만큼만 먹고 오직 먹기 위해서만 동물을 잡으라.
- 마지막 나무가 사라진 뒤에야, 마지막 강이 더렵혀진 뒤에야, 마지막 물고기가 잡힌 뒤에야, 그들은 깨닫게 되리라. 인간이 돈을 먹고 살 수 없다는 것을.
- 산속에 집을 지을 때는 산에게 상처를 입히지 말라.
- 꼭 필요한 것만 갖고, 음식에 대해 항상 감사하라.
- 생명 가진 것을 함부로 죽이지 마라, 거미와 벌레들과 조화롭게 사는

법을 배우라.

• 동물들이 내는 소리에 귀를 기울이고 바깥에 있을 때는 자연의 정령을 느끼라.

• 지구를 구하는 데 보탬이 되는 일을 하라.

• 이 땅에 존재하는 모든 만물에 감사와 경의를 표하라. 인간이건, 동식물이건 그 모든 것에.

• 자연은 우리를 위해 있는 것이 아니라 우리의 소중한 한 부분이며 지구 공동체의 한 가족이며 동반자이니라.

• 다른 사람들을 비난하거나 욕하지 말라. 그대가 우주를 향하여 내보낸 부정적인 에너지는 그 몇 배로 그대에게 돌아오느니라.

제2절. 서양의 세계관과 사유방식

서양의 철학적 세계관은 '동굴 안은 어두운 현상세계의 삶이며 허상의 세계요, 동굴 밖은 밝고 실재하는 철학적 삶이며 이데아의 세계'로 비유한 플라톤의 이데아론을 근간으로 발전한 이원론적(二元論的), 인과론적(因果論的) 세계관으로 고도의 정신성을 기반으로 한 인간의 이성을 중요하게 생각하는 관념론이 주류를 이루어 왔다.

이러한 이성(reason, logos)은 대상의 이치를 **판단**하는 능력이자 사물의 질서와 본질에 대한 판단의 **시비**, **진위**의 기준이며, 행동의 결정과 그 행동의 결과를 **평가**하는 기준이다. 그러한 인간의 이성은 신의 계시에 의해 전수되어 태어날 때부터 인간에게 내재된 지식인 것이다.

서양철학은 불완전한 인간이 완전무결한 창조주이자 조물주로부터 그의 완전성을 부여받았고, 그 완전성을 신으로부터 담보받은 것으로 이해한 이성을 중요하게 생각하였다. 그리하여 일반 인간과는 절대 같을 수 없는 완전무결한 창조주나 절대자를 인정하여 유일신, 창조주, 조물주 개념을 먼저 인정하고 그에 따라 세상 만물을 절대자의 피조물로 보아 신의 혜택을 입은 인간이 신께서 허락한 자연을 극복하고 지배하는 것을 당연하고 자연스럽고 중요한 것으로 생각하였다.

대표적 학자로는 제일 먼저 플라톤을 꼽을 수 있겠다. **플라톤**은 존재하는 것은 지각되는 것이라 한, 가지적(可知的) 관념계와 감각적 현상계로 나눌 수 있다고 밝힌 대표적 이원론자이자 합리주의자이다.

이어서 "나는 생각한다. 고로 존재한다(Cogito ergo sum)"라고 한 **르네 데카르트**는 이성을 자연의 빛(lumen naturale)이라고 하며, 철저한 이성에 기반한 사유의 중요성을 주장하였다. 서양 철학사에 큰 획을 그는 사유적 존재(res cogitans)로서의 영혼과 감각적 존재(res extensa)로서의 사물로 나누었다. 이렇듯 그는 정신의 실체성을 추론하기 위해 정신과 신체를 철저히 나눈다. 정신과 물질을 각기 독립적 실체로 규정함으로써 이 둘 사이의 상호작용을 설명하기 위해 방법적으로 꺼낸 것이 '신'이라는 실체다.

이러한 데카르트의 '신'은 인간의 정신과 자연의 물체를 유한 실체로 규정하고, 그에 대립하는 무한 실체로서 신을 규정하여, 인간과 자연을 신의 대립물로 규정하고 있다. 이렇게 규정한 것을 살펴보면, 이는 신 역시 상대적 의미의 실체일 수밖에 없게 하는 것으로, 이는 그가 정의한 '다른 무엇에 의존하지 않고 그 자체로 존재하는 것'이라는 실체 개념과는 모순되는 것이 아닌가?

어찌 되었거나 더 나아가서 이성주의자 **에마뉴엘 칸트**는, 인간을 이성이 지배하는 본질(本質, noumena, 영원불멸의 영혼)과 감각적 육체인 현상(現象, phenomena)으로 구별했다. 그리고 그 둘의 차이를 강조하다 보니, "머릿속으로 어떤 지폐에 대해서 생각한다고 해서 그 지폐가 눈앞에 있는 건 아니지 않은가?"라며 결국 니체의 '신은 죽었다'의 명제의 단서를 제공하기도 했지만, 특별하게도 "우주의 시작점이 있는지 없는지는 인간의 이성으로는 답을 알 수 없는 문제다"라고 한 말은 기억해 두자.

이 구분에 더하여, 또 다른 대표적 학자로는 "개체야말로 진정한 실체다"라고 한 **아리스토텔레스**, "남의 목적을 위해서가 아니라 자신의 목적을 위해 생존하라"고 말한 **단테**, 그리고 "마치 큰 채석장이 건축가 앞에 놓여 있듯이 세계 존재 전체가 우리 앞에 놓여 있다. 이 건축가는 자연이라는 우연 덩어리를 최대한 경제적이고 합목적적이며 확고하게 그의 정신에서 우러나온 원 형상으로 만들어 놓을 때만이 자신의 이름값을 하는 것이다"라고 한 **괴테**가 있다. 그리고 조금은 다르지만 "이성적인 것은 실재하는 것이며 실재하는 것은 이성적인 것이다"라고 하며, "실재는 지적으로 투명하게 서술할 수 있다는 의미다"라고 한 **헤겔**이 있다.

이러한 서양의 세계관은 우리에게 일어난 현상에 인간의 마음과는 무관하게 신이 설계한 독자적인 질서가 존재하는 것이며, 자연을 인간의 대상으로서만 존재하는 것으로 보고 이 모든 세계의 주체자로서 인간을 보는 기계론적, 이원론적 세계관이다. 이러한 세계관이 인간의 욕구를 무한대로 펼쳐 눈에 보이는 과학의 괄목할 만한 발전을 가져오고 있지만, 한편으로는 하나뿐인 소중한 지구의 환경을 황폐하게 하는 인간 활동의 주된 철학적 근거를 제공하는 것이다.

이 이원론적 세계관에서 먼저, 하나의 세계는 영원한 진리의 세계로 이 세계는 변치 않으며 완벽하게 오직 정신적 활동을 통해서만 도달할 수 있다고 한 이상적 세계다. 또 다른 하나의 세계는 현실 세계로, 이 세계는 변화하며, 불완전하고, 인간의 오감에 의해 경험되는 허상의 세계다.

그들은 우주 공간이 텅 비어 있다고 생각하며 텅 비어 있는 공간 속 사물은 각기 독립적으로 존재한다고 보았으며, 그래서 사물이 허공에 존재하므로 두 물체가 떨어져 있으면 절대로 상호작용을 할 수 없는 국소적이라고 본 것이다. 그들이 보는 세상은 각자의 개체가 제각기 모여 집합을 이루고 있는 공간이라 여긴다. 때문에 각각의 개체를 중요하게 생각하였고, 그래서 그들의 언어에서는 각 개체를 일컫는 명사를 중시하고 있다. 반대로 동양인들은 상호관계성을 중시하는 동사를 중심으로 세상을 본다. 예를 들어 **"넌 포도를 좋아하지 않니?(Don't you like grape)?"**를 한국인과 미국인, 독일인, 프랑스인에게 물어보면 각기 답은 다음과 같다.

한국인 : 응, 좋아하지 않아. 혹은 안 좋아해. / 아니, 좋아해.

미국인 : No, I don' t.(아니, 난 좋아하지 않아) / Yes, I do.(응, 좋아해)

독일인 : Nein, ich mag ihn nicht.(아니, 난 좋아하지 않아) / ja, ich mag sie.(응, 좋아해)

프랑스인 : Non, je ńaime pas Ça.(아니, 난 좋아하지 않아) / Oue, j' aime ça.(응, 좋아해)

여기서 서로 다른 특징을 발견할 수 있다. 한국인은 자기 자신을 드러내기보다는 상대방을 더 배려하는 문화와 관습이 발달하여 상대방의 질문에 초점을 맞추어 답변하므로 상대방이 부정의 형식(않니?)으로 물어봤다면 일단 부정으로 답을 한 뒤에 이어서 자신의 입장을 말하는 것을 알 수 있다. 반면 미국, 영국, 독일, 프랑스인은 상대방을 배려하기보다는 자기 자신을 과감하게 표현하는 이기적인 문화와 관습이 더 발달하였다. 그리하여 자기중심적 사고를 하므로 자기가 포도를 좋아하는 사실 그 자체가 중요하기 때문에 질문자의 의도와는 관계없이 나의 의사가 중요하다. 그래서 아니(No)라고 먼저 말하는 것이다. 다만, 스페인과 이탈리아의 언어는 같은 유럽어임에도 다르게 대답한다.

결론적으로 서양의 철학적 사유방식은 **인과론적 사유(因果論的思惟, Causal Thinking)**로 이 세상이 하나의 궁극적인 원인에서 출발하여 원인과 결과가 분명하게 구별되어 선(線)적인 하강으로 다양한 결과물들이 유출되거나 생산된다는 것이다.

이는 직선적, 수직적 위계질서를 형성하며 원인이 되는 일자에서 결과의 다양성에 이르기까지의 과정에서 존재의 등급이 결정되므로 결과의 다양성은 상위 원인에 의존적 의미를 내포하며 하위개념은 원인에 종속되고 상위의 파생물에 불과하게 된다. 이에 따라 서로 존재 간 등급이 고착되어 불변하는 비가역적(非可逆的) 인과율의 피라미드 형식의 위계질서를 갖게 된다. 대표적인 사상 및 사상가로는 유일신론의 유대교, 이슬람교, 기독교, 소크라테스, 조금은 다르지만 공자 등이 있다.

이렇듯 동서양 사유방식의 차이를 볼 수 있다. 그리하여 칼 융이 「리하르트 빌헬름을 추모하며」에서 다음과 같이 말한다.

> "『역경(易經)』의 실제 적용에 기초하고 있는 기능은 -내가 이렇게 표현해도 무방하다면- 어떤 식으로 보아도 우리 서양의 학문적-인과론적 세계관과는 첨예하게 모순됩니다."

서양의 이런 세계관과 사유방식은 신에게 선택받은 인간만이 혹은 내가 믿는 신에게 선택받은 나만이 최고의 가치를 지니며, 최우선 고려 대상이라는 것이며, 그렇기 때문에 인간의 욕구를 극대화하는 방향으로 역사를 진행시키는 계기가 되었으며 사회의 경제적 풍요를 가져다주었고 이후 과학기술은 나날이 급격한 발전을 이루었다.

물론 과학 이전 중세 시기까지의 서양은 인간의 사회, 문화를 신화적으로 설명하는 일이 많았던 반면, 동양은 나름 21세기 시점의 과학적, 합리적인 방식으로 이해했지만 말이다. 하지만 18세기 과학기술의 발달과 기계문명으로 인해 산업혁명이 촉발되었고, 그에 따라서 극단적인 이익 추구가 가능해졌으며, 19세기 현실적 배금(拜金)사상 중심의 물질 관련 학문이 발전하게 된다.

산업혁명의 단순노동, 대량생산의 시스템은 노동 인력을 급격히 증가시켰고 그에 따라 미성년 노동자의 양산과 지독한 노예사냥이 이뤄졌으며,(물론 고대 그리스, 로마 중심의 지중해 연안에서 발달했지만, 본격적으로는 15세기 아메리카에서 대규모 플랜테이션 농업이 발달하면서 대서양 노예무역이 크게 성행했고 이후 19세기까지 인도양 지역에까지 이어졌다) 이러한 과정을 거치면서 노예의 무임금, 미성년자와 여성의 초저임금 고용구조에 의한 급격한 인간의 존엄과 권리의 파괴와 빈부격차가 발생했다. 그리고 인간 중심의 배금주의 사상으로 인간과 끊임없이 관계하는 대상인 자연에 대한 잘못된 인식과 부족한 배려로 인하여 인간이 자리잡고 호흡하며 살고 있는 이곳 지구의 자연환경은 극도로 파괴되어 가고 있으며, 20세기에 이르러서는 인류의 생존을 염려할 정도로 인류 역사에서 지극히 짧은 기간에 엄청난 속도로 진행되고 있다.

그 내용을 살펴보면 1954년에는 27억 명의 인구와 310ppm의 대기 중 탄소 농도와 64%의 미개척지가 있었으나, 66년이 지난 2020년에 접어들어서는 약 3배 가까이 증가한 78억 명의 인구와 415ppm의 대기 중 탄소 농도 그리고 반 정도로 줄어든 35%의 미개척지만 남아 있는 상태가 되었다. 3/4이 열대우림이던 1950년대의 보르네오섬이 20세기 말에 이르러 절반으로 줄었고 30만 ㎢의 원시림이 사라졌다. 이처럼 지금까지 세계 전역에서 3조 그루의 나무가 잘려 나갔으며 매년 150억 그루의 나무가 베어지고 있다.

인류의 기하급수적인 인구 증가와 그로 인한 무분별한 자원의 개발과 소비가 이산화탄소와 메탄 등 온실가스의 배출은 급격한 기후 변화를 초래하여 우리 인류 홀로세 1만 년간 온도의 변화가 1℃를 넘지 않았는데 현재 급격한 온도변화로 70년 만에 1℃나 상승했다.

또한, 『한겨레』 신문 신소윤 기자의 2024년 6월 6일 자 「기후재앙 마지노선 '1.5도'… 5년 내 뚫릴 가능성 80%」 기사에 따르면 향후 5년 안에 지구의 평균기온이 산업화 이전보다 1.5도 이상 높아질 가능성이 80% 수준이라는 경고가 나왔다. 평균기온 상승 1.5도는 국제사회가 기후 위기를 피하기 위해 '파리기후협정'을 통해 약속한 마지노선이다. 같은 신문 김정수 기자의 「'지구 온난화' CO_2 농도 관측 사상 최대폭 상승」 기사에 따르면 미국 해양대기청이 6월 6일(현지 시각) 하와이 마우나 로아의 노아(NOAA, 대기 기준 관측소)에서 측정한 이산화탄소 5월 평균 농도가 426.9ppm으로 관측 '사상 최고치'를 기록했다. 즉, 지구 온난화를 일으키는 대기 중 이산화탄소(CO_2) 농도가 2022~2024년 사이 관측 사상 최대폭으로 가파르게 상승했다는 관측 결과가 나왔다.

이러한 인류의 탐욕적 활동으로 인하여 북극의 여름 바다 얼음이 40년 만에 40%나 감소했고 빙하(氷河)의 녹는 속도가 최근 20년 동안 2배나 증가했다. 또한, 몽골과 중앙아시아 대륙에서 갈수(渴水)와 사막화는 아주 빠르게 진행되고 있으며, 북극과 남극 빙하의 녹는 속도가 급격하게 빨라져 2030년대에 이르러서는 북극 여름 빙원이 사라지며 물 순환에 변화가 올 것이라고 예고하고 있다.

더 나아가 2040년대에는 북반구 동토층(凍土層)이 녹아서 메탄이 대량으로 방출되고, 그로 인해 기후 변화가 급가속되어 바다 온도가 상승하고 해양 생태계가 파괴되며, 지구 생태계가 위험한 지경에 이를 것이다. 특히 남극의 빙하는 규모가 100㎢나 줄어들어 23년간 녹아내린 빙하의 양이 28조 톤이라 한다. 그리하여 해수면 또한 상승하여 남태평양의 나라들과 해안선이 많은 나라에서는 나라의 존립이 흔들리는 지경에 이르렀고, 인류의 생존에 큰 영향을 미치는 문제가 일어나고 있고 더욱더 심각하고 빠르게 일어날 것이다. 2080년대에는 곤충이 멸종되며, 더욱이 2100년대에는 지구의 인구수가 110억 명이 될 것이고 그에 따라 지구의 온도가 4℃ 증가하여 6번째 대멸종이 진행될 것으로 예상된다.

이러한 가운데 이산화탄소 배출 문제와 관련하여, 세계적으로 모든 나라들이 탄소배출을 줄이는 것에 합의하자는 의견에도, 그동안 엄청난 탄소의 배출을 통해 이익을 얻어 온 선진 대국들은 반대를 하고 있는 실정이다. 얼마나 이기적인가?

덧붙이자면, 아프리카 가나의 수도 아크라에는 라벨도 떼지 않은 옷이 산더미처럼 쌓여 있으며 브랜드 옷의 40%가 과잉생산 된다는 통계가 있다. 그리고 한국에서는 1년에 약 30만 톤의 의류가 버려지고 있으며 그중

90%는 중고 덤핑가로 해외에 수출하고 2%는 국내 중고 매장으로 소비되고 8%는 해외에서 소각된다고 한다. 아마도 대부분 소비재 생산 부분에서 이런 형식의 생산 사이클이 이뤄지고 있다고 본다. 그에 따라 탄소 배출량은 전 세계 항공기에서 배출하는 탄소보다 많이 배출하고 있으며 전 세계 탄소 배출량의 10%를 의류가 차지하고 있다. 또한, 지금까지 생산된 플라스틱의 총량 92억 톤의 75%인 69억 톤이 쓰레기로 버려졌으며 매년 800만 톤이 배출되고 있다. 이런 가운데 플라스틱 생산을 줄이기 위한 국제 플라스틱 협약 회의를 부산에서 주최하였으나 주최 측의 미온적인 대처와 패트병 등 플라스틱의 원료인 석유를 생산하는 산유국들의 반대로 성과를 거두지 못하고 말았다. 이 얼마나 이기적인가? 분명히 우리은하에 속한 모든 별의 수보다 500배 많은 24조 4,000억여 개의 미세 플라스틱이 결국에는 지구에 생존하는 인간과 특히 생물들에게 회복 불가능한 큰 재앙을 불러올 것이다.

우리나라의 판매용 생수 문제를 예로 들어 보자. 50~60년대 까지 우리들은 몇몇 대도시, 공업도시 아니고는 마을마다 공동 우물 같은 곳에서 생활용수와 식수 문제를 해결했다. 그리고 70년대에는 수도권의 학교나 가정에서 수도를 이용하여 언제든지 그 수돗물을 마시는 것으로 충분했었다.

그러나 지금은 수돗물을 정수기로 정수한 물과 멀리 제주 섬의 땅속에서 퍼 올린 삼다수, 태백산맥에서 퍼 올린 평창수, 지리산서 퍼 올린 산청 샘물 등등 많은 종류의 플라스틱병에 담긴 생수들로 식수를 해결하고 있다. 그리하여 수돗물 음용률이 5%에 불과하다. 내가 볼 때 이러한 세계적 생수 산업의 확장이 지구 덩어리 자체와 지구 환경에 커다란, 여러 가지의 심각한 문제를 일으킬 것이라 단언할 수 있다.

지금, 현재 수돗물에서 발견된 세균 검출은 0%이고, 11개 브랜드의 생수에서는 절반 정도에서 세균이 검출되었다고 하며, 1년에 4번이나 수질 기준 위반으로 적발된 회사도, 매년 적발되는 회사도 계속 생수를 공급하는 상황이다. 또한, 판매되는 생수의 93%에서 미세 플라스틱이 검출되는 지경이다. 그런데 왜 우리나라에서는 온 나라에서 생산되는 수돗물을, 서울시에서는 그토록 좋은 아리수 수돗물을 국민에게 자신 있게, 완벽하게 수돗물을 음용할 수 있도록 하지 못하는가? 혹시 생수 산업의 보호를 위해서인가? 아니면 생수 업계와 정수 업계의 방해 때문인가? 이러한 기술이야말로 더욱더 발전시켜야 할 Low Tech다.

『한겨레』 신문 최상원 기자의 6월 22일 자 「하루에 물 1300t 빨아가는 생수공장… "좀 보소, 집엔 흙탕물뿐"」 기사에 따르면, 경남 산청군 삼장면 덕교마을의 주민들이 지하수 개발을 시작한 건 20년이 채 안 된다. 그 전엔 뒷산 계곡에서 물을 끌어와 썼다. 그런데 2000년대 들어 수량이 줄어 한 집, 두 집 관정을 뚫기 시작하여 현재 삼장면 21개 모든 마을에는 공동 관정이 뚫려 있고 개인 관정도 322개에 이른다. 하지만 3~4년 전부터 지하수마저 마르기 시작했고, 아무리 가물어도 1년 내내 맑은 물이 솟아났다는 '구시새미'도 바닥을 드러냈다. 주민들은 지하수 고갈의 '주범'으로 덕교리의 1996년 시작한 지리산 산청 샘물과 2000년 시작한 엘케이 샘물의 생수 공장 2곳을 지목한다. 이 업체들이 매일 생산하는 생수의 양은 각각 600t과 400t이며 공장 가동에 소모되는 생활용수까지 합하면 하루 1,300t이 넘는다. 국가지하수정보센터 쪽은 "정밀 조사를 하지 않아 단정하긴 어렵지만, 자연적 현상은 아닌 것으로 보인다"고 했다. 지하수를 많이 뽑아내 일시적으로 수위가 내려갔다가 회복되는 현상이 반복되고 있다는 것이다.

우리는 시골길을 걷기도 하고, 답답한 마음을 가지고 바닷가 해변을 찾아간다. 그리고 일상을 벗어나 산길을 올라 등산을 하기도 한다. 이렇듯 봄이면 꽃구경, 여름엔 계곡과 바닷속을, 가을엔 꽃길과 숲길을, 겨울엔 하얀 산을 다니며 멋진 경치를 본다. 자, 이럴 때 우리는 수없이 많은 플라스틱 폐기물, 빈 페트병 쓰레기, 외딴섬 구석에 산처럼 쌓인 폐스티로폼 어구들, 바닷속에는 썩지 않는 폐기물 등 하나하나 열거할 수 없을 만큼의 오염 상태를 목도한다.

현재 병에 담겨 판매되는 생수 중 유리병을 사용하는 것은 2.3%에 불과하고 나머지는 플라스틱을 사용하기 때문에, 생수 산업에서 많은 플라스틱이 나오는 것이다. 플라스틱병에 담긴 생수는 미국에서만 매년 500억 개씩 판매된다. 반면 현재 세계적으로 유통되는 플라스틱 생수병 중 재활용 비율은 9%에 그친다. 또한 우리나라의 많은 생수는 100여 군데가 넘는 깊은 곳 지하 물줄기에서 물을 퍼오는 것이기 때문에, 우리의 땅 밑이 염려된다. 모든 생명의 출발점인 물이, 땅 위로 흘러서 인간과 동식물이 사용하여 생존할 물이 마르고 있지 않은가? 한국에서도, 아프리카에서도 세계 대부분의 지역에서 관정을 뚫지 않고는 식수와 경작할 수 있는 물을 사용할 수 없는 지경이다. 이렇듯, 우리 인류가 지속 불가능한 일을 하다 보면 그 피해가 누적되어 전체 시스템이 무너질 것이며, 계속해서 지구를 소비하다가는 이 지구는 바닥을 드러내게 될 것이 분명하다.

이러한 상황들을 보면서 내가 2016년 7월 9일에 나의 블로그에 올린 글을 여기에 소개하여 본다.

「이익이란 실로 혼란의 시초다!!

2008년 장경각 발행 선림고경총서 제6권『선림보훈』중에서 발췌한 내용을 살펴보자.

明教 曰(명교 왈)

명교 설숭 스님께서 말씀하시길

太史公 讀 孟子 至 梁惠王(태사공 독 맹자 지 양혜왕)

태사공(사마천)은『맹자』를 읽다가 양혜왕이

問 何以利吾國(문 하이리오국)

"어찌하면 내 나라를 이롭게 할 수 있을까요?" 하고 묻는 대목에 이르자

不覺券 長歎嗟乎(불각권 장탄차호)

자기도 모르게 책을 덮어 버리고 길게 탄식하며 이렇게 말했다.

利誠亂之始也(이성난지시야)

"슬프다. 이익이란 실로 혼란의 시초다."

故 夫子罕言利(고 부자한언리)

때문에, 공부자께서도 이익에 대해서는 드물게 말씀하셨는데,

常防其原也(상방기원야)

이는 항상 그 근원을 막고자 함이었다.

原者始也(원자시야)

근원이란 시초다.

尊崇貧賤 好利之弊 何以別焉(존숭빈천 호리지폐 하이별언)

귀천을 막론하고 이익을 좋아하는 폐단은 다를 수 없다.

夫在公者 取利不公 即 法亂(부재공자 취리부공 즉 법란)

공직자가 이익을 챙기느라 공정치 못하면 법이 문란해지고

在私者 利欺取利 卽 私亂(재사자 이기취리 즉 사란)

보통 사람이 속임수로 이익을 취하면 일이 혼란해진다.

私亂 卽 人爭不平(사란 즉 인쟁불평)

일이 혼란해지면 사람들이 다투어 화평하지 못하고

法亂 卽 民怨不服(법난 즉 민원불복)

법이 문란해지면 대중이 원망하여 복종하지 않는다.

其悖戾鬪爭 不顧死亡者 自此發矣(기패려투쟁 불고사망자 자차발의)

하여 서로 뒤틀려 싸우며 죽음도 돌아보지 않는 것이 이로부터 비롯하니,

是 不亦利誠 亂之始也(시 불역리성 난지시야)

"이익은 실로 혼란의 시초다"라고 한 경우가 아니겠는가.

且 聖賢 深戒去利 尊先 仁義 而(차 성현 심계거리 존선 인의 이)

게다가 성현께서 이익을 버리고 인의를 무엇보다도 존중해야 한다고 단단히 주의를 주셨는데도

後世 尙有 恃利 相欺 傷風 敗敎者 何限況(후세 상유 시리 상기 상풍 패교자 하한황)

후세에는 이익을 걸고 서로를 속이며 성현의 가르침을 상하게 했던 자들이 있었으니 이를 어떻게 막겠는가.

復 公然張其 征利之道 而行之(부 공연장기 정리지도 이행지)

더구나 이익을 취하는 방법을 공공연히 벌여 놓고 자행하면서

欲天下風俗 正而不澆 不簿其可得乎(욕천하풍속 정이불요 불부
기가득호)
세상 풍속을 바르게 하여 야박하지 않게 하려 하나 될 법이나 하
겠는가?

현재 우리나라에서 일어나고 있는 모든 문제들의 작은 원인이 물질만능주의, 배금주의 등 서구의 신자유주의의, 인간 경시의 物學(물학)으로 인한 것은 아닌지 하는 의심을 해 본다.

해법 또한 인간 중심의 心學(심학)으로 인간성 회복, 가치 추구의 기준을 인간에게 초점을 두는 대개혁이 필요하지 않을까… 생각해 본다.」

마치면서 서양의 두 철학자를 통해 동양과 서양의 사상적 통합의 예를 들어 보겠다. 먼저 스피노자다.

1600년대에 서양에서는 가톨릭이 유일한 종교로 인간의 전 영역을 지배하던 시기에 서양 전통의 이단자로 비난당하고, 같은 유태 민족으로부터 쫓겨난 서구 사상의 국외자인 스피노자는 다음과 같은 언급을 통해 동양적 사유를 주장했다.

① 거룩한 영(Sprit) 자체는 근본적으로 마음의 안정과 같으며, 그것이 정신 속에서 선한 행위들을 만들어 낸다.
② 운명의 두 가지 측면을 태연한 마음으로 기다리고 참아라.
③ 우리는 우리의 심정을 평정하게 할 수 있다.
④ 자기 자신이 소유한 것으로 만족해야 한다.

⑤ 우리들이 전체 자연의 일부이며 자연의 질서에 따라야 한다는 것을 의식한다면 우리는 침착하게 그것을 견딜 것이다.
⑥ 우리는 외부의 원인에 의하여 여러 방식으로 흔들리며 부딪히는 바람에 일렁이는 파도와 마찬가지로 우리의 사건과 운명을 알지 못하고 동요한다.

다음으로 화이트헤드다.
그는 저서『과정과 실재(Process and Reality)』에서 다음과 같이 말한다.

> "그는 유기체 철학의 이런 특성이 아시아의 철학적 전통에 더 가까운 것으로 본다. 여기서 아시아의 전통적 사상은 불교와 유교 및 도교이며, 이 사상을 각각은 연기적(緣起的) 관계에 따라 모든 것이 달라진다는 생각이긴 하다. 어떤 것이 무엇과 관계하는가에 따라 본질이 달라지고 관계의 질이 달라진다는 생각은, 오직 상호 간의 내재적인 관계에 의해 모든 것을 포착한다는 점에서 내재적인 사유다. 이러한 사유는 어떤 초월적인 것이 따로 존재하지 않는다고 본다. 노자의 도에서 도란 형식화 될 수 없고, 명명될 수 없다. 도나 최초의 원리란 무(無) 내지 공(空)이며, 어떤 것도 자성을 갖지 않는다는 점에서 이미 원리라는 말이 무의미하다."[3]

---

3) 『화이트헤드의 유기체철학』, 김영진, 그린비, 2012년.

이와 같은 내용들을 보면서, 철학적 사유가 현대로 들어서면서 동양적이며 상관적이고 대대법적 사유가 서양의 사유에 영향을 미치고 있음을 알 수 있다.

끝으로 근·현대의 역사가 아시아, 아프리카, 아메리카 전체 대륙에서 유럽 지역으로 대표되는 서양의 이원론적 인과론의 세계관이 승리로 끝나면서 그들의 자본과 기술을 필요로 하는 동양의 근·현대사는 서양의 세계관과 가치관을 배우고 모방하는 역사가 되었으며 그들과 같이 되고자 무진 애를 쓰며 노력했다. 그래서 그들의 철학, 사상, 기술과 문화를 무차별적으로 빠르게 흡수하여 그들 지역의 환경피해를 대신할 공장 역할을 하면서 경제적으로 높은 성장을 구가해 왔다. 이러다 보니 우리는 점차 서양의 세계관에 익숙해져 동양의 일원론적이고 상관론적 세계관과 사유방식은 초라하고 저급하며, 미개하다고 생각하기도 했다.

그러나 20세기 현대에 이르러서는 물질중심적 세계관이 혼란을 겪고 있다. 자연과 초자연(超自然)의 이분(二分)을 허용치 않는 서양 사회에서 플라톤과 데카르트의 이원론적 사관을 한 번에 바꿔 버린 아인슈타인의 '상대성 이론'과 혁명적인 '양자역학'이 등장하였고 더불어 천체물리학에서도 놀라운 발견들이 이뤄졌으며, 철학에서는 관념론에 반하는 유물론과 일원론적 범신론자인 스피노자, 유기체 철학을 강조한 화이트헤드 등 상관론자들과 심리학에서 동시성 이론이 등장하였기 때문이다. 그것들은 아시아의 종교, 철학 원리에 표명된 여러 개념에서 그 기초를 제공받았거나 혹은, 그 개념과 놀라운 유사성을 보여 준다.

이러한 점에서 보이는 변화는 가공육과 육식 위주의 섭생을 하는 미국과 같은 특이한 나라에서 전체 인구의 초비만이 늘어나는 현상이 국가적 인 문제가 되고 그에 따라 요즈음 동양식 식단인 채식 위주의 식단이 시작되어 널리 보급 통용되고 있으며, 인도의 요가가 이런 문제를 대체하는 요법으로 널리 퍼지고 있고, 정신적으로는 불교의 선(禪) 문화와 의학 치료 쪽에는 동양의학인 대체의학이 적극 활용되고 있다.

이는 동양의 오랜 역사에 기반을 둔 종교, 문화, 사상이 세계의 주목을 받기 시작했다는 의미이므로, 우리도 이제는 우리의 자연 친화적, 인간적 철학과 사상과 종교관을 돌아보고 살펴서 깊은 공부와 이해를 해야 한다. 또한, 이를 통해 세계의 공공자원과 지하자원의 소비를 통한 기계문명의 발달을 앞세워 무장하고 그들의 이익을 극대화하는 방편으로 이용하려는 일부 선진제국과는 지구와 인류의 지속 가능한 정신 철학 함양과 친환경적 과학기술의 창조와 독자적 연구 개발로 맞서야 한다.

현재 당면한 중요 문제인 지구 환경 황폐화의 근본적이고 직접적인 원인이 그들이 세계 전역의 미개발 지역을 침략하여 획득하고, 자본 이익 극대화를 위해 무차별적으로 자원을 개발하고 상품화하며 이를 과소비함에 있다고 생각한다.

그리고 간접적인 원인으로는 첫 번째, 산업화로 인해 발생하는 쓰레기나 폐기물, 폐플라스틱 등을 저개발국인 필리핀이나 방글라데시 같은 나라에 수출하거나 전 세계의 중고 전자제품 폐기물의 집하장이 되어 가는 나이지리아의 경우처럼 대부분의 저개발 국가들에게 지구의 환경문제를 전가하고 있는 현실의 문제가 있다. 두 번째로는, 새롭게 대두되는 것으로 지하자원이 저개발국에서 발견되었을 때, 환경 파괴적인 무차별 개발 및 경비 절감을 위해 어린 미성년들의 노동을 착취하는 행태의 불평등한 지구촌 남북문제가 있다.

이제는 이러한 여러 가지 당면한 문제들을 해결하기 위해 하나의 인간과 전체 자연은 하나의 유기적 통일체요, 서로 긴밀한 영향을 주고받고 있음을 설파한 동양의 상관론적 사상을 열쇠로 삼아야 할 것이다.

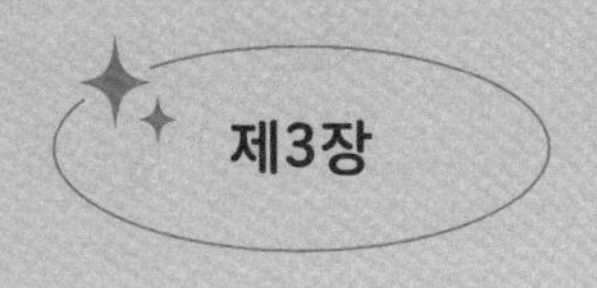

양자역학

(量子力學, Quantum Mechanics)

양자역학은 미시 세계의 전자, 양성자, 중성자, 중간자와 1/2 스핀을 갖는 쿼크(Quark), 힉스 보손(Higgs boson) 등 그 외 미확인으로 추정되는 불명의 수많은 미립자(微粒子)와 다른 원자 구성 입자의 운동을 다루는 학문이다. 특히 고전역학의 직관에 반하여 **모든 물질과 복사가 파동과 입자의 이중성을 가진다는 것을 다룬다**.

이 학문은 막스 플랑크가 말한 것으로, 진동하는 입자인 '진동자' 모형을 도입한 후, '흑체 내벽은 진동자들로 이루어져 있으며, 진동자가 진동하면서 복사를 흡수하고 방출하며 이 진동자가 주고받을 수 있는 복사에너지가 진동수에 비례하는 에너지 덩어리로 이루어져 있을 수밖에 없음'을 발견하여 1900년 12월 14일 베를린에서 발표했는데 이것이 바로 플랑크의 양자가설(quantum hypothesis)이며 이 에너지 덩어리를 양자(Quantum)라고 부르게 된다. 또 한 사람이 있는데 바로 **알버트 아인슈타인(Albert Einstein)**으로 "빛은 파동과 입자로 동시에 존재한다. 빛은 이중적이다"라는 광전효과를 밝혀내면서 촉발되었다.

이후 1906년 영국의 **조지프 존 톰슨(Sir Joseph John Thomson)**이 최초로 전자와 동위원소를 발견하면서 양극의 원자핵과 주위에 음극의 전자들이 고정적으로 배열되어 있는 원자모형을 최초로 제시하였다.

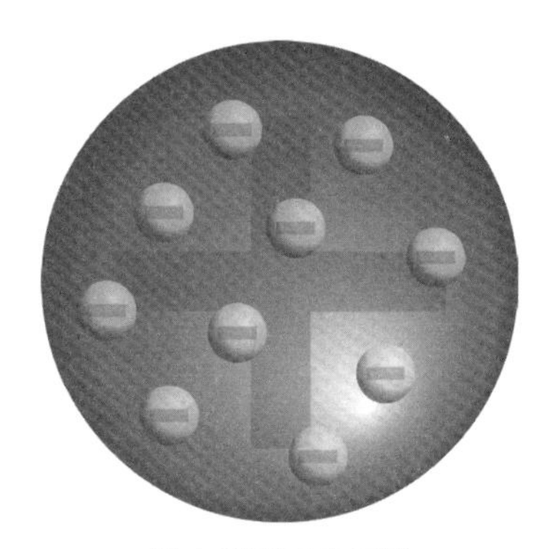

톰슨의 건포도 모형
(사진 출처 : 위키피디아)

이후 제자 **러더퍼드(Ernest Rutherford)**는 1911년 양성자로 된, 양극의 원자핵이 중간에 있고 그 주위를 음극의 전자가 도는 최초의 타원형 원자 모델을 발표한다. 하지만 전자가 어떠한 원리로 원자핵의 주위를 계속 도는지는 알 수 없었다.

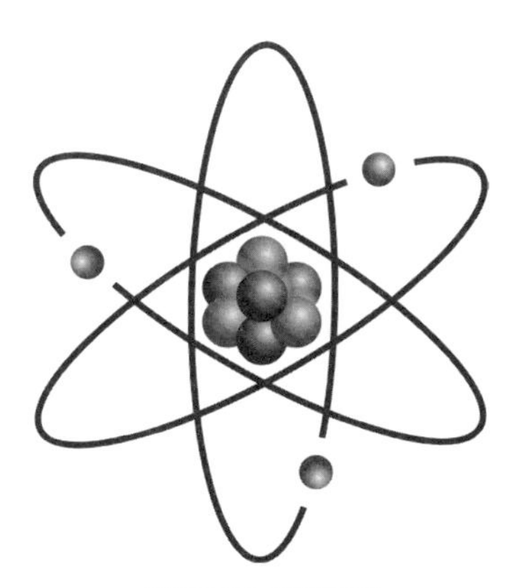

러더포드 원자모델
(사진 출처 : 위키피디아)

이어서 톰슨과 러더퍼드의 제자인 **닐스 보어(Niels henrik David Bohr)**가 전자가 원자핵으로 빨려들어 가지 않는 이유는 전자가 에너지를 방출하지 않고도 존재하는 '정상상태(正常狀態)'라고 정의하며, 다른 궤도로 이동할 때는 에너지가 방출되거나 흡수된다는 이론을 발표한다. 그러나 이 **정상파 이론(定常波理論)**에는 특정 궤도 운동을 하는 '정상상태'가 왜 일어나는지에 대한 답이 없다. 이후, 파동함수의 공명현상을 통해 원자를 안정시키고 '대칭성'을 통해 입자를 주고받으며 생기는 힘의 원리를 제공하는 것을 밝히게 된다.

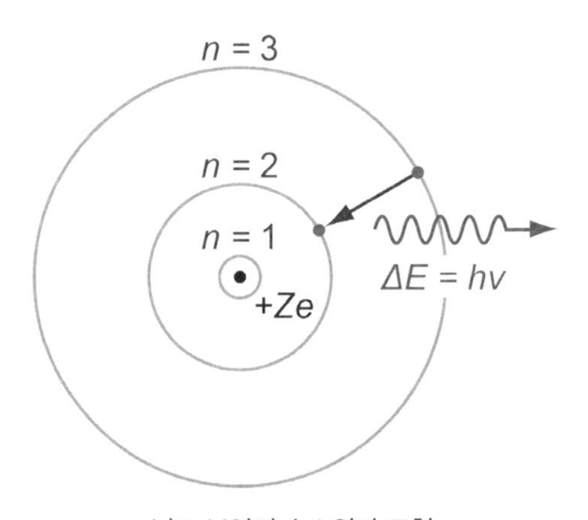

닐스 보어의 수소원자 모형
(사진 출처 : 위키피디아)

또한, 하이젠베르크는 확률론에 기반하여 **전자구름 형태**를 말했으며, 1924년 프랑스의 귀족 **루이 드 브로이(Louis de Broglie)** 공작이 **물질도** 파장과 입자의 이중성을 가진다는 가설인 물질파 이론의 논문을 제시하여 닐스 보어의 원자 모델을 완성한다.

이후 **클린턴 데이비슨**과 **레스터 거머**가 **전자**를 이용한 데이비슨-거머 실험(Davisson-Germer experiment)으로 드 브로이 가설을 검증하였다.

이 양자 이론은 본질적으로 확실성이 아닌 **확률적**이라는 결론에 도달했으며, 아인슈타인 등은 확률적이라는 결론을 부정하기 위한 EPR의 역설(Paradox)을 통해서 "숨은 변수(Hidden Variable)가 필요하다"고 주장했다.

이 이론이 바로 1927년 10월과 1930년 벨기에의 수도 브뤼셀에서 닐스 보어, 마담 퀴리, 하이젠베르크, 슈뢰딩거, 막스 보른, 아인슈타인 등이 참석하여 발표한 이른바 **'코펜하겐 해석'**이다. 코펜하겐 해석은 닐스 보어의 상보성 원리(Complementarity principle)와 하이젠베르크의 불확정성의 원리(Principle of Uncertainty)를 바탕으로 한다. 닐스 보어, 베르너 하이젠베르크, 막스 보른, 폴 디랙, 볼프강 파울리, 폰 노이만 등이 이 해석을 지지하였다.

양자역학에서는 아이작 뉴턴(Sir Isaac Newton, 1643~1727)의 고전역학이 지배하는, 눈에 보이는 '거시 세계'와 양자역학이 지배하며 눈으로는 볼 수 없는 '미시 세계'로 세계를 구별하였다.

그리하여 미시 세계에서 일어나는 원자핵과 전자, 양성자, 중성자 등 소립자의 운동을 연구하여, 전자는 시공간을 뛰어넘어 두 입자가 상호작용을 한다는 **'양자 얽힘'**, 양자(量子)는 입자로도 파동으로도 존재하고 행동한다는 **'상보성'**, 관측당하기 전에는 여러 가지 상태가 확률적으로 겹쳐 있다가 관측당하면 관측과 동시에 파동함수가 붕괴하여 중첩 상태가 아닌 단 하나의 상태로 결정된다는 **'이중성'**, 원자는 불연속적으로 경로 없이 공명으로 순식간에 움직인다는 **'양자도약'**, 관측량과 관측 위치를 둘 다 동시에 정확히 알아낼 수 없다는 **'불확정성'**, 원자의 존재 방식이 확률적으로 존재한다는 **'확률밀도'** 등의 이론을 연구하여 밝혔다.

1927년 10월 브뤼셀에서 열린 전자와 광자에 대한 다섯 번째 솔베이 국제회의 참가자 사진. 세계에서 가장 주목받을 만한 이 물리학 토론은 양자역학에 대한 토대를 명확히 하였으며 이 토론에서 주축이 된 인물은 아인슈타인과 닐스 보어였다

(사진 출처 : 현대지식백과)

양자역학과 관련하여 가천대학교 전기공학부 장경욱 교수의 의견을 들어 본 결과 그의 의견에 동감하며 중요한 내용이라 생각되어 밝힌다. 그에 따르면 양자역학의 세계관은 빛의 속도 c의 토대 위에서 논거된 이론이라고 한다.

$c = 1/\sqrt{\varepsilon_0 \mu_0}$(m/s) = 3×10^8(m/s)

∵ 진공의 유전율 $\varepsilon_0 = 8.85 \times 10^{-12}$(F/m)

∵ 진공의 투자율 $\mu_0 = 4\pi \times 10^{-7}$(H/m)로 약속하여 c 스케일을 정했다.

이후 1975년 국제 도량형 총회(CGPM) 15차 회의에서 빛의 속도 권고값을 c=299,792,458(m/s)로 결의했다. 여기서 등장하는 진공의 유전율과 투자율을 절대가치로 놓고 본 세계관이다.

따라서 양자역학 이론 역시 빛의 속도를 절대속도로 가정하여 만들어진 이론으로 절대가치의 근거가 약하다는 의견을 말해 주었다.

제1절. 양자 얽힘(Quantum Entanglement)

- 존 스튜어트 벨(John Stewart Bell)

양자역학에서 말하는 양자 얽힘은 '양자는 어느 것 무엇으로도 결정되어 있지 않다'는 의미로 양자의 비결정성을 말한다.

존 스튜어트 벨(1928~1990)
(사진 출처 : 위키피디아)

이는 입자(粒子, particle)란 물질을 구성하는 미세한 크기의 물체를 말한다. 이는 미립자, 원자, 분자, 콜로이드(colloid) 입자 등이 있으며 입자의 성질은 보통 파동의 성질과 대치되는 개념으로 쓰인다.

입자는 축을 중심으로 왼쪽이나 오른쪽으로 회전(Spin)을 한다. 이 스핀은 자기장의 원인으로 스핀이라는 각 운동량은 입자의 궤도, 위치, 운동량과는 전혀 관계없이 입자 자체에 내재된 성질 그 자체다. 이때 오른쪽으로 회전하는 것을 스핀 업(Spin Up)이라 하고, 왼쪽으로 회전하는 것을 스핀 다운(Spin Down)이라고 한다. 입자는 쪼개기 전에는 Spin Up과 Spin Down의 두 가지 상태가 중첩되어 있다.

미립자 중 하나인 쿼크는 물질의 주성분이며 기본 입자 중 하나인 쿼크들 중 가장 가벼우며 다운 쿼크와 함께 원자핵을 이루는 중성자와 양성자를 구성한다.

이러한 업 쿼크(Up quark)와 다운 쿼크(Down quark)가 섞여 만들어진 파이중간자인 파이온(pion)이라는 소립자를 붕괴시키면 전자와 양전자로 쪼개진다. 전자는 마이너스(-) 전하, 양전자는 플러스(+) 전하를 가지며 똑같은 물리량을 가지고 있다. 이때 전자가 Spin Up 하면 양전자는 Spin Down을 하고, 양전자가 Spin Up 하면 전자는 Spin Down 한다. 즉, 한 개의 입자를 둘로 쪼갠 후 한 입자의 상태를 바꾸면 다른 한 입자의 상태가 그 반대로 동시에 바뀌는 것으로, 두 전자 a와 b를 z축에서 측정할 때 그 스핀 값은 완벽한 음의 상관관계를 이룬다. 이를 두고 '얽혀 있다(entangled)'고 말한다. 다시 말하면, **멀리 떨어진 두 입자의 물리량이 어떤 특별한 상호작용에 의해 서로 영향을 주고받는다는 물리 이론이다**.

양자 얽힘 현상을 하나씩 살펴보면 다음과 같다.

① 양자는 측정 전에는 두 입자의 상태를 알 수 없다가 측정하면 한 계(界)의 상태가 결정되고, 즉시 다른 계의 상태까지 결정되고,

② 양자는 측정할 수 있는 빛의 속도보다 거리가 멀어도 동시성으로 양과 음이 하나로 이루어지며,

③ 양자는 두 부분 계가 공간적으로 서로 멀리 떨어져 있어도 존재할 수 있으며,

④ 양자는 절대 분리될 수 없다. 이는 N극과 S극의 막대자석을 둘로 나누자마자 나누어진 그들은 각각 즉시 N극과 S극의 성질을 갖게 되는 것과 같다.

예를 들어 지구의 전자가 **Spin Up** 하면 640광년 떨어진 베텔게우스의 광전자는 동시에 **Spin Down** 하게 된다.

이 현상을 파동함수 기술로 살펴보면 ψ↑①번 입자, ψ↓②번 입자이고 이들이 중첩되어 있다면〔ψ↑ or ψ↓〕+〔ψ↓ or ψ↑〕이렇게 파동함수로 표현할 수 있다. 이렇듯 두 입자 사이가 양자 중첩에 의해 얽혀 있다면 아무리 멀리 떨어져 있어도 서로 정보를 주고받을 수 있다는 것으로 고전적인 상관관계를 뛰어넘는 양자적인 상관관계라 할 수 있겠다. 이러한 양자적 특성을 아인슈타인은 **'유령 같은 원거리 상호작용(Spooky action)'**이라고 했다.

이러한 현상을 현실 세계에서 살펴보자면 이는 똑같은 사주의 일란성 쌍둥이에게서도 볼 수 있다. 인간 개개인의 다른 양상의 삶이 같은 궤적처럼 똑같이 흐르는 시간의 영역에서 쌍둥이는 정태적 분석인 명리학적으로 같은 사주를 가지고 있어서 대강 같은 삶의 궤적을 보이는 것으로 파악한다. 하지만 동태적, 복합적 분석법인 주역점(周易占)에서는 다음과 같이 분석한다. 각각 서로 다른 쌍둥이 형제인 대상의 상보적 양자 얽힘 상태의 우연 혹은 개연적 사태로 선택의 문제에서 둘 사이에 서로 다르다고 느끼고 행동하는 '대조영향'에 따라 시간적 차이를 두거나, 아니면 시간적 차이 없이 즉각적으로 다른 선택을 결정하게 되어, 각각의 결정이 둘로 나눌 때 스핀 업이나 스핀 다운처럼 혹은 막대자석의 예와 같이 각기 다른 삶을 영위하게 되는 것을 나타내 보이며 그것을 파악하여 정단하는 것이다.

또 다른 면에서는 모든 생물체의 의식들이 아무리 멀리 떨어져 있어도 같은 파장끼리 반응한다는 동기감응(同氣感應) 원리로 100마리 원숭이 실험의 예가 있다. 원숭이 한두 마리의 행동이 점차 임계치(臨界值)를 넘어가면 서로 간 왕래가 없는 대륙 간 떨어진 원숭이들도 같은 행동을 하게 된다는 이론이다.

이러한 양자 얽힘(entanglement)을 활용한 가장 흥미로운 현상은 양자 순간 이동인데, 이는 물체가 직접 이동하지 않아도 서로 멀리 떨어진 A와 B 지점에서 A에 있는 물체를 순식간에 B로 이동시키는 현상이다. 이 원리는 양자통신 기술과 양자 컴퓨터 기술 등에 활용될 수 있다.

이번에는 양자역학에서 발견되는 양자 얽힘 현상을 동양 사상의 사유로 살펴보자.

『역경』은 그 안에 만물과 인간 삶의 모든 이치를 파악하여 각각 괘(卦), 효(爻), 단(彖), 상(象)의 뜻을 갖추고 있어 오랜 시간 동양 사상의 핵심으로 자리하게 되었다. 그 뜻을 갖추는 방식은 음효(--)와 양효(-)가 거듭하여 사상을 이루고, 사상을 3번 거듭하여 8괘, 8괘를 중복하여 64괘를 완성하게 된다. 그리하여 하늘과 땅과 모든 만물의 존재 방식과 그 모습을 드러내는 것이다.

때문에, 천하를 먼저 살펴 사물의 이치를 열고 천하를 뒤에 자리하여 각기 만물과 사람이 힘써야 할 것을 이루게 하였다. 이런 까닭으로 그 오묘한 수(數)를 극진히 알고 정하여 그로써 천하의 상(象)을 정했으며, 그 상을 드러내 천하의 길함과 흉함을 정했으니, **64괘**와 **384효**가 모두 하늘과 땅의 이치를 따르게 하여 변화의 도리를 다한 것이다. 이것을 펼쳐서 이치에 맞게 바라보면 만 가지로 각각의 다름이 있고, 이것을 통괄하여 도(道)에 있게 하면 둘을 이루는 것이 없다.

살펴보자면 주돈이(周敦頤)가 「계사상전」 11장에 기초하여 밝힌 『태극도설』에 “역(易)에는 무극(無極)이 태극이라 태극(太極)이 있어 이것이 양의(兩儀)를 낳았는데 태극은 도(道)이며, 양의는 음양(陰陽)이다. 음양은 또한 하나의 도이니 태극은 무극으로 음은 등지고 양은 안아서 움직이니 만물을 발생하게 한다. 태극이 없는 것이 없고, 양의 또한 언제 어디서나 항상 있으리니 하늘 기운과 땅의 기운이 서로 감응하여 어느 한순간도 변화가 다함이 없다”라고 했다.

이는 하나인 도, 태극에서 둘인 양의, 음양으로 나뉘어 이분법으로 분열을 거듭하지만 결국 하나로 통섭되는 이치를 말하는 것이다. 이는 -전하의 전자와 + 전하의 양전자가 같은 물리량을 가지고 각각 Spin up 하면 Spin down 하는 양효와 음효가 고정된 것이 아니라 상호간에 끊임없이 그 정체성을 변화시키는 양자 얽힘의 이치가 배어 있다. 우리도 이와 같이 분열을 넘어 하나로 화합되는 이치를 배워 이분을 넘어 하나가 되는 세상을 만들어야 하지 않겠는가?

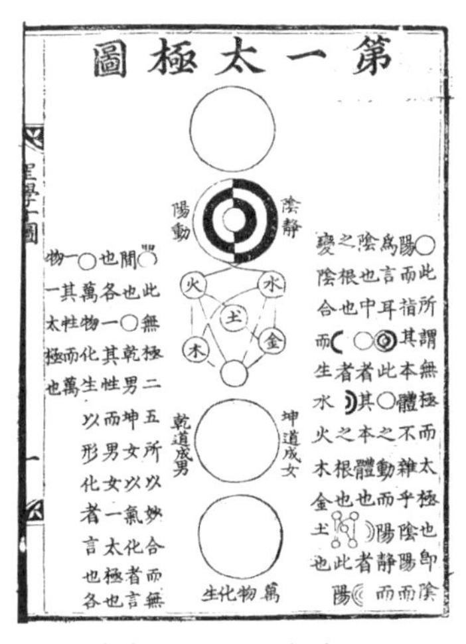

염계(濂溪) 주돈이 태극도
(사진 출처 : 다음, 티스토리)

세상이 끝없이 변화하는 이치를 밝힌 『주역』은 상관적 사유의 결과물인 대대법적 양의개념(陰과 陽, 無와 有, 0과 1, 剛과 柔, 9와 6, 天과 地, 大와 小, 多와 少, 長과 短, 高와 低, 善과 惡, 深과 淺, 男과 女, 너와 나, 彼와 此,

南과 北, 幸과 不幸, 肯定과 否定)을 심볼화한 효(爻)로 4상(四象), 64괘, 384효(爻)의 변화무쌍한 괘(卦)를 그린다.

그러한 괘는 양의 개념으로서 초효에서 여섯 번째 효에 이르기까지 세상 만물의 생장 변화 원리를 파악해 우주의 모든 존재의 그 시원과 존재 방식과 발전 과정을 밝히며, 동양적 세계관이요 사유방식인 인간의 정신과 물질이 상호 소통하는 근거를 알려 준다. 그리고 더 나아가 일원론적 사유로 하늘과 땅과 모든 만물이 동시성으로 호흡하는 것을 밝힌다.

우리네 인간의 문명이 바로 그 자연의 덕에 의해 탄생했고 우리 삶의 모든 요소가 그 세계에 의존하고 있다는 것을 잊지 말아야 한다. 그렇기 때문에 우리는 자연과 호흡하고 존재하는 모든 생물을 존중하며 생물 다양성의 회복을 추구하는 그런 삶을 살아야 할 것이다.

또한 **노자의 『도덕경』**의 깊은 의미 속에서 양자 얽힘 현상이 녹아들어 있음을 확인할 수 있다. 자세히 살펴보자.

第2章

天下皆知 美爲美 惡已(천하개지 미위미 악이)

세상 모든 사람들은 아름다운 것을 아름다운 것으로 알 고 있다. 그렇기 때문에 추함이 있는 것이다.

皆知善 斯不善矣(개지선 사불선의)

마찬가지로 모든 사람들은 무엇이 착한 건지 알고 있다. 그래서 착하지 않은 것이 있다.

有无之上生也(유무지상생야)

있음과 없음이 서로 대상이 되어 생성되고

難易之相成也(난이지상성야)

어려움과 쉬움이 서로를 보완하여 이루고,

長短之相形也(장단지상형야)

서로 길고 짧음의 기준이 되어 형성하고,

高下之相盈也(고하지상영야)

높고 낮음이 상대적으로 서로를 채워 주고,

音聲之相和也(음성지상화야)

음색과 목소리가 서로 합하여 화음을 이루고,

先後之相隨(선후지상수)

이전과 이후가 서로를 따르는 것

恒也(항야)

이것이 항상 그러하다.

第22章

曲則全(곡즉전), 枉則正(왕즉정),

구부러진 것도 온전해지고, 굽은 것도 곧게 펴지며

洼則盈(와즉영), 敝則新(폐즉신),

속이 빈 것도 가득 차고, 닳은 것도 새로워지고

少則得(소즉득), 多則惑(다즉혹)

적은 것도 얻게 되어 많아지고, 많아지고 나서는 마음 이 혼란스

럽게 된다.

第57章

民多利器(민다이기)

백성들이 편리한 도구를 많이 가지고 있으면,

而邦滋昏(이방자혼)

나라와 가정은 점점 더 혼란에 처하게 될 것이다.

人多智(인다지)

사람들이 지식과 기교를 많이 가지고 있으면

而奇物滋起(이기물자기)

기이한 물건들이 점점 더 많이 출현하게 될 것이다.

第58章

禍(화), 福之所倚(복지소의)

불행은 행운이 상대적으로 기대고 있는 것이다.

福(복), 禍之所福(화지소복)

행복은 불행에 기대고 있는 것이다.

孰之其極(숙지기극)

그것이 어디서 멈추어 끝나는지 누가 알겠는가.

第50章

反也者(반야자), 道之動也(도지동야)

반전은 도의 움직임이다.

이와 같이 살펴본 바로는 세상에 존재하는 모든 것들의 생성과 소멸의 변화에서 양의가 아닌 하나만으로는 성장, 존재할 수 없음을 알 수 있다. 예를 들어, 만약 인간이 태어나면서 아예 불행(행복하지 않은)이라는 개념을 -직접적으로 지각되는 고통과는 다른 의미다- 모른다고 할 때, 지금 우리가 생각하는 행복이라는 의미를 상상 혹은 느낄 수 있겠는가? 이렇듯 불행이라는 것은 행복이라는 대상이 있어 그 기준이 되어 주기 때문에 마음으로 느끼는 것이요, 행복 또한 마찬가지다.

이렇듯 존재한다는 것에는 양의가 함께 포함(混有, 양자 얽힘, 중첩, 동시성 현상)되어 서로 움직이며 변하는 과정이 있어야 한다. 그렇기 때문에, 인간의 정신적, 물질적 활동에는 항상 이러한 가능성이 혼재되어 있다고 봐야 할 것이다.

한창 성장하던 시기에 어머님께서 자주 해 주시던 말씀이 있는데 지금 생각해 보면 물질이나 현상의 정적인 상태를 표현한 것으로 보이는데 **"세상이나 사람들 모두 물 좋고 정자(亭子) 좋고 하진 않다"**라는 말씀이다. 즉, 모든 존재에는 좋거나 나쁘거나 이롭거나 해롭거나 한 가지로만 이루어져 있지 않고 정량적이지 않지만 둘 다 내포되어 있다는 뜻이다. 이렇듯 노자의 말씀이나 어머님께서 말씀하신 격언처럼 세상에는 양의의 이치, 양자 얽힘의 이치가 상존한다.

좀 더 이 개념을 확장해서 사물이나 물질의 사회적 관계 속에서 일어나는 동적인 상태에도 적용해 볼 수 있는데, 모두 다 익히 알고 있는 고사(故事) 하나를 새롭게 상기해 보자.

중국 국경의 어느 지방에 한 노인이 말을 기르며 살고 있었는데 그러던 중 기르던 말이 북쪽 나라 땅으로 도망쳤다. 이웃들이 위로의 말을 건네자, 노인께서 "이 일이 복이 될지 어찌 알겠느냐?"며 담담했다. 시간이 흘러 몇 달 후 도망쳤던 말이 암말을 데리고 돌아왔다. 그러자 이웃에서 "노인께서 말씀하신 대로입니다" 했다. 그러자 노인이 "이것이 화가 될지 어찌 알겠소" 했다. 며칠 후 노인의 아들이 그 암말을 타다가 낙마하여 다리가 부러지는 사고를 당했다. 그러자 이웃들이 위로했다. 이때 또한 노인은 "이게 복이 될지도 모르는 일 아니겠소" 했다. 그 일이 있은 지 얼마 지나지 않아 북쪽 나라에서 침략하여 나라에서는 징집령을 내렸고 젊은이들이 모두 전쟁터로 징집되어 갔다. 그러나 그 아들은 다리 사고로 인해 징집을 모면하게 되었다. 그제야 이웃들이 노인이 왜 덤덤했는지 알았다. 이 고사는 후세에 변방 노인의 이야기로 '새옹지마(塞翁之馬)'라 회자(膾炙)된다.

이렇듯 인간의 삶의 여정 속에서 한 인간의 느낌이나 생각, 행위의 결과 등 그때그때 상황에 처하여 판단하게 되는 것들이 사실은 아직도 진행 중이거나, 진행의 끝이 여전히 알 수 없는 죽은 뒤에나 가려질지도 모르는 것인데 우리는 너무 그때그때 감정으로 대응하며 소모하는 것은 아닌지 돌아봐야 한다.

그렇기에 겉으로 드러나는 대상(환경)과의 관계에서 수시로 변하는 모습이 아닌, 강물이 바다를 향하는 것처럼 변하지 않는 모습으로 무와 공으로 귀결되는 6근, 6식, 6경으로 만들어진 허상의 세계를 분명하게 깨달아야 한다. 그리하여 보이는 대상에 흔들리지 않고 시간과 공간에도, 제한을 받지 않는 빅뱅 순간에도 존재하던, 나를 찾는 불가의 깨달음의 경지처럼, 일념의 이치가 온전히 유지되는 양자적, 가역적 상관관계인 삶을 유지하여야 하며 삶 자체를 바로 보고, 크고 넓게 객관적으로 판단하는 지혜가 필요하다고 생각한다. 그것이 우리에게 주어진 삶을 지금보다 더 행복하게 살 수 있는 길(道)이 아닌가 싶다.

이어서 『서경(書經)』의 「우서(虞書)」 중 '고요모(皐陶謨)'에 따르면, 고요가 우(禹)왕에게 백성을 편안하게 하는 정치원리를 밝히면서 9덕을 말했는데, 내용은 다음과 같다.

皐陶曰(고요왈) 고요가 말했다.
寬而栗(관이율) 너그러우면서도 무서우며.
柔而立(유이립) 부드러우면서도 주체가 확고하며.
愿而恭(원이공) 고집스러우면서도 공손하고.
亂而敬(난이경) 혼란스러우면서도 경건하며.
擾而毅(요이의) 어지러우면서도 굳세고.
直而溫(직이온) 곧으면서 온화하며.
簡而廉(간이렴) 간단히 처리하면서도 자세하고.
剛而塞(강이색) 굳세면서도 치밀하며.
彊而義(강이의) 강하면서도 도리에 맞게 한다.[4)]

나는 이 9덕의 내용이 양자 얽힘 이론과 비교해 볼 가치를 충분히 제공하고 있다고 생각한다.

여기서 양자 얽힘의 Spin up과 Spin down과 같이 『주역』의 음효와 양효의 변화로 대표되는 양의의 원리를, 독일의 천재 과학자 라이프니츠

4) 『서경강설』, 이기동 역, 성균관대학출판부, 2022년.

(Gottfried Wilhelm Leibniz)는 『주역』 괘사의 음양효의 모양에서 자신이 발견한 이진법과 유사한 원리를 발견하고, 『주역(周易)』의 저자로 알려진 '복희(伏羲)'씨를 문자를 발명한 전설적 인물인 '창힐'과 함께 유일한 신적(神的) 존재로 거론했다고 한다.

『주역』 64괘 384효의 **음효와 양효의 이분법**은 기호학적으로 보면 **0과 1의 이진법(二進法)**으로 변환할 수 있는 체계가 된다.

오늘날 인터넷 하이퍼텍스트의 원리가 이진법에서 비롯된 것이 라이프니츠에서 시작되었고, 라이프니츠는 『역경』에서 영감을 얻었다는 사실을 생각해 보면, 이는 '양자 얽힘의 원리'가 양의인 음과 양의 끊임없는 변화를 통해 우주 운동의 동력을 만들고 있으며, 『주역』에서는 그 모습을 드러내 보이는 육효(六爻)의 배열을 통해 이 우주는 끊임없이 움직이고 변하면서 에너지가 생성하고 소멸하고 있음을 알려 주고 있다. 그리하여 『주역』의 깊은 의미를 고도화된 성찰을 통해 인간의 일상생활에서 필요한, 의사결정을 도출하기 위한 지표로써 사용하고 있다.

또한, 현대사회의 가장 필수적 도구인 컴퓨터의 작동 이론을 밝혀 지금의 컴퓨터 없이 못 사는 세상이 되었으며 우리가 생활 속에서 보고, 느끼고, 판단하고 고민하는 것들이 결국엔 모두 태극, 음양과 양의의 개념으로 수렴된다는 것을 라이프니츠가 밝힌 이진법을 통해서 돌아볼 수 있다.

아주 오래전부터 전해 와 인간 생활에 깊이 침투한 『역경』의 이치가 요즘 최첨단 시대에 들어서면서 이진법의 0과 1의 개념을 넘어 0과 1이 중첩되어 있는 양자적 주역의 개념으로 바뀌게 되었고 새로운 패러다임이 필요한 인류에게 새로운 지혜로서 신인류의 길을 밝히는 등불이 될 거라 믿는다.

더불어 헤겔(G. W. F. Hegel)과 마르크스(Karl Marks)를 통해 그들이 이야기하는 인간과 그 대상과의 관계 속에서 양의 개념을 살펴보자.

먼저 헤겔은『역경』그 자체는 형식적이어서 추상적이고 텅 비어 있다고 보았으며 사변적 종합의 구체적 합리성을 얻지 못하는 피상적 이해 범주만 갖는다고 했다. 그러나 동양의 음양 원리는 그의 철학사, 세계사, 철학, 종교철학, 미학, 논리학 등의 강의에 널리 쓰였다.

헤겔(Georg Wilhelm Friedrich Hegel, 1770~1831)
(사진 출처 : 위키피디아)

헤겔은 1817년 출간된『철학 강요』에서 **순수존재(reine Sein)**를 시작으로 크리스트교의 삼위일체 교의에 기초하여 성부(聖父)인 정(正), 신이 인간으로 자기 분열한 성자(聖子)인 반(反), 정신으로 파악된 성령(聖靈)에서 아들과 통일되는 합(合)의 삼단논법 개념을 내세워 절대정신의 변증법적 운동을 설명하고 있다. 좀 더 자세히 들여다보면 이 개념은 보이는 사물의 존재를 강물이든, 폭포수든, 나무든, 분재든, 노동자든, 자본가든지 각각 개체의 특성을 고려하지 않고 존재함만으로 논의를 말하는 추상적인 생각이다.

그리고 헤겔은 또 다른 저서『정신현상학』에서 자기의식을 강조하였는데, 개인과 대상이 관계로 엮인 현실 상황을 직시하는 대신 국한된 한 개인의 의식에 의해 만들어지는 관념, 즉 주관과 객관만을 강조하였다. 그러다 보니 '마음에 떠오르는 대상'을 '현실적 대상'과 동일하게 바라보는 오류를 범하는 것이다.

이에 관하여 칼 마르크스는 "인간에게 '대상'은 현실적 존재 활동이 일어날 수 있는 꼭 필요한 조건이고 전제이지만, '객관'이라 함은 단지 자기의식에 의해 스스로 결정되는 주관이 바라보는 것으로서, 스스로 대상이 될 수도 없고 대상도 가질 수 없이 관계가 끊어져 버린 만들어진 모습에 지나지 않는다"라고 하였다.

칼 마르크스(Karl Marks, 1818~1883)
(사진 출처 : 위키피디아)

그리하여 이를 '대상적 존재'라는 개념에 반하는 개념을 '비 대상적 존재'라 칭하면서 마치 스크린 속 영화나 액자 속 그림처럼 그저 생명이 없는 단순하고 유일한 존재이며 그 주위에는 아무 존재함도 없고 그저 홀로 있는 것이라고 정의하였다. 그리하여 **"비대상적 존재는 비존재다. 오로지 대상적 존재만이 존재한다"**라고 선언했다.

이를 다시 생각해 보면 '자기의식이 있어 인간이 있다'는 관념론을 넘어서 실재적, 현실적으로 **'인간이 있어 자기의식이 있다'**는 대상과의 관계를 중시하는 상관적 인간관을 볼 수 있다.

그동안 서양철학 관념론에서는 인간과 세계를 완벽한 이데아(Idea)의 세계와 불완전한 현실 세계로 나누고, 인간을 영원불멸의 영혼과 감각적인 약한 육체로 구별했다. 그리하여 세계와 자아를 대상으로서의 자연과 그 자연과 구별되는 주체적인 인간으로 구별하는 이원론적 세계관을 표방하는 인과론적인 사상인 것이다.

그런데 이러한 추상적인 것으로부터 모든 것의 원인이 시작된다고 여기는 인과론적 사유와 대비해서, 칼 마르크스는 인간이 사유할 수 있는 모든 영역에서 쌍방의 관계를 중요시하는 상관론적 사유를 역설하였다. 이는 사유와 의식의 문제에 있어서 현존 세계의 현실 문제로 이행해 나가는 존재의 논증 방법이다.

이를 통해 입자의 존재 방식 중 하나인 항상 양의적 상태의 현존하는 개인과 그 개인에게서 동시 출현하는 대상을 사유하는 양자 얽힘의 원리로 접근하여, 한 인간의 현존과 동시에 시공간의 개념을 뛰어넘어 존재하는 대상을 밝힐 수 있게 되었다. 이는 현실 세계의 문제 해결에 적극적으로 나선 깊은 통찰의 이론이라 생각한다.

제2절. 상보성의 원리(相補性原理, Complementarity Principle)

- 닐스 보어(Niels Henrik David Bohr)

닐스 보어(1885~1962)
(사진 출처 : 나무위키)

1928년, 덴마크의 물리학자 닐스 보어가 한 이론을 발표했다. 빛이나 전자는 실험 조건에 따라 파동처럼 행동하기도 하고 입자처럼 행동하기도 한다는 이론이다. 이 이론에 따르면 **어떤 물질은 관측될 때는 입자로 존재하지만, 관측되기 전에는 파장으로 존재하며 그 둘은 섞이지 않는다**고 하며. 그렇기 때문에 한 입자가 동시에 여러 가지 위치에서 측정되는 것은 불가능하고, 동시에 여러 가지 속도를 가지며 측정되는 것은 불가능하다는 주장이다.

즉, 어떤 물리적 계(物理的 界)의 한 측면에 대한 지식은 그 계의 다른 측면에 대한 지식을 배제한다는 의미다. 그러므로 물리적 양상이 이것(either) 아니면 저것(Or)으로 결정되어 있는 것이 아니라 이것이거나(And) 저것으로 구현된다고 한다.

결론적으로 양자 중첩은 '이것(Either)'도 '저것(Or)'도 아닌 **그 무엇**으로 새로운 존재론적인 범주이며 '0이거나, 1이거나, 0과 1 모두이거나, 0과 1 모두가 아니거나'이다.

또한, 영국의 물리학자 폴 디랙(Paul Dirac)은 양자역학의 심장부에는 중첩의 원리가 있다고 하였다. 하지만 사고실험을 통해 밝혀진 양자 물체의 특징적인 성질인 상보성의 원리를 정량(定量)적으로 측정할 기술이 없어서 과학계에서는 **정성(定性)적**으로만 알고 있었다. 그러나 **'양자 물체의 이중성과 상보성', '파동함수의 얽힘'** 등을 완전하게 이해하기 위해서는 **정량적** 측정이 필수적 기술임에도 이를 밝혀내지 못하고 있었으나, 2021년 한국기초과학연구원(IBS)에서 '얽힌 비선형 광자 쌍광원(ENBS)'의 자체 개발을 통해 양자 물체의 입자성과 파동성의 정량적 관계가 존재함을 증명했으며 상보성 원리의 정량적 관계를 100년 만에 측정해 냈다.

1. 전자의 위치와 운동량

우리가 전자의 위치와 운동량을 측정하기 위해서 실험을 진행한다고 할 때 관찰 전자의 해상도를 높이기 위해서는 짧은 파장의 빛을 이용해야 한다. 짧은 파장은 높은 에너지를 소유하므로 높은 에너지를 그대로 전자에 전달했을 때 높은 해상도를 얻을 수 있게 되어 전자 위치의 정확도는 높아진다. 하지만 그에 비해 파장의 에너지가 높을수록 그 **전자의 움직임에 영향을 주어 운동량의 불확정성은 상승**하게 된다.

반대로 운동량을 정확히 측정하기 위해서 낮은 에너지를 가진 긴 파장의 빛을 쓰면 측정 운동량의 정확도는 높아지지만, 그에 비하여 그만큼의 해상도가 떨어져 **전자 위치의 불확정성이 커진다**.

2. 입자와 파동의 이중성

입자와 파동의 이중성을 이야기하기 위해서는 먼저 짚고 넘어가야 할 개념이 있다. 바로 결정론적(Determinism) 이론인 상대성 이론이다. 이 이론의 중요 개념 중 하나는 어떤 관측자에게 동시에 일어나는 일로 확인되는 사건들이 다른 관측자에게는 동시가 아닐 수 있다는 것이다. 달리는 기차의 내부 관찰자는 바깥세상보다 시간이 느리게 흐르고 외부 관찰자와는 서로의 시간이 다르게 가게 되는 실험이 그 예다. 동시성과 그에 대한 상대성의 개념인 것이다.

자, 이제 파동과 입자의 큰 차이에 대해 알아보자. 입자는 두 개의 입자가 한자리에 있는 것이 불가능하나 파동은 동시에 한자리에 있으면서 보강되어 커지기도 하고 상쇄되어 없어지기도 한다는 것이다.

이러한 특성 속에서 빛은 전자기파로서 분명히 파동성을 가지지만 빛과 전자가 부딪혔을 때는 전자는 마치 야구공에 부딪힌 것처럼 빛이 진행해 오는 방향으로 튕겨 나간다. 이것은 명백한 빛의 입자성을 나타내는 것이다. 그러나 더 나아가 입자인 줄 알았던 전자도 간섭무늬를 발생시킨다는 실험 결과를 얻게 되었으며 이 결과를 통해 입자의 파동성을 관측함으로써, **전자라는 특별한 물질뿐만 아니라 모든 물질이 파동성을 가진다는 결론에 도달한다**. 따라서 **빛은 파동이면서 입자인 이중성**을 가지게 된다. 이것이 바로 아인슈타인의 광전효과(光電效果, Photoelectric effect)이다. 이 광전효과를 통해서 다음과 같은 결론을 얻게 된다.

모든 파동은 입자성(粒子性)을 갖는다.

모든 입자는 파동성(波動性)을 갖는다.

모든 존재하는 외적(外的)인 대상(對象)은 입자성과 파동성을 모두 가진다. 즉, **이중성(二重性)을 가진다**.

보어의 가문 문장에 보면 다음과 같은 글 밑에 태극 문양을 넣었다.

보어 가문 문장
(사진 출처 : 위키피디아)

Contraria Sunt Complementa

반대되는 것은 서로 보완적이다

그리고 입자가 파동성을 가진다는 것을 좀 더 설명하자면 입자가 파동을 타고 위아래로 진동한다는 것이 아니다. 그 존재성 자체가 파동처럼 퍼져 있다는 것이다. 그래서 **확률 파동**이라고 한다.

이와 같은 존재성의 양태를 보면서 인간의 삶으로 돌아와 우리 모두 전체 삶의 과정이나 대상과의 관계에서 어느 한순간 찰나의 접점에서 자신에게 물어보자.

내가 나를 아는가? 너는 너를 아는가?

내가 너를 아는가? 너는 나를 아는가?

내가 확실하게 아는 것은, 실존하는 내가 나를 모르기도 하며, 내가 분명하게 존재하는 너를 모르기도 한다는 것이다.

그래서 우리 인간은 나를 알기 위해, 그리고 너를 알기 위해 끊임없이 공부할 뿐이다. 불가에서는 이를 열반(깨달음, Nirvana)에 이르는 공부요, 수행이라 하지 않는가.

3. 블랙홀(Black Hole)의 딜레마

블랙홀을 향해 움직이는 A와 지평선 밖에서 정지된 채로 이 현상을 관찰하는 B가 있다고 가정해 보자.

A : 자유낙하 상태인 A는 아무런 변화가 없다. 지평선을 지나는 것조차 느끼지 못한다. 이는 인간이 지구의 자전과 공전을 스스로 느끼지 못하고 태양의 변화하는 모습을 통해 아는 것처럼.

B : A는 지평선에 다가감에 따라 A의 시간은 점점 느려진다. 이는 중력(重力)이 점차 강해지므로, A뿐만 아니라 A와 관련된 시간을 포함한 모든 것이 느려진다. 마침내 A가 사건의 지평선(event horizon)에 도달하면 B는 A의 시계(視界)가 영원히 멈춘 것으로 관측한다. 이를 정보 파괴라고 하지만 양자역학에서는 정보는 절대 사라지지 않고 사건은 지평선을 통과할 때 정보를 휘감아 다른 형태로 보존한다.

블랙홀
(사진 출처 : 구글)

지금부터 20년 전, 16년 동안 열정 하나로 똘똘 뭉쳐 영위한 도서 유통 사업이 꽤 성공적이었으나 나에게 차용하여 사용한 사람이 책임지지 않아서 큰 위기를 맞았다. 주거래 은행의 파업까지 겹쳤고 이를 해결하기 위해 동원할 수 있는 모든 돈을 끌어모았으나 결국 완벽하게 빈손으로 폐막을 맞이했다.

그날 이후의 삶은 오롯이 나만의 문제였고, 현실이며 책임이었다. 그 안에서 마주하는 끔찍한 현실과, 관계들과 단상들을 오롯이 혼자 안고 자유낙하하는 A와 같다.

B는 그 문제 밖에 서서 자유낙하하는 A를 지평선 끝으로 낙하할 것이라 여기며 그저 무심하게 바라본다. 그리고 시계에서 사라지자, 모든 것이 멈춰 버린 것으로 판단한다.

그러나 낙하 중인 A의 시간은 아직 진행 중인 것이니 낙하하여 종말을 맞이할지, 재도약할지는 온전히 A인 나의 문제였기에 그저 그 누구도 알 수도 없고 이해할 수 없는 현재를 직시하고 그 한계를 극복하기 위해 내 일을 향해 바른 방향을 잡고 올곧게, 꾸준하게, 확신을 가지고 끊임없이 진행할 뿐이다. 낙하하는 나를 바라보는 B의 시각에 동요하지 않고 오로지 낙하하는 나를 꼭 붙잡아 열심히 나를 알기 위해 공부하면서 블랙홀을 넘어 전혀 새로운 창공으로 비상하는 중이다.

돌아와서, 1843년 덴마크의 철학자 쇠렌 키르케고어는 그의 저작 **『Enten-Eller(이것이냐, 저것이냐)』**의 첫 페이지에 소크라테스의 명언인 "결혼해 보라. 그대는 후회할 것이다. 독신으로 있어 보라. 역시 후회할 것이다. 결혼을 하든지 안 하든지 그대는 후회할 것이다"를 말하며, 진정한 개인이란 혼자 설 수 있어야 한다면서 스스로가 세상을 사는 법을 골라야 한다고 했다. 그러면서 "'진정한 역동성'은 '이것이냐, 저것이냐'를 뒤따르는 것이 아니라 그 앞을 가는 것이기 때문이다."라고 하며 양쪽이라는 이분법을 넘어서서 새로운 길을 잡아내는 변증법을 고민하게 하는 화두를 던졌다.

50여 년 전 방학 기간에 잠시 우리 집에 의탁하셨던 경북대학생 김영규 씨가 놓고 간 여럿의 책 중에 키르케고어의 『그림자 그림』, 『유혹자의 일기』를 읽었을 때가 생각난다. 앞서 말한 '이것이냐, 저것이냐'의 글이 머릿속에 깊이 각인되었다. 이 명제를 접한 것이 중학교 1학년 때인 것으로 기억한다. 『유혹자의 일기』는 작자와 대상 여성과의 관계에서 심리적으로 서로 관찰하며 각각의 존재를 스스로 인식해 가는 과정을 썼으며, 여러 상황을 통해 인간의 실존 문제를 밝히려 했던 것으로 이해했다.

자, 양자의 상보성을 중심으로 인간의 실존을 생각해 보면 음과 양은, 너와 나는, 나와 대상들은, 본성과 욕구는, 현실과 이상은 내 안에서 서로 순환하면서 보완하는 관계로 전체 속에서는 서로서로 화합하여 조화를 이루지만 결코 같지 않게 화이부동(和而不同)하며 존재한다. 즉, 물리적 실재에 대한 성질들은 상호 보완적인 짝을 이루어 존재한다. 그렇기 때문에 대상과의 관계 속에서는 인식 주체를 분명하게 깨달아야 한다.

키르케고어(Søren Aabye Kierkegaard, 1813~1855)
(사진 출처 : 위키피디아)

스스로 대상이 되는 나와, 또는 대상이 되는 너를 인식하는, 장자가 말하는 도의 지도리라는 수준의 실존, 즉 어떤 물리적 실재는 경우에 따라서 A도 되고 B로도 존재할 수 있음을 파악하여 A와 B의 구분을 뛰어넘는 통합된 존재론의 개념을 가져야 하지 않겠는가? 인간의 생각 또한 마찬가지라고 생각한다. 하지만 동시에 A이자 B일 수 없음을 의미한다. 예를 들면 **빛은 경우에 따라서 입자 혹은 파동으로 행동할 수 있지만 동시에 입자이며 파동일 수 없다**.

더불어 파동과 입자의 이중성 외에도 운동량과 위치 등도 상보성의 원리로 설명할 수 있다. 이는 다름은 있을 수 있으나 '하나'라는 전제하에서 그 안에서 다름인 것이다. 다름과 같음이 각각 다른 모체를 가지고 있는 것이 아니고 하나의 모체라고 할 수 있는 이유는 같은 상태에서 각기 파생적, 부분적 존재는 다를 수 있다는 뜻이기 때문에 분열의 시대를 치료할 수 있는 명제가 아닌가 한다.

나는 말하고 싶다. 분명 실존하는 나는, 내가 느끼고 감각하는 지금의 나인데, 분명 나인데… 내가 진정으로 내가 맞는가? 이런 내가 이렇게 느끼고 교감하고 생각하는 내가, 혹시 감각 하고자 하는 대상에 몰입된 내가 된 것이 아닌가? 또는, 욕구하는 대상을 향한 욕망은 아닌가? 또는 나의 상대로 존재하는 너는 혹시 내가 아닐까? 내가 네가 될 수 없는 사실이 맞는가? 그런가?

여기서 광자와 전자의 상보성을 보면서 생각해 보자!

나는 분명하게 나다!

그리고 너 또한 분명 너다!

그런데 그것이 전부인가?

나는 너고, 너는 나일 수 있다면 그건 어떠한가?

상보성 이론과 관련하여 좀 더 나아가 보면, 스피노자는 다음과 같은 말을 남겼다. "신에 대한 '지적 사랑'을 통해 나를 나로 인식하기에 앞서 나와 타자(他者)는 모두 신의 양태임을 인식하고 나와 동일한 존재이며 상대인 타자를 '신'으로 부를 수 있어야 한다." 이 말은 내가 한 말과 같은 의미가 아니겠는가?

그리하여 **'공감'**이 나와 너로, 나와 사회로, 나와 나라로, 나와 세계로 퍼져, 온 세계의 각각의 내가 서로서로 공감하여 모두 다 내가 되는 사회. 이것이야말로 세계가 평화로 하나가 되는 세상이 되는 지름길이 아니겠는가?

이와 같이, 개인 간 일대일의 관계에서 한발 더 나아가 개인과 나랏일하는 관계에 이르기까지, 더 나아가 나라와 나라 사이에는 어떨까? 서로 마주하는 상대가 타자가 아니라 바로 나일 수 있다는 생각을 한다면 어떨까?

진정한 인류 공동체 개념은 환상인가?

이상주의자의 몽상일까?

너무나 꿈같은 이야기라 생각지 말기를 바란다.

내가 이러한 생각을 넓혀 가던 중에 다음과 같은 글을 발견하고 무릎을 쳤다. 『맹자(孟子)』 제2편 「공손추(公孫丑)」, 제1장 공손추 장구(章句)상 8절의 "大舜有大焉(대순유대언), 善與人同(선여인동), 舍己從人(사기종인)", 즉 "순임금은 누구보다 위대한 바가 있으니, 남과 마음으로 하나가 되는 것이요, 나의 생각을 버리고 상대를 이해하는 것이다"라는 말씀이다.

맹자(孟子, 鄒國亞聖公, B.C 372~B.C 289)
(사진 출처 : 위키피디아)

우리 인간은 천국을, 극락을 소망하며 유토피아를 꿈꾸고 그 상상력과 이상향을 현실화하기 위해 끊임없는 연구와 발전을 거듭한다. 그러나 이 과학적 생각과 그에 따른 생산은 상대적으로 무엇인가를 소비한다는 것이요, 과학에서 측정이라고 하는 순간과 현실에서 인위라고 하는 인간의 행위가 열역학 제2 법칙인 엔트로피의 법칙. 즉 시간의 흐름에 따라 엔트로피(Entropy, 열의 이동과 유용한 에너지의 감소 정도나 무효한 에너지의 증가 정도)가 증가하는 방향으로 나아가는 것으로, 달리 말하면 무질서도 증가의 법칙에 따라 또 다른 피해를 양산할 수밖에 없다는 과학적 원리가 있는 것이다. 물론 이 딜레마를 슬기롭게 극복해야 하는 것이 인간의 숙제이지만 말이다.

그러므로 인류 생존에 필수 불가결한 과학 발전은 재생 가능한 친환경적인(eco friendly) 기술이며 수준이 낮은 초기 기술이자 전통적인 기술(Low Tech)을 제외한 나머지, 인간의 비교 우위적이고 배타적인 욕망의 충족과 재물의 이익을 극대화하기 위한 무분별한 과학 발전과 최첨단 과학지식의 사용과 기술(High Tech) 개발은 지양해야 한다. 앞으로는 Low Tech와 High Tech의 결합이 필요하다.

대표적 예를 들자면, 국토 면적 134위, 인구 1,700여만 명의 작은 나라이지만 결코 작지 않은 네덜란드처럼. 세계 2위의 식품 수출국이면서도 2세대 농업으로 생산량을 10배로 늘리고 비료 소비와 탄소 배출과 토지 사용을 감소시키는 농업을 추구하는 나라, 전 세계 평균 1파운드 토마토를 생산하는 데 물 28갤런을 소비하는 데 반하여 1/2갤런만 소비하는 나라, 같은 생산량을 생산하는 데 10에이커의 대지가 필요한 반면, 대지 1에이커만이 필요하며 1㎡당 6kg을 생산하는 세계 평균에 비해 13배인 80kg을 생산하는 유리 온실의 스마트 팜 농업을 선구적으로 하는 나라, 주로 빗물을 이용하고 빛은 LED 전구를 이용하며 화분은 생분해성 재료로 만들고 하는 농업, GPS를 이용하여 토양 분석을 통한 토양 잠재력 개선, 드론을 이용한 해충 박멸 기술 등 그런 기술의 융합을 이루어 낸 네덜란드처럼 말이다.

이제는 지구를 구하기 위해서가 아니라 우리를 구하기 위해서 자연이 그동안 해 왔던 일을 우리가 해야 한다. 이렇듯 인간의 욕구에 항상 대상인 자연을 염두에 두는 자세로, 인간의 내적 성취를 더 우선시하고 공통선(善)을 우선하며 사회적으로 나와 너를 동일시한다면 그것이 평화로운 인류가 되는 지름길이 아니겠는가?

이제는 동양 현학(玄學)의 『장자(莊子)』 제2편 「제물론(齊物論)」을 통해 양자역학의 양의 개념, 상보성을 다시 들여다보자.

物无非彼(물무비피)
세상 사물은 나의 상대인 '저것' 아닌 것이 없고,
物无非是(물무비시)
자기인 '이것' 아닌 것이 없다.
自彼則不見(자피즉불견)
상대를 '저것'으로서만 봐서는 자신도 상대에게는 '저것'이라는 것을 볼 수가 없고,
自知則知之(자지즉지지)
상대적이라는 것을 분명히 인식해야만 자기도 상대가 된다는 것을 알 수 있다.
故曰彼出於是(고왈피출어시)
하여 이르기를 상대라고 하는 것은 자기로부터 비롯되고,
是亦因彼(시역인피)
자기 역시 상대를 통해서 인식된다.

彼是方生 之說也(피시방생 지설야)

이것이 곧 상대와 자기가 서로 존재의 원인이 된다는 상대성의 학설이다.

雖然(수연)

또한 이러한 생각은

方生方死(방생방사)

삶이 있기 때문에 죽음이 있고,

方死方生(방사방생)

죽음이 있기 때문에 삶이 있다.

方可方不可(방가방불가)

상대적으로 '된다 함'이 있기에 '안 됨'이 있고,

方不可可方(방불가가방)

'안 됨'이 있으니 '됨'이 있다.

因是因非(인시인비)

'옳음'이 있으므로 상대적으로 '그르다 함'이 있고

因非因是(인비인시)

'아님'이 있음에 '그러함'이 있으니,

是以聖人不由(시이성인불유)

그래서 성인은 일방적 시비에 얽매이지 않고,

而照之於天(이조지어천)

그것을 홀로 하늘에 비추어 보는 것이다.

亦因是也(역인시야)

이것이 바로 상대적이 아닌 있는 그대로를 그렇게 보는 것이다.

是亦彼也(시역피야)

그러므로 자기가 동시에 상대이고

彼亦是也(피역시야)

상대가 동시에 자기일 뿐이며,

彼亦一是非(피역일시비)

상대도 옳고 그름이 함께하고 있고,

此亦一是非(차역일시비)

자기도 시비가 함께 있는 것이다.

果且有彼是乎哉(과차유피시호재)

과연 '이것' 과 '저것', '나' 와 '너' 가 제각기 있는가?

果且无彼是乎哉(과차무피시호재)

과연 각각의 너와 나는 없단 말인가?

彼是莫得其偶(피시막득기우)

상대와 자기가 분리되어 상대적 대립 관계를 넘어서서 서로를 상대로 마주하지 않는 경지를

謂之道樞(위지도추)

절대적인 도의 경지인 **'도의 지도리(道樞)'** 라고 부른다.

樞始得其環中(추시득기환중)

지도리가 그 회전의 중심을 얻게 되면,

以應无窮(이응무궁)

무한한 변화에도 대응하나니

是亦一无窮(시역일무궁)

'옳음' 도 역시 하나의 무궁한 변화이고

非亦一无窮也(비역일무궁야)

'그름' 도 역시 하나의 무궁한 움직임이니라.

故曰莫若以明(고왈막약이명)

그래서 옳고 그름을 넘어서는 전체를 꿰뚫어 보는 밝은 지혜보다 못하다고 한 것이다.

우리가 복잡한 사회생활을 이어 가는 과정에서 나의 생각에 몰입되어 나만의 생각과 판단이 옳다고 주장하다 보면 그 반대편 상대와의 충돌이 있을 수밖에 없으며, 그 충돌을 피할 수 없는 지경에 이르게 되면 궁극에는 파국에 이르기도 한다. 예를 들어 보자. 우리나라의 남북 관계에서 윤석열 정부의 대북 정책 변화 이전까지 우리는 러시아와 외교와 경제 분야에서 좋은 관계를 유지하고 있었고, 내적으로는 최소한 접경 지역주민이나 전체 국민이 직접적인 불안한 상황은 없었다. 다만 핵 개발 문제는 최소한 남북의 문제를 넘어서는 미국을 포함하여 국제적으로 접근해야 할 문제다. 그러나 지금 러시아와 우크라이나 전쟁에 노골적으로 개입하여 러시아와 등을 지고 있고, 한·미·일 군사동맹 정책, 적대적 대북 정책 등 북한을 자극하는 정책들만 강화되는 지점에서 당연히 북한은 더 적대적으로 바뀔 수밖에 없음이 당연한 것이다. 그래서 북한은 우리와 좋은 관계를 맺고 있었던 러시아와 밀착하여 최신 핵기술을 이전받고, 자동적으로 개입하는 군사동맹까지 맺게 된다. 당연히 우리는 러시아와 외교적, 경제적, 군사적으로 껄끄럽고 불안한 관계로 바뀌었음은 당연한 일이다. 이렇듯 극단적 대립 상태를 마주하는 경우, 인간을 포함한 우주 만물의 이치가 기본적으로 상보적 원리를 가지고 있음과 장자의 가르침을 돌아보아야 한다. 그리하여 나 자신이 외부 환경에 흔들리지 않는 중도에 이르러 상대가 존재함으로 내가 존재하는 이치를 파악하여 빨리 대자(對自)적 입장의 수레바퀴의 축이 되기를 노력한다면 개인 간 혹은 가정 안에서, 조직 안에서, 사회 안에서 파국을 피할 수 있는 어느 정도의 평안함을 이룰 수 있다고 생각한다.

계속해서 장자의 「제물론」을 이어서 들여다보자.

> 以指喩指之非指(이지유지지비지)
> 손가락이 손가락을 가지고서 '저 손가락은 이 손가락이 아님'을 밝히는 것은
> 不若以非指喩指之非指也(불약이비지유지지비지야)
> 손가락 아닌 것을 가지고서 '이 손가락은 저 손가락이 아님'을 논하는 것만 못하다.
> 以馬喩馬之非馬(이마유마지비마)
> 저 말(馬)을 가지고 그 말이 나의 말(馬)이 아님을 밝히는 것은
> 不若以非馬喩馬之非馬也(불약이비마유마지비마야)
> 나의 말이 아닌 것을 가지고, 저 말이 내 말이 아니라고 말하는 것만 못하다.
> 天地一指也(천지일지야)
> 천지(天地)가 하나의 손가락이요,
> 萬物一馬也(만물일마야)
> 만물(萬物)이 하나의 말일 수 있기 때문이다.

可乎可不可乎不可(가호가불가호불가)

상대가 옳다 하면 옳은 것이요, 그르다 하면 그른 것이 다.

문장이 조금 난해하지만, 앞에서 서술된 동양의 일원론적, 상관론적 사유 방식을 돌아볼 때 '색즉시공 공즉시색' 개념으로 풀어 볼 수 있다. 먼저 본질의 모습이란 물질의 실제적 본질과 달리, 인간이 그 본질을 바라보아 재해석하여 만들어져 생기는 허상임을 간파하여야 한다.

역시 스피노자도 "자연은 신과 같이 스스로 본성의 필연성에 의해 움직일 뿐 어떤 목적을 가진 대상(目的因)을 위해 존재하지 않는다. 인간 정신 역시 인간이 그리는 신의 모습과 마찬가지다. 그러나 인간이 자유의지라는 환상에 빠져 형성된 충동처럼, 인간의 목적에 따라 완전 혹은 불완전이라고 말하는 것은 사유의 양태일 뿐이고, 인간 스스로 만들어 낸 관념일 뿐이다. 그러므로 우리가 선 또는 악이라고 말하는 것도 우리가 사물 자체로 고찰할 경우, 자기의 입장에서 편의적, 이기적으로 사물을 비교하여 형성한 개념일 뿐이다"라고 말하고 있다.

그렇기 때문에 '너'로 인하여 내가 있으며, 내가 존재한다는 것에는 항상 '너'가 있다는 사실과, 세상 만물은 서로에게 영향을 주고 있음을 알아서 인간 사이의 다툼과 분열이 부질없음을 깨닫기를 바라는 장자의 호소문이라 생각한다.

그리고 우리가 너무도 흔히 접하고 알고 있는 성경 레위기 19장 18절의 "네 이웃 사랑하기를 너 자신을 사랑함과 같이 사랑하라"와 마태복음 22장 39절 "네 이웃을 네 몸과 같이 사랑하라"는 어떠한 전제나 아무런 조건 없이, 내가 나를 생각하는 만큼의 무게와 같은 무게로 상대를 생각하고 배려하고 존중하라는 말씀이다. 그럼에도 극히 일부 종교단체에서 인간 개인이 태생적으로 스스로 만든 숙명으로부터의 구원과 하늘로부터 부여받은 인간 존중과 사랑보다는 여럿의 전제와 조건을 만들어서 조직과 단체의 이익을 우선하기 위해, 말씀의 본말을 전도시켜 개인의 희생을 통해 조직과 단체의 결속을 다지고 배타성을 유지함으로써 자연의 이치인 양의, 상관성, 대대법, 상대적 상보성 원리를 무시하고 믿는 자와 믿지 않는 자를 구별하여 선과 악의 이분법으로 한쪽이 모두 제거되어야 하는 제로섬 게임으로 적들을 양산해 내는 분열과 혐오가 만연한 이 시점에서 다시 깊게 새겨 봐야 할 말씀이다.

이 장에서 다루는 주제와 관련하여 살펴보기에 알맞은 1959년 발표된 시인 김춘수 님의 「꽃」을 소개해 본다. 이 시에 면면히 흐르는 존재의 의미를 알아보자.

> 내가 그의 이름을 불러 주기 전에는
> 그는 다만
> 하나의 몸짓에 지나지 않았다.
>
> 내가 그의 이름을 불러 주었을 때
> 그는 나에게로 와서
> 꽃이 되었다.
>
> 내가 그의 이름을 불러 준 것처럼

나의 이 빛깔과 향기에 알맞은
누가 나의 이름을 불러 다오
그에게로 가서 나도 그의 꽃이 되고 싶다.

우리들은 무엇이 되고 싶다
너는 나에게 나는 너에게
잊혀지지 않는 하나의 눈짓이 되고 싶다.

이렇게 각 4연으로 나누어진 시(詩)다.

1연에서는 내가 대상을 인식하기 전에는 그 존재가 무의미함을 밝혔고, 2연에서는 드디어 나의 인식과 더불어 의미를 갖게 되는 대상 존재를 노래하고, 3연에서는 스스로 대상화를 통해 실존 존재의 본질을 구현함을 소망하고, 4연에서는 너와 나, 상대성을 초월한 존재의 본질을 소망함을 표현했다고 이해할 수 있지 않을까 한다.

이로써 장자의 '지도리(道樞)'와 '환중(環中)'의 개념, 상대성과 양쪽이라는 이분법을 넘어서고 육효의 음효와 양효가 끊임없이 변하면서 모든 세상의 존재를 밝혀내 보이는 이 이치가 부처의 자비와 예수의 사랑, 공자의 인을 실천하는 것이고 키르케고어가 던진 화두에 답하는 것이요, 상보성의 원리를 웅변해 주는 것이 아닌가 한다.

다시 불경『반야바라밀다심경(般若波羅蜜多心經)』의 깊은 뜻을 핵심을 간추려 살펴보자면 다음과 같은 구절이 있다.

시고(是故) 공중(空中) 무색(無色) 무수상행식(無受想行識) 무안이비설신의(無眼耳鼻舌身意) 무색성향미촉법(無色聲香味觸法) 무안계(無眼界) 내지(乃至) 무의식계(無意識界)
이런 까닭에 공(空)에는 색도 없고 수, 상, 행, 식도 없으며 안, 이, 비, 설, 신, 의도 없고 색, 성, 향, 미, 촉, 법도 없고 눈에 보이는 경계도 없고 이어서 의식의 경계도 없다.

눈으로 보고, 귀로 듣고, 코로 냄새 맡고, 혀로 맛보고, 몸으로 접촉하여 외부로부터 취득되는 정보를 통틀어 이르는 객관세계는 모두 '색'에 포함된다.

이렇게 보이는 **'색(色)'**과 감각하는 **'수(受)'**, 생각하는 **'상(想)'**, 움직이는 **'행(行)'**, 모든 것을 인식하는 **'식(識)'**은 인간 내부로부터 출발하는 의식작용으로 모두 주관에 속하는 것이고 주관 중의 주관이 '식'이다. 이 다섯 가지를 **오온(五蘊)**이라 한다.

육근(六根)은 **안(眼)**, **이(耳)**, **비(鼻)**, **설(舌)**, **신(身)**의 다섯 가지 감각기관에 '느낌', '생각', '의식'이라 말할 수 있는 **'의근(意根)'**을 더하여 우리의 신체와 마음의 모든 기능을 담당하는 기관을 말한다.

다음으로 '육경(六境)'은 '육근'의 대상이 되는 색(色), 성(聲), 향(香), 미(味), 촉(觸), 법(法)을 말한다.

마지막의 '계(界)'는 모두 '십팔계(十八界)'다. 이 '십팔계'는 '육근', '육경', '육식'을 더한 것으로 '18계'는 '근', '경', '식'의 **상대 관계에 의해 생긴 18종류의 세계다**.

다시 말하면 육근을 통해 육경을 느끼게 되고 육경을 통해 육식의 주관적 의식을 갖게 된다. 예를 들어 '안근(眼根)'과 '색경(色境)'과 '안식(眼識)'이 화합하면 눈을 중심으로 한 하나의 세계가 생긴다. '눈의 세계(眼界)'는 안근인 안구를 통해 그 대상이 되는 색경(色境)인 나무의 푸른 잎을 바라보는 것으로 안식(眼識)이 된다. 우리 눈은 푸른 잎이라는 색의 세계를 인식하였다. 이렇게 우리는 의식하는 것이다.

이와 같이 생각해 볼 때 우리는 흔히 "인간은 생각하는 동물이다"라고 정의하는데, 이 생각의 주체가 곧 의식이다. 우리의 인식 작용은 결국 '근', '경', '식' 세 개의 통합 작용에 의해 생김을 알 수 있다. 즉 '식(識)'은 인식의 주체이고 마음이다. '근(根)'은 식의 근본이고, '경(境)'은 마음에서 인식되는 대상이다. 그리고 **모든 사물은 우리의 인식을 떠나서는 존재하지 않기 때문에 대상에서 생기는 일체의 것은 의식에 의한 것이므로 공(空)이다.** 이렇듯 모든 사물은 서로 상관적 의존 관계에 있다. 이렇듯 세상의 만물은 서로 돕고 의지한다. 이것이 바로 **'상보성 원리(相補性原理)'라고 하며 '상부상의(相扶相依)'**인 것이다.

앞의 내용과 더불어 베르너 하이젠베르크가 "**우리가 관찰하는 대상이 자연 그 자체가 아니라 과학적 방법론에 노출된 자연의 일부라는 사실을 항상 파악해야 한다**"라고 했던 말을 생각해 보면 우리가 현재 우선시하고 맹종하고 있는 경험적 증거에 기초한 과학적 방법론을 깊이 생각하고 새겨 볼 일이다.

우리가 알고 있고 사회에서 통용되고 있는 경험적 증거란 불확실함이 전혀 없는 확실한 토대 위에 있는 것도, 엄밀한 객관성을 담보한 것도 아니다. 그중 극히 일부는 분석도, 검증도, 입증도, 명확한 규정도 되지 않은 전제와 가정들 위에 층층이 기초개념들이 쌓여 있으며 그 위에 특정 분야의 특정 이론들이 선택적으로 얻어진 경우가 있다는 것을 염두에 둘 필요가 있다.

과학적, 수학적으로 많은 이론들과 결론 그리고 수식들의 경우에서 그것들이 자연현상의 명약관화한 원리와 우주의 95%가 우리가 알 수 없는 물질과 에너지로 되어 있어서 인간이 알 수 없다는 이유로 학회나 학자들이 공동으로 절대적 가치를 약속하여 설정하는 경우가 얼마나 많은가? **빛의 속도**를 규정하였듯이 말이다. 우리 인간은 확실하게 알 수 없는 세상 만물과 우주의 명확한 원리와 진실을, 우리가 알고 있는 과학이라는 단어로 덮어서 절대적 진리 가치로 인식하고 있는 것은 아닌지 돌아볼 일이다.

우리 현재의 인류는 세상의 만물과 무한한 우주의 살아 움직이는 실체와 원리와 생명 중 오직 인간만이 신으로부터 선택을 받았으며 유일무이하게 우월하다는 생각에 젖어 있어, 후손에게 빌려 쓰고 있는 이 지구를 마음껏 훼철(毁撤)하고 있다.

이런 상황을 말해 주는 성현의 말씀을 들어 보자. 이는 주희(朱熹)가 집대성한 『맹자집주(孟子集註)』「진심(盡心)장구 상」 제30장에 "구가이불귀오지기비유야(久假而不歸 惡知其非有也, 오래도록 차용하고서 반환하지 않고 있으면 그들이 자기의 소유가 아니라는 것을 어찌 알 수가 있겠는가?)"라고 하였다. 물론 인간의 품행과 덕망, 자질을 일컬은 말이지만 현재 지구 환경문제를 그대로 대입해도 맞는 말이다 싶다.

이제 우리 인간은 결코 홀로일 수 없기에 그 대상인 세상 만물의 양의 원리인 상대성, 상보성, 일원성의 대대법적 원리를 깨달아 배타적, 이기적 생각을 버려야 할 것이다. 그리고 전 세계적으로 펼쳐지는 인간 욕심의 극단인 산업 경제활동을 새롭게 다시 살펴볼 필요가 있다.

최소 투자로 최대 이익을 바라는 현대 초국가적 자본의 세계화를 배경으로 시장만능주의, 성장지상주의, 반환경주의로 대표되는 신자유주의에 기초한 자본주의 속에서 거대 금융 자본가들이 세계 자본시장을 좌지우지하고 있다. 일례로 1997년 한국의 금융 위기 사태는 국내의 내부적 요인도 있지만, 외부의 탐욕스러운 금융자본이 개입한 부분도 있음을 간과해서는 안 된다.

또한 그들이 펼치는 대량, 단일, 집중 생산의 플랜테이션 농업과 유통무역 등의 세계화(Globalization)는 농업, 임업, 광업 등 1차 산업과 제조업 등 2차 산업 분야, 그리고 자본과 금융 분야 등에서 지구를 황폐화시켜서 인류 역사 이래로 살던 원주민과 자연의 뭇 생명을 죽이고 있으며, 그들이 지구 환경 유지에 기여하는 역할을 무력화시키고 있다. 또한, 미개발 자원보유국을 황폐화, 무력화시키며 약탈하다시피 하여 1차 산업에 악영향을 끼쳐 지역사회를 사멸시키고 있으며 끝없는 수익 창출을 위해 인류에게 필요 불가결한 기술 개발을 넘어 낭비적, 소비적이고 본질을 넘어서는 유희적인 기술과 상품 개발을 하는 High Tech를 통해 의도적으로 인류의 자연 친화적인 Low Tech를 쓸모없게 만들어 버리고 있다.

다른 각도에서 실제 지표를 숫자로 살펴보면, 지구 동물의 70%가 순수하게 인간이 소비하기 위한 가축이다. 이 가축의 대다수가 닭이며 지구 전체 조류의 70%가 닭이다. 얼마나 불균형한 모습인가?

인간의 먹거리를 위한 대규모 어선 선단의 공해상에서의 조업으로 큰 바닷물고기의 90%를 잠식했으며 어류자원의 30%가 남획되었고 담수(淡水) 생명체의 개체 수를 80%나 감소시켰다. 결국, 인간이 포유류 공간의

1/3을 차지했으며 나머지 60%를 가축이 차지하며 나머지 고작 4%만이 고라니, 고래 등 자연 동물이다. 인간이 살기 위해 혹은 식욕 해소를 위해 낙(樂)으로 먹는 일이 얼마나 무서운 일인가? 명심하자!

우리가 자연을 보살피면 자연도 우리를 보살필 것이다.

이 사실은 ETC 그룹이 2022년 말 발표한 「Food Barons-위기 활용, 디지털화 및 권력 재분배」라는 보고서에 나와 있다. 소수의 기업이 AI로 대표되는 Big tech의 도움으로 전 세계 식량 공급을 통제하고 있으며, 농·식품 부분을 4~6개의 지배적인 회사가 장악하고 있는 사실을 보여 주고 있고, 인종과 기후 변화 사이의 관계에 대한 이해와 함께 추출농업이 유색인종과 원주민 공동체에 얼마나 불균형적으로 영향을 미치는지에 대해 보고하였다.

이 지점에서 백범 김구 선생의 『백범일지』에 기록된 「내가 원하는 우리나라」 내용을 읽어 보자.

백범 김구 선생(白凡 金九, 1876~1949)
(사진 출처 : 다음백과)

"나는 우리나라가 세계에서 가장 아름다운 나라가 되기를 원한다. 가장 부강한 나라가 되기를 원하는 것은 아니다. 내가 남의 침략에 가슴이 아팠으니 내 나라가 남을 침략하는 것을 원치 아니한다. 우리의 부력(富力)은 우리의 생활을 풍족히 할 만하고, 우리의 강력(强力)은 남의 침략을 막을 만하면 족하다. 오직 한없이 가지고 싶은 것은 문화의 힘이다. 문화의 힘은 우리 자신을 행복하게 하고 나아가서 남에게 행복을 주기 때문이다. 지금 인류에게 부족한 것은 무력도 아니요, 경제력도 아니다. 자연과학의 힘은 아무리 많아도 좋으나 인류 전체로 보면 현재의 자연과학만 가지고도 편안하게 살아가기에 넉넉하다. 인류가 현재에 불행한 근본 이유는 인의가 부족하고, 자비가 부족하고, 사랑이 부족하기 때문이다."

얼마나 헌신적 인류애와 탁월한 혜안인가?

얼마 전까지 우리의 부모님들께서 하신 농사를 보자. 작년에 추수하여 보관해 둔 씨종자를 새봄에 뿌려 땀 흘려 키우고 기쁨으로 수확하고 다시 씨종자(種子)를 보관하는 선순환 농업이었다. 이것이 Low Tech다. 그런데 지금은 어떤가? 특별히 F1 종자라고 하는 고추, 옥수수, 배추, 상추 등 대부분의 채소류는 교잡 생산 종자다. 종자회사들이 자연이 만들어 낸 생물의 유전자를 인위로 조작하여 순도가 나빠지게 하거나 첫 세대는 자식을 낳을 수 없게 하여 종자를 다시 살 수밖에 없게 한다. 더 나아가 '자살하는 종자(일명 터미네이터 종자)'를 만들었다. 농민이 1년간 생산한 이후에 자가 채종을 하면 종자가 모두 자살하기 때문에 다음 해에 완전하게 재배한 작물의 종자를 채종하지 못하고 종자회사의 의도대로 종자를 다시 사지 않고는 재배하지 못하는 지경에 이르렀다. 이것이 High Tech의 대표적 폐해다. 이처럼 자연이 베푼 공공의 소유물이 이익 추구 목적의 기업 소유로 바뀌는 일은 이제 없어져야 한다.

또한, 일정 지역에서 농·수·축산물의 단일품종 대량 재배와 생산 활동이 지구의 환경파괴의 주된 원인이 되고 있으며 인류에게 불행을 가져오는 방향으로 가고 있음이 분명하다. 그렇다면 이렇게 반론을 제기할 것이다. '수십억 명의 인류의 먹거리는?', '굶어 죽는 인류는?' 하고 말이다. 그러나 그렇게 생산된 먹거리 중에 사실은 버려지는 양이 인류 전체가 먹는 양을 넘는다. BBC 뉴스 코리아 인터넷 기사에 따르면 네덜란드 바헤닝언 대학 연구진의 발표에 의하면 매일 버려지는 음식쓰레기가 1인당 500kcal에 육박하며 이는 5명의 식량을 확보할 수 있는 양이라고 한다. 또한, 유엔 환경계획(UNEP)에서 펴낸 「음식물 쓰레기 지수 보고서 2021」에 따르면 2019년 전 세계적으로 배고파하는 기아의 수는 약 6억 9,000명 정도라고 하며, 이에 비해 약 9억 3,100만 톤의 음식이 버려진 것으로 파악된다. 이는 인구 1명당 121kg의 음식을 버린 것이며 전체 생산량의 17%에 달한다고 했다.

이제 우리는 인류 공동의 터전인 지구의 생태환경을 복원하기 위해 자원을 채굴하고, 채굴된 자원을 활용하고, 활용한 자원을 폐기하며, 폐기한 자원을 재활용하여 재활용 자원을 재사용하는 선순환 구조를 만들어 소비 수요를 감소하고, 친환경 기술을 개발하고 보급하여 기후 변화에 대응해야 할 것이다. 또한 이익의 증가와 유지를 위해 끊임없이 생산하고, 그 생성물의 소비를 부추기는 그들의 횡포를 강력하게 막아야 할 것이며 소비자인 우리 시민들은 의식주의 소비 활동에 있어서 **남지 않게 입고, 남지 않게 먹으며, 남지 않게 쓰며, 남지 않게 소유**하는, 각각의 개인 모두가 현명한 가치 판단과 소비 행동이 함께하는 삶을 살아야 할 것이다.

여기서 대단히 자부심 가질 만한 이야기를 하겠다. 우리나라는 2005년부터 '음식물 쓰레기 재활용 의무화'를 실시했다. 한국의 음식문화는 가짓수도 많고, 국토는 인구에 비하여 비좁기 때문에 급한 일이었다. 이후 우리나라의 음식물 쓰레기 재활용 비율이 100%에 이르렀다. 이러한 결과를 보고 중국과 미국 선진국에서 분리배출과 재활용 관련한 노하우를 배우기 위해 한국으로 견학 온다고 한다. 2024년도 들어서부터 미국 뉴욕주에 이어 프랑스에서도 음식 쓰레기 분리배출을 실행한다고 한다. 이렇듯 우리나라도 세계에 모범을 보이는 친환경 정책들이 더욱더 많아지기를 기대해 본다.

앞에서 이야기한 대로 Low Tech와 High Tech의 결합으로 농업의 변화는 대규모 플랜테이션 경작지를 줄이게 되고 식단의 변화로 채식 위주로 바뀔 것이며 지금 쓰는 종의 절반만의 소비로도 생존이 가능할 것이다.

참고로 세계의 종자 산업의 50%는 미국과 중국이 점하고 있으며 그 뒤를 독일과 일본이 따르고 있다. 우리나라의 토종 종자의 75%가 이미 사라져 버렸으며 5대 종묘회사 중 4곳이 IMF 시기에 외국 회사에 매각되었다. 1위 흥농종묘는 1998년 미국의 '세미니스'에, 2위 서울종묘는 1997년 스위스의 '노바티스'에, 3위의 중앙종묘는 1998년 미국의 '몬산토'에, 그리고 청원종묘는 1997년 일본의 '사카타'사에 매각되었다.

이런 자료를 보면서 우리가 역사적 유산이나 자연적 소산, 그리고 정신적 유산 등 우리가 일상적으로 향유하던 것들이 너무나 소중한 것들임을 모르고 귀하게 간직하고 보존하고 있지 못함을 뼈저리게 느낀다.

인간의 욕심으로 지구의 생태계는 파멸을 향해 가고 있다. 그리하여 식량 생산에 위기가 다가와 전 세계는 식량 위기를 겪을 것이다.

지금 우리나라의 빵 소비가 엄청나게 증가하여 밀가루 소비가 기하급수적으로 늘고 있다. 이때 살펴볼 일이 있다. 우리나라의 밀 자급율이 0.8%라는 점이다. 거의 100% 수입에 의존한다는 뜻이다. 거기다가 2022년 주식 자급률을 72%에서 63.6%로 하향 조정한다고 한다. 거기다가 전체 밀 자급률 중에서 우리 밀 자급률은 90년대엔 0.1%에서 현재는 우리 밀 살리기 운동의 효과로 1%다. 식량 안보 측면에서 우리의 미래가 암울하다. 이제는 국방 안보에 관련된 엄청난 예산만큼 식량 안보를 위해서도 과감한 투자가 필요할 때다.

이제 우리는 철학, 종자, 역사, 전통, 언어와 같은 가장 기초적인 것, 가장 근본적인 것, 가장 원론적인 것, 가장 자연적인 것, 가장 인간적인 것, 역사적인 것들에 관해서 좀 더 세심한 관심과 주의를 기울여야 할 것이다.

1970년에 헨리 키신저가 한 말을 기억해 보자.

> "If you control the oil you control the country; if you control food, you control the population.
> (만약, 당신이 석유를 통제하면 국가를 통제하게 되고, 음식을 통제하면 사람도 통제하게 된다.)"

돌아와서 이 절에서 펼쳐진 내용을 살펴보면서 어려운 주제인 국내 정치문제를 짧게나마 언급해 보려 한다. 『주역』 원리에 깊이 녹아 흐르며 널스 보어, 장자, 키르케고어, 『반야심경』, 김춘수, 하이젠베르크에서 보이는 상보성이란 주제를 통해 우리 '인간'을 알아보았다.

그러나 우리나라의 근대에서 현대까지 이르는 정치사를 볼 때 우주, 자연과 그들과의 합일을 중요시한 선현들이 깨우치고 강조한 인간이 가져야 할 본연의 모습에서 지금 우리는 너무 멀리 벗어난 것이 아닌가 한다.

정치세력, 정치가에게 그들이 행사하는 권력의 범위를 내 나라, 내 민족으로 하고 대상을 전체 국민으로 하며, 그 정치권력의 목표와 주제는 전체 국민의 안녕과 공공의 이익과 국민 모두에게 행복한 삶의 추구여야 함이 마땅하다. 그에 따라 외국과의 외교 부분도 철저히 국민의 주권과 이익 확보와 안녕과 자존을 지키기 위한 정책이 우선하여 펼쳐져야 한다고 본다.

내가 보기에 우리가 모범으로 보는 미국의 대내외 정치와 정책은 오로지 미국의 이익과 미국민을 철저히 최우선 순위로 하며 최고의 목표로 운영되고 있다. 때문에, 구 소련연방의 붕괴 이후 미국의 외교정책은 대상과 시기에 따라 많은 변화가 이루어지고 있으며 2023년, 미국이 주도하는 대중국 제제에 한국이 앞장서서 적극적이고 계속적으로 임할 때 나중에 미국과 일본은 뒤에서 각기 중국과 협상 채널을 운용했지 않은가? 이렇듯 모든 정책은 자기 나라의 국익을 위해서 시시각각 변하는 것을 목도하고 있다.

공산당 일당 독재국가인 중국 또한 모택동 시절에도 핑퐁외교를 통해 문을 열었고 등소평 시대에는 흑묘백묘론(黑猫白猫論)으로 실리 위주의 정치 외교 노선을 펼쳤고 지금 시진핑 시대에도 대미, 대북, 대러, 대일, 아프리카와 중남미 지역에 대한 정책이 수없이 변하고 있다.

대표적 동맹인 미국과 일본의 대중(對中) 정책은 항상 자기 나라의 국익을 최우선하는 가변적 정책이다. 우리나라가 이것을 외면하고 대중(對中) 경제, 외교, 제제 정책을 공동으로 시작했다고 해서 끝까지 유지하다가는, 결국 홀로 외로이 뒤통수 맞고 진퇴양난의 상황을 맞이하는 결과가 올 것이라는 예측이 충분히 가능하다.

또한 일본의 경우 2024년 총리가 바뀌면서 제일 먼저 한 말이 북한과 대화를 하기 위한 부서를 만든다는 것이었다. 그리고 미국은 북한의 핵이 잘 조절되고 있다고 말하고 있는데도 불구하고 우리나라는 핵 위협을 강조하고 평화적 노력은 아예 고려하지 않으며 전쟁도 불사하겠다는 강력한 대응만을 부르짖는다. 만약, 전쟁이 일어난다면 우리는 모두 죽는다. 그러나 인접국들은 이익을 얻는 경우가 태반이다. 특히, 6.25 전쟁 당시에 태평양전쟁에서 폐허가 된 일본이 전쟁 중 보급창고 역할을 통해 부흥을 하게 되는 역사적 사실을 돌아보아야 한다. 그런데도 우리나라는 북한과 상호 적대적으로 파국을 향해 가고 있다. 이러한 반평화적 정책으로 인한 국력 낭비는 어찌할 것인가? 통일을 위한 여러 조치들이 파기되고, 실체로 이뤄진 공단, 철도, 도로가 철저히 파괴되고 있는데 말이다. 미국도, 중국도, 일본도, 러시아도 인도도 상황마다 유연함을 견지하고 있지 않은가? 그것이 외교다.

우리나라는 2023년 미국 정부 정책에서 전기자동차 관련 배터리나 반도체 등 우리 기업들이 미국에 대한 188조라는 엄청난 투자에 이어진 일방적 무역정책, 그리고 투자 시 이뤄진 계약 사항의 일방적 위반과 미국 기업과의 공동 투자에 있어서 투자 비율과 관계없는 불평등한 보조금 수익 배분문제 등을 잘 돌이켜 생각해 볼 일이다. 거기에 전기자동차에 부정적인 생각을 가진 사람으로 정권이 바뀐다는 가정을 해야 하지 않겠는가? 주한 미군 주둔비용 문제는 어떤가. 이렇듯 변동성이 큰 국제 관계에 있어서 자국 이익 우선과 유연성을 포기하여 크게 뒤통수를 맞고 있고, 맞을 수 있지 않은가? 그러므로 미국의 정치와 정책을 그대로 모방하고 그들의 정책에 그대로 따라가는 것이 아닌, 실리가 우선되는 우리만의 정책을 펴야 한다.

예를 들어 전 세계 해양을 장악한 미국으로서는 태평양 지역에서 제일 중요한 역할을 하는 곳은 동일 해양 세력권이며 정치적, 정책적, 지리적으로 일본열도일 수밖에 없다. 그다음으로 가장 밖에서 보호해 주는 역할을 해 주며, 반대 이념진영과 같은 민족이며 휴전상태로 맞닿아 있는 우리 대한민국일 것이다. 그렇기 때문에 한국과 일본의 지리적, 역사적 특수성이 있음에도 -완벽하게 미국의 입장만을 고려해서 보자면- 미국은 한국과 일본이 군사적으로 같은 지향점을 갖기를 원할 것이다. 즉 미국의 입장에서는 일본은 상수(常數)요, 한국은 변수(變數)일 수밖에 없는 것이라는 거다. 그렇기 때문에 거칠게 말하자면, 미국은 동북아시아 정책 운용에 있어서, 한국과 일본이 한 나라라면 미국은 얼마나 좋겠는가 하는 생각을 할 것이라는 추측을 해 본다.

이렇듯 대륙 세력과 해양 세력의 두 장점 모두를 가지고 있는 이유로 우리 주변의 이익과 서로 관련되어 있는 나라들은 우리나라가 상대 진영으로 넘어가는 것은 막고자 할 것이다. 우리나라가 남과 북이 하나가 되어 생산과 소비의 총 인구수 증가와 국토 면적 증가, 남북 갈등 소멸로 국민 내부 에너지의 증가, 자주적인 외교력 상승, 역사와 문화 자산 재고 등 세계적으로 엄청난 시너지를 내는 것을 외부 주변국과 내부적으로 극도로 경계하고 방해하는 세력이 있다는 것을 잊지 말아야 한다. 그리고 이제는 그 점을 충분히 이용해야 한다고 본다.

역사적으로 그 일례가 1950년 1월 12일 미국의 딘 에치슨 국무장관이 발표한 것으로, 스탈린의 소련과, 마오쩌둥의 중국의 공산주의 국가에 대응할 미국의 태평양 방어선을 알래스카의 알류산 열도, 일본, 오키나와, 필리핀을 잇는 선으로 하고 한국을 배제한다는 '에치슨 선언(Acheson line declaration)'이다. 우리는 이 사실을 잊지 말아야 할 것이다. 그 선언이 발표된 후 공교롭게도 6개월 후 북한이 6.25 사변을 일으키게 된다.

이 선언과 관련하여 '① 선언과 관계없이 김일성은 무조건 남침을 그 이전부터 계획했다. ② 이 선언이 김일성에게 천재일우의 기회를 준 것으로 상황 판단하게 했다. ③ 이 선언은 일부 대국의 지도자들이 세계 경제나 각기 자국의 정책을 고려하여, 김일성의 판단을 착각하게 만들어 전쟁을 일으키도록 유도했다'는 세 가지 설이 있음을 간과하지 말아야 한다.

이러한 예를 보면 세계의 경찰국가를 자임하고 있으며 실제 미합중국 인도-태평양 사령부를 운용하는 미국은 다시 말하지만, 한국과 일본 사이에선 결정적인 순간에 당연히 일본 편을 들 수밖에 없다고 생각된다. 그래서 우리는 특히 일본이라는 나라와의 역사적 사실을 돌아볼 때, 중립적이며 매우 실리적이어야 한다고 생각한다.

모범 사례를 들어 보면, 현재 미국과 중국의 극심한 패권 경쟁 시대에서 인도가 취하는 외교정책을 들여다볼 필요가 있다. 인도는 '모든 나라와 모든 가능성을 열어 두는 전략적 자율성을 추구'하는 정책을 펼치고 있다. 인도의 국익에 도움이 된다면 인도-태평양 지역 패권을 유지하려는 미국뿐만 아니라 그 패권을 흔들려는 중국, 러시아와 각각 활발하게 정치적,

경제적 관계를 유지하며 세계 정치, 경제의 중심 자리를 잡아 가고 있으며 인도의 가치를 높여 가는 상황이다.

이러한 예를 들어 볼 때, 완충지대도 없이 각 세력과 직접적으로 마주하고 있는 우리는 인도보다 결코 적지 않은 지정학적 프리미엄을 가지고 있다고 본다. 이러한 현실에서 박정희 대통령 시절 미국으로부터의 민주주의 질서 요구로 인해 시작됐지만 그를 발판으로 힘차게 추진된 **자주국방, 자주외교**와 보수적인 노태우 정부의 실용주의에 입각한 **북방정책**으로 공산당의 1990년 소비에트 연방과 1991년 중화인민공화국과의 국교 수립의 가치를 새삼 다시 단단히 세워야 할 것이다.

이처럼 이전의 군사 정권 시절에도 펼쳤던 국방, 외교, 통일 노선과 궤를 같이하는 김대중, 노무현 정부의 통일 외교 노선을 어찌하여 반대하는 건가? 여기서 색깔이 개입하는 것이 맞는가? 색깔을 개입시켜 우리나라를 영구히 남북으로, 동서로 분열시킴으로써 이익을 얻는 자는 누구일까 하는 의문을 우리 국민 모두는 곰곰이 깊이 생각해야 한다.

좀 더 나아가 보자. 기초과학 분야 연구 개발 예산을 삭감하는 이유는 뭘까? 우리의 미래 지향적이며 엄청난 시너지를 가져오는 정책이 아닌 상대국에게 이익이 되는 정책을 추진하는 이유는 뭔가? 일본의 과거사 지우기와 현재에도 독도 침탈을 시도하는 자들이 자기들의 야욕을 숨기기 위해 자꾸 북한과 갈등을 만드는 것은 아닌가? 광복절 기념식에 기념일 원인인 일본을 전혀 거명하지 않고, 뜬금없이 북한을 수차례 거명하는 이유는 뭘까? 이게 상식적인가? 이러한 일들을 통해 이익을 얻는 자는 누굴까? 도무지 이해할 수 없다.

만약 우리나라에서 보이지 않게 암약하는 걸로 알려진, 일본이라는 세력을 개입시키면 이해가 확 되는 건 나만의 착각인가? 혹시 앞서 언급한 방해 세력의 힘이 작용하고 있는 것은 아닌가? 이것은 개인, 조직의 성향이나 가치관을 넘어 국가의 이익과 발전과 존립과 관계된 일이다. 이런 식으로 나라의 정책이 운용되고 예산을 집행해서는 안 될 일이다.

스피노자는『에티카』3부 정서의 기원과 본성에 대하여 말하면서, 기쁨과 슬픔의 두 가지 감정과 더불어 중요한 정서인 욕망(Conatus)을 말한다. 이 세 가지에서 여러 감정이 생기는데, 그 감정 중에서 명예욕을 "명예욕이란 명예에 대한 커다란 욕망이다. 이는 모든 정서를 강화하는 욕망으로 이 정서는 정복될 수 없다. 왜냐하면 인간이 이 욕망에 묶여 있는 동안에는 필연적으로 명예욕에 동시에 묶이기 때문이다"라고 했다.

이렇듯 인간의 기본 정서가 이럴진대 특히 그 명예욕이 강한 사람들이 모인 정치집단들의 정치영역이니 얼마나 심하고 강하겠는가를 충분히 이해한다고 하더라도 국민을, 국가를 대상으로 하는 영역을 바라볼 때 우리의 실정은 어떠한가? 정파마다, 정권마다, 그 권력 향방이 바뀔 때마다 같은 주제, 같은 원리, 같은 이념이 너무도 쉽게 바뀌고 버려지고 윤색되는 일이 비일비재하다.

국익에 있어서 중요 정책인 외교와 국방 관련 정책마저 일관성을 잃고 자신들의 작은 이데올로기나 정파의 이익에 기준하여 국가 장기 미래 정책조차도 5년 정권의 시각에 따라 바뀐다. 특히, 대북한, 대일본, 대중국 정책에서 적나라하게 보여 주고 있는데, 과연 외교의 대상인 나라들이 우리나라를 신뢰할 수 있겠는가 하는 걱정이 앞선다.

그리고 국민과 약속과 관련하여 자기 쪽에서 주장했던 정책이었음에도 입장에 따라 수시로 뒤집어 주장하는, 원칙도 없이 반대를 위한 반대를 하는 그런 정치를 해선 안 된다. 정권을 잡기 위해서, 정권의 이익을 유지하기 위해서, 정권을 통해 그들의 그릇된 욕망을 이루기 위한 도구로서의 정치가 아니라 미국이나 대다수의 나라에서 철저히 국가 전체의 이익과 국민의 절대 행복과 안녕을 위해 일관되고, 통일된 철저히 자국 이익 우선주의에 입각한 전체 시스템의 작용으로 운용되는 국가를 경영하듯이 우리나라도 국가와 국민의 이익과 안녕을 최우선 하는 국가 정책이 되어야 한다.

또한 너와 나의 관계에서조차 공통의 관습, 서로 합의된 사항들이 둘에게 똑같이 지켜지고 준용될 때, 우리 둘 서로는 대화를 나누고 일을 도모한다. 하물며 전체 몇천만 명을 대상으로 하는 국가 운영에는 온 사회가 합의한 법이 있기 때문에 그토록 큰 사회가 질서가 유지되고 함께라는 생각으로 하나가 된다. 그리하여 때로는 개인의 불편함도 전체를 위하여 감내하기도 하는 것이다. 이는 철저히 사회의 공동 규약이, 법이 불편부당함 없이 고루 적용된다는 전제일 경우다. 즉, **"내가 너고 네가 나다"**라는 상관적 개념이 공유되는 사회가 필수적인 전제 사항이다.

그런데 일부 가끔 그것도 아주 거대한 권력이나 금력을 가진 일부 소수자들에게 법이 골고루 적용되지 않는 경우를 본다. 이럴 때 억울한 개인이 양산되고, 사회의 공통 합의가 무색해질 때 사람보다는 하늘을 향하게 된다. 그리하여 잘 돌아가는 기계 부품들처럼 에너지를 하나로 모아 국력을 신장시키던 힘은 모두 소진되어 버리고, '너는 너, 나는 나'의 각자도생의 사회가 된다. 그리하여 통합이 깨지며, 결국 심해지면 사회 구성원들 자체의 무너진 상식이, 깨져 버린 통념이, 하늘의 향한 울분이, 거대한 에너지로 변하여 사회 전체에 큰 변화를 이루어 내곤 한다.

이를 맹자는 힘으로 인(仁)을 가장하는 것을, 패도정치라 하여 하늘의 뜻인 민중이 왕을 바꿀 수 있다며 역성혁명을 하늘의 뜻에 부합하는 당연한 것으로 말했다. 18세기 프랑스혁명이 인류 역사에서 인권이 크게 향상되는 분수령이 된 것 아닌가? 특히 우리나라는 근대에서 현대에 이르기까지 동학혁명과, 4.19의거, 6월 항쟁, 광화문 촛불 혁명 등 역사적으로 많은 경험을 갖고 있는 민족이다.

제발 국가의 운영에 관련되는 자들의 공평무사(公平無私) 선공후사(先公後私)의 공직 자세를 엄청난 물질만능의 시대에 간절하게 바라는 바이다.

이 지점에서 나라를 소중히 생각하는 국민의 한 사람으로서 간절히 바라는 것은 다음과 같다.

첫 번째는, 그 무엇보다 명예와 명분과 모든 인간은 하늘로부터 평등하게 부여받은 고귀한 인권이 있음을 소중히 여겨, 스스로 밝고 올바름을 귀중히 여겨야 한다. 그리하여 나라도 평등을 금과옥조로 여기며 물질보다 정신을, 돈보다 사람을 우선하고 소중히 여기는 빼어난 정신문화를 이어 온 민족 전통을 되살리는 나라가 되는 것이다.

두 번째는 내치와 정치에 있어서 서로 내가 상대가 될 수 있다는 생각으로 상보적 대상인 상대 정파를 바라보아야 하며, 상대를 지적하기 전에 나를 돌아보며 상대의 문제점을 지적하고 상대의 옳은 점도 인정해야 한다.

위정자들은 나라의 근간이 되는 외교, 국방 등 대외 기본 정책에 정파의 이익이나, 최고 권력자 개인의 이념과 사상에 영향을 받지 말아야 할 것이며 오로지 우리의 조국, 대한민국의 안녕과 발전과 이익 증진과 그 유지에 최우선의 가치를 두는 시스템이 운용되는 나라가 되는 것이다.

그리하여 대내적인 내치에는 불편하고, 굶주리고, 헐벗고, 참담한 일을 겪고 억울한 죽음에 이르기까지 하는 경우를 당하는 국민이 없게 해야 한다. 만약 그런 일을 당한 한 명이라도 있다면 안 될 일이다. 헌법의 테두리 안에서 권력을 위임받은 위정자들 바로 그 자신들과 똑같이 인간으로의 권리를 부여받은 소중한 인격체라는 마음으로 공평무사한 공정의 자세를 가져야 한다. 오로지 국민을 위하고 바라보고, 진심으로 **공감하며**, 진실하고 보편적 가치가 온전히 바로 서고, 사리사욕에 우선하여 그 가치가 유지되고 보존되는 그런 **염치(廉恥) 있는** 대한민국의 정치 문화가 하루빨리 자리 잡아 우리 대한민국이, 국민이 행복해지는 시대가 오기를 희망해 본다.

제3절. 이중성(二重性)의 실험(Wave-Particle Duality)

- 토마스 영, 루이 드 브로이, 클린턴 데이비슨, 레스터 거머, 조지 톰슨

프랑스의 귀족 과학자 **루이 드 브로이**(Louis de Broglie)가 최초로 제안한 것으로 "파동이란 입자와 관련된 그 무엇이며 광자(光子)와 같은 입자는 자신과 관련된 파동의 길을 찾아간다"라는 주장이다. 이후 1927년 클린턴 데이비스와 레스터 거머, 조지 톰슨이 **전자**를 이용한 이중 슬릿 실험을 통해 전자가 입자가 아닌 파동이기 때문에 중력에 상관없이 전자가 원자핵을 중심으로 돌 수 있음을 밝혀냈고 이로써 **드 브로이 방정식을 증명했다**.

이어서 1970년대 말 멜버른대학의 토니 클라인(Tony Klein)과 동료들은 빛이 아니라 중성자 빔으로 재현해 이중 슬릿 실험에 성공함으로써 19세기 빛의 간섭에 대한 실험을 증명했다.

루이 드 브로이(1892~1987)
(사진 출처 : 위키피디아)

이 실험에서는 이중 슬릿에 **중성자 빔**을 쏘아 보낸다. 그 빛은 두 개의 막대기가 아닌 파장으로 여러 갈래 나뉘어 중첩상태인 이중 간섭 현상이 일어났다. 그러나 그때 관측기로 사진을 찍어 보니 파장이 아니라 입자처럼 행동하는 것을 확인하였다. 이를 통해 이중 슬릿 실험에서는 전자는 미관측 상태에서는 파동처럼 행동하다 관측당하는 순간, 입자처럼 움직인다는 결과를 도출했다.

이와 같은 실험의 결과는 관측기가 있을 때는 입자로 행동한다는 것으로, 전자는 의식이 있는 것처럼 행동한다는 것을 알 수 있다. 이것은 물체 존재가 사회적 대상과의 관계 속에서는 입자 운동처럼 선택의 결정이 이루어지고, 관측기가 없을 때는 대상이 존재하지 않는 상태이므로 혼자만의 정신적인 활동 상태나 심리적인 상태는 그 범위나 주제가 시간과 공간의 제약을 넘어 동시적인 여러 생각이 무한대로 끊임없이 펼쳐질 수 있듯이 파장으로 행동한다. 이와 같은 현상은 사회적 대상이 없을 때 오롯이 대상을 제외한 선택의 문제가 아닌, 자기만의 인식의 문제일 경우로 볼 수 있다.

이러한 현상을 간파한 불가의 경전 중 『금강경』에서는 "불응주색생심(不應住色生心) 불응주성향미촉법생심(不應住聲香味觸法生心) 응무소주이생기심(應無所住而生其心)", 즉 "마땅히 눈에 보이는 것에 머물러 마음을 내지 말 것이요, 소리와 냄새와 맛과 느낌과 법에 머물러 마음을 내지 말 것이며, 마땅히 머무는 바 없이 그 마음을 내어야 하느니라" 하였다. 이것은 누가 보고 있거나 보지 않든지 간에 나와 사회적 대상과 관계가 일어나고 있지는 않더라도 혹은 눈에 보이거나 느끼는 대상에 구애됨이 없이 본질을 추구하라는 것이다. 6조(六祖) 혜능(慧能)은 일체유심조(一切唯心造)라 하여 삶의 노정에서 겪게 되는 모든 것은 6근과 6경을 통해 6식으로의 과정을 거치는 것이니, 마음으로부터 시작되고 만들어지는 인식의 문제를 중요하게 생각하였다.

이와 같이 우리가 살아가는 삶의 과정에는 대상과의 관계 속에서 자기 스스로가 느끼는 희(喜), 노(怒), 애(哀), 구(懼), 애(愛), 오(惡), 욕(慾)의 칠정(七情)과 같은 여러 가지 마음이 있다. 이 칠정은 나와 마주하는 사람과의 관계나, 어찌할 방법 없이 거역할 수 없는 대상에서 오는 답답함이나, 자연과 세계의 이치가 나의 욕심과 괴리가 생길 때 드는 허무함 등으로부터 마음 안에서 일어나게 된다. 결국, 우리는 많은 고통과 번민과 갈등 속에서 일어나는 여러 가지 마음 중에 내가 느끼고 생각하여 판별하는 그 마음이 주인이 되고 그것이 스스로 불행을 가까이 불러들이고 있는 것은 아닌지 곰곰이 생각해 볼 일이다.

그렇다면 직접적으로 그 대상을 통해서 만들어지거나 혹은 나 스스로 대상과의 비교를 통하여 생기는 마음의 고통을 들여다보았을 때, 그 상상이나 비교가 애초에 의미가 없음을 깨달아 전혀 인정하지 않거나 무시해 버릴 필요가 있다. 사실 나 같은 경우는, 고려시대 고승 지눌의 제자인 진각국사 혜심(慧諶) 대선사께서 지으신 다음의 선시(禪時)를 떠올리며, "막여심위반(莫與心爲伴)", 즉 내 마음속에서 순간순간 일어나는 그 마음과 짝하지 않으리라는 다짐하며 살고 있다.

선시 전체의 내용은 다음과 같다.

> 莫與心爲伴(막여심위반)
>
> 분별하는 그 마음과 짝하지 말라.
>
> 無心心自安(무심심자안)
>
> 분별하는 마음이 없으면 내 마음이 저절로 편하리라.

若將心作伴(약장심작반)

만약, 그 마음을 일으켜 짝하다 보면,

動卽被心謾(동즉피심만)

그 즉시 그 마음에 속게 되는 것이다.

伴卽伴妄心(반즉반망심)

이렇듯 그 마음과 짝한다면 부질없는 마음과 짝하는 것이요,

無亦無妄心(무역무망심)

짝하는 마음이 없다면 쓸데없는 마음도 없다.

그렇게 된다면 원래 본성으로 인간 내면에 자리 잡고 있으나 칠정(七情)의 마음에 가려져 잊어버렸던 인의예지의 맹자가 말한 4덕(四德)이 드러난다. 그리고 그 4덕에서 발하는 성리학에서 말한 그 사단(四端)이 있다.

우리는 인(仁)에서 발하는 측은지심(惻隱之心, 타인의 아픔을 가엽게 여길 줄 아는 마음), 의(義)에서 발하는 수오지심(羞惡之心, 부끄럽고 수치스러움을 아는 마음), 예(禮)에서 발하는 사양지심(辭讓之心, 양보할 줄 아는 마음), 지(智)에서 발하는 시비지심(是非之心, 옳고 그름을 아는 마음)의 사단을 자연스럽게 찾게 된다.

이렇게 되면 본성의 절대가치를 회복하게 되고 마음에 있는 덕으로 인해 평화를 찾게 된다. 그 평화를 소중히 여기고 삶의 기준으로 삼는다면 행복이 항상 함께하지 않을까 생각한다.

이러한 행과 불행의 상태를 인식하는 인식의 문제, 그에 따른 존재론을 살펴보자.

"나는 생각한다. 고로 존재한다."라는 데카르트의 명제에서 보듯이 자

신이 인식하는 세상 외에는 없다는 존재론에서 인식의 문제는 이후에도 계속 동양과 서양에서는 각각 개별적 한 인간과 세계의 인식 논쟁을 발전시켜 왔다. 그러한 과정에서 서양 과학계에서는 현대에 이르러 존재론 문제에 대한 중요한 발견이 있었다. 존재함에 있어서 물질로 존재하지 않는 세상은 없는 것으로 인식하는 것이 일반이었으나 지구를 포함한 전체 우주에는 모든 것이 에너지(Energy)로 존재하며 그 에너지의 존재 형태는 수없이 많은 미립자 중에 이제 조금씩 밝혀지고 있는 암흑물질, 힉스(Higgs boson), 쿼크 입자 등이며 더 나아가 초양자장 개념까지 등장하게 된다. 우리의 우주는 대략 68%의 알 수도 없는 암흑에너지와 27%의 암흑물질 그리고 5%의 일반물질로 이루어져 있다는 것이다. 이는 보고, 듣고, 만지고, 느끼고, 냄새 맡고, 알고 있는 것뿐만 아니라 그 외에 우리가 알 수 없는 무한히 많은 것들이 무한히 많은 양으로 존재한다는 것이다.

에너지 보존(保存)의 법칙(열역학 제1법칙)

물리학에서 아주 기본적인 법칙으로 독일의 철학자이자 물리학자인 헤르만 루트비히 페르디난트 폰 헬름홀츠가 1840년에 발견한 **'에너지 보존의 법칙(law of conservation of energy)'은 외계(外界)에 접촉이 없을 때 고립계(孤立界)에서 에너지의 총합(總合)은 일정하다는 것**으로 물리학의 바탕이 되는 법칙 중의 하나다. 이 법칙에 따르면 에너지는 다음과 같다.

① 그 형태를 바꾸거나 다른 곳으로 전달할 수 있을 뿐 생성되거나 사라질 수 없다. 항상 일정하게 유지된다는 것이다. 롤러코스터에서 중력에 의한 위치에너지가 운동에너지로 변환되거나 화약의 열에너지

가 총알의 운동에너지로 변환되는 것이 그 예이다.

② 현재의 에너지가 다른 에너지로 전환될 때 형태만 전환될 뿐 에너지 총합은 일정하며 다시 말하면 우주 에너지는 시작부터 종말에 이르기까지 총 물리량은 변하지 않는다는 것이다.

③ 어떤 내부 에너지의 증가량은 더해진 열에너지에서 외부에 해 준 일을 뺀 양과 같다.

덧붙이자면, 우주를 구성하는 에너지와 질량의 총합(암흑에너지와 암흑물질로 인한 에너지 포함)으로 인한 양의 에너지와 이들의 중력으로 인한 음의 에너지의 총합이 같아서 두 값을 합하면 0이 된다. 즉, 우주시스템의 총에너지는 진공 시스템의 총에너지와 동일하게 0인 것이다.

이 원리를 일찍이 불교의 『반야심경』에서는 불생(不生), 불멸(不滅), 즉 나지도 않고 없어지지도 않으며, 불구(不垢), 부정(不淨), 즉 더럽지도 않고 깨끗하지도 않으며, 부증(不增), 불감(不減), 즉 늘어나지도 않고 줄어들지도 않는다고 설파했다.

20세기 에너지 보존의 법칙은 아인슈타인(Einstein)의 특수 상대성 이론을 통해 '질량 에너지 보존의 법칙'으로 확장되었다. 특수 상대성 이론에 따르면 에너지의 한 종류인 질량은 기준 관성계에 따라 측정되는 값이 다를 수 있지만, 같은 관성계에서는 시간의 변화에 대해서 불변이다. 열역학에서 에너지 보존의 법칙은 '열역학 제1법칙(The First Low of Thermodynamics)'이라고 한다.

여기서 고전역학과 양자역학의 개념 차이를 다룬 대표적인 아인슈타인과 닐스 보어의 논쟁 일화를 소개해 본다.

Einstein : 우리가 달을 바라보지 못한다고 달이 그곳에 없단 말인가? 당신은 정말 그렇게 생각하는가?

Bohr : 달을 바라보는 사람이 단 한 명도 없다면, 달이 그곳에 있는지 확인할 방법은 없다.

Einstein : 우주는 완벽하게 설계되었고, 하나의 이론으로 설명될 수 있으며 확률로 좌지우지되는 세상이 아니다. '신은 주사위를 던지지 않는다(Subtle is the lord, but malicious he is not, 주재자는 절묘하지 심술궂지 않다. 신비적 주술에서나 가능한 일이다).'

Bohr : 신(神)이 주사위를 가지고 뭘 하는지 아인슈타인 자네가 신에게 이래라저래라 하지 말라(Einstein stop telling God what to do).

우리가 지금까지의 생각과 다른 입장을 취해 본다면 어떨까? 우리가 현실에서 일반적으로 이뤄지는 생각을 확장해 보면 외부 소식(News)이 있기 전과 후의 나의 모습은 어떨까? 내가 그 소식을 듣기 전에 그 일은 있었으나, 나는 전혀 모르는 상태였다. 그러다 그 소식을 듣고 나서야 그 일을 알았다. 그것은 내가 그 소식을 듣기 전까지는 나에게는 없는 일인 것이다.

인간이 태어나서 최초로 달의 존재를 볼 때와 안 볼 때의, 달의 존재와 나의 인식과 상황은 어떠한가? 당연히 추상적 인식은 있을 수 있겠으나,

구체적으로 **달의 존재를 인식할 수 있는 것은 달을 보고 나서다**.

더불어 기억과 망각에서 실재하는 존재론의 의미 또한 어떠한가? 내가 기억하는 잘못된 사실이 나의 인식 체계 속에서 굳어져 버린 사실이라면? 혹은 이전에 인식했던 정확한 사실이 망각에 의해 잊혀버린 사실이라면 어찌하겠는가? 각자 개별적 개인이 이와 같은 인식의 오류가 충돌할 때, 인간세계 곧 인간관계는 균형을, 평화를 잃게 된다. 이와 같이 **실제 존재와 인식된 존재는 다를 수 있다**. 그렇기 때문에 양자역학 이론에서 모든 만물은 내가 접촉하는 순간에 혹은 구체적으로 의식할 때만 존재한다는 견해를 취하고 있다.

우리 인간은 이 광활한 우주에 존재하는 실체를 파악함에 있어서 전체 실재의 양상 전부를 알고 있는 것이 아니라 직접 보고, 듣고, 느끼고, 인식하는 범위만을 실재하는 상황이라고 판단한다. 이것은 우리가 보고, 듣고, 만지고, 느끼고, 인식하는 것들이 얼마나 한정적이며 실재하는 진실과 다른지 말해 주는 것이므로 우리가 인식하여 발생하는 번민과 고통과 그에 따르는 불행의 느낌은 참된 실재에서 비롯된 것이 아니라는 것을 일찍이 『반야심경』에서 설파했다.

이어서 마명 보살(馬鳴菩薩)이 지은 『대승기신론(大乘起信論)』을 살펴보자면 다음과 같다.

問曰(문왈)

若心滅者(약심멸자)

만약 마음이 없어지는 것이라면

云何相續(운하상속)

어찌 마음이 계속된다고 할 수 있으며

若相續者(약상속자)

만약 마음이 계속되는 것이라면

云何說究竟滅(운하설구경멸)

어찌하여 마음이 완전히 없어지는 것이라고 말을 할 수가 있는가?

答曰(답왈)

所言滅者(소언멸자)

마음이 없어진다고 하는 것은

唯心相滅(유심상멸)

마음이 드러낸 양상, 그 모습이 없어질지언정,

非心體滅(비심체멸)

마음이라고 하는 그 마음의 본체가 없어진다는 뜻은 아니다.

如風依水(여풍의수)

이것은 바람이 물을 의지하여

而有動相(이유동상)

물결이라는 움직임의 모습을 만들고 있으니,

若水滅者(약수멸자)

만약 물이 없어진다면

則風相斷絶(즉풍상단절)

곧바로 바람이라는 존재를 말하는 모습이 없어지는 것은

無所依止(무소의지)

바람이 의지하여 움직일 수 있는 대상이 없기 때문이다.

以水不滅(이수불멸)

이와 같이 물은 없어지지 않으므로,

風相相續(풍상상속)

바람이 계속해서 나타나는 모습을 보는 것이다.

唯風滅故(유풍멸고)

오직 바람이 없어지는 까닭에

動相隨滅(동상수멸)

그 움직임의 모습은 비록 없어지지만

非是水滅(비시수멸)

그렇다고 해도 물이 없어지는 것은 아니다.

無明亦爾(무명역이)

어리석음의 경우도 이와 마찬가지이다.

依心體而動(의심체이동)

어리석음이 '마음의 본체'에 작용하여 그 어리석음의 움 직임이 나타난다.

若心體滅(약심체멸)

만약 움직여 나타난 마음의 '본체'가 없어진다면

則衆生斷絶(즉중생단절)

즉시 중생이 없어지게 된다.

無所依止(무소의지)

그 까닭은 어리석음이란 것이 의지하여 움직일 대상이 없어지기 때문이다.

以體不滅(이체불멸)

그러나 '마음의 본체' 는 없어지지 않으며

心得相續(심득상속)

그렇기 때문에 마음은 계속될 수 있다.

唯癡滅故(유치멸고)

오직 어리석음만이 없어지는 까닭에,

心相隨滅(심상수멸)

움직이는 '마음의 모습' 은 없어지지만

非心智滅(비심지멸)

'마음의 본체' 인 깨달음의 밝은 지혜는 없어지지 않는다.[5)]

이 글에서 우리가 외부 세계를 인식하여 최종적으로 판단하는 마음을 본체와 양상으로 구별하여, 움직이고 변하는 마음의 모습이 아닌 마음의 본체를 분명하게 파악하라고 주문하고 있다. 그리하여 인간 존재가 외부 환경이나 대상에 휘둘리지 않고 본성을 찾아 평화와 행복을 누릴 수 있음을 깨우쳐 주고 있다.

이어서 중국 불교의 1대 달마 조사(祖師)로부터 이어진 선불교의 법통에 있어서 5대 홍인(弘忍) 선사가 뒤를 이을 법통을 정하기 위해, 제자들에게 내린 나름의 깨달음의 게송을 적어 내라는 숙제에 답을 낸 두 제자의 게송을 실어 보며 독자들께서 음미해 보기를 권한다.

---

5) 『대승기신론』, 마명, 이공우 역, 경서원, 2000년.

홍인선사의 수제자인 신수 상좌(神秀上座)는 다음과 같은 게송을 지었다.

身是菩提樹(신시보리수)

몸은 깨달음의 나무요

心如明鏡臺(심여명경대)

마음은 맑은 거울의 받침대이니

時時勤拂拭(시시근불식)

늘 깨끗하게 털고 닦아서

莫使染塵埃(막사염진애)

티끌에 더럽히지 않도록 하리라.

이와 달리 신수 상좌의 게송을 본, 나중에 법통을 이어 6조 혜능이 되는 장작 패던 스님은 동료의 권유로 한밤중에 몰래 벽에 다음의 게송을 붙여 둔다.

菩提本無樹(보리본무수)

깨달음에는 나무가 없고

明鏡亦無臺(명경역무대)

맑은 거울 역시 받침대가 없다.

本來無一物(본래무일물)

본디부터 텅 비어 아무것도 없는데

何處有塵埃(하처유진애)

어디에 먼지나 티끌이 있을쏘냐.

두 성인의 게송을 보면서 마명 보살의 『대승기신론』에서처럼 인식하는 마음을 들여다봄에 관한 게송이라 생각한다. 개인적 생각으로는 존재에 관한 깨달음의 깊이나 인식의 문제는 차치하고, 우열의 문제가 아니라 돈오점수와 돈오돈수의 방법론적 차이는 있으나 공부의 끝은 똑같은 해탈의 경지가 될 것이라 믿고 있다.

불교 선종 6조 혜능
(慧能, 638~713) 미라 사진
(사진 출처 : 위키피디아)

본론으로 돌아와서 양자론 속에서 이중성의 성질을 완성해 가는 과정은 다음과 같다.

아이작 뉴턴(Sir Issac Newton, 1643~1727)
(사진 출처 : 위키피디아)

아이작 뉴턴(Isaac Newton)은 빛이 입자로 이뤄져 있다고 주장했으나 고전적인 입자론은 빛의 파동적인 성질, 특히 간섭을 설명하지 못하였다. 그 후 18세기에 이중슬릿 실험을 설명할 수 있는 토마스 영의 파동설이 우세하게 되고 제임스 맥스웰의 고전 전자기학의 완성으로 파동설은 정설로 인정받게 된다.

그러던 중에 1905년 아인슈타인은 막스 플랑크의 '양자화된 빛'이란 개념을 이용해 전자기파 광선이 광자(光子)로 되어 있으며, 광자가 가지는 에너지는 오직 진동수에 의해 결정된다는 '광전효과'를 발표하여 노벨상을 받게 된다.

이는 빛의 입자 성을 증명하는 것이었다. 이로써 빛이 동시에 파동과 입자의 성질을 가질 수 있다는 양자역학의 기본 원칙이 성립되었다. 그러나 20세기 초에 와서 고전적인 파동설로 설명할 수 없는 현상이 발견되기 시작한다. 그 현상은 다음과 같다.

① **빛의 세기와 진동수에 따른 광전자 운동에너지는** 고전역학으로는 빛의 진동수와 운동에너지 사이에는 아무런 관계가 없어야 한다.
→ 그러나 새로이 밝혀진 바는 광전자 최대 운동에너지는 빛의 세기에 무관하며 빛의 진동수가 증가함에 따라 증가한다.
② **빛의 진동수에 따른 광전자 운동에너지는** 고전역학으로는 빛의 진동수와는 무관하게 금속판에는 에너지가 전달되므로 빛의 세기만 충분하면 진동수와 관계없이 금속판에서는 전자가 방출되어야 한다.
→ 그러나 이후 연구 결과는 빛의 세기가 충분하여도 입사(立射)하는 빛의 진동수가 '차단진동수' 이하일 경우 광전자가 방출되지 않았고 '차단진동수' 이상일 경우 빛의 세기와 무관하게 광전자가 방출되었다.
③ **빛의 입자나 광전자 방출 사이의 시간 간격**은 고전역학에 따르면 빛이 금속판에 조사(照射)되고 난 후 전자가 복사(輻射)에너지를 흡수하여 탈출하게 되는데, 빛의 세기가 약할 경우, 충분한 에너지를 얻는 데 충분한 시간이 측정되어야 한다.
→ 그러나 매우 낮은 세기의 빛에 대해서도 거의 순간적으로(10^{-9}sec) 짧은 시간에 방출됐다는 연구 결과가 발표되었다.

이러한 연구 결과가 발표된 이후 양자역학의 발전과 양자전자기학의 도입으로 빛이 양자화되었다는 사실을 이론적으로 설명할 수 있게 되었다. 그 이론들의 발전 과정은 다음과 같다.

처음 1801년 토마스 영(Thomas Young)은 광자(photon)를 대상으로 이중 슬릿 실험을 통해 파동으로써 빛의 간섭 현상을 입증했고, 1924년 프랑스의 귀족 루이 드 브로이(Louis de Broglie)는 「양자이론에 관한 연구」 논문에서 물질의 파동-입자 이중성 이론이 포함된 물질파 가설(matter wave)을 발표했다.

그리고 1927년 클린턴 데이비슨과 레스터 거머의 데이비슨-거머 실험(Davisson-Germer experiment)은 전자를 이용한 이중 슬릿 실험으로 드 브로이 가설을 증명하며 **전자(電子)**의 이중성을 증명했다.

이후 1999년 오스트리아 안톤 차일링거(Anton Zeilinger)가 '슈뢰딩거의 고양이 역설' 사고실험을 했다. 이는 탄소 **원자 60개**가 모여 있는 풀러렌(c60) 분자를 이용해 섭씨 650도의 상태를 만들어 진행한 이중 슬릿 실험이었고, 진공상태 이후 역시 간섭무늬가 생성되었다. 여기서 말하는 풀러렌은 1nm(10억 분의 1m)의 분자의 크기가 고양이만큼이나 큰 거대분자다.

이어서 2013년 오스트리아 빈대학의 산드라 아이벤 베르거 교수가 **810개**의 입자로 이뤄진 고**분자**화합물로 이중 슬릿 실험을 하였다.

그 후 2019년 9월 오스트리아 빈대학의 물리학자, 야아코프 파인(Yaakov Fein) 교수팀은 **2,000개의** 입자로 이뤄져 수소 원자의 2만 5천 배 질량에 달하는 고**분자**화합물로 이중 슬릿 실험을 진행하였고 간섭무늬의 발생을 확인하였다. 이로써 최종적으로 **관측하기 전의 양자는 모든 것을 할 수 있는 이중성을 지닌다**는 결론을 얻은 것이다.

결국, 이러한 실험으로 물체를 구성하는 아주 미세한 크기의 물질인 입자(particle, 粒子)의 **미시 세계뿐만 아니라 거시 세계에서도 파동성이 증명**되었다.

그렇다면 먼 미래에 인간만큼 큼지막한 동물을 통한 실험에서 파동성이 증명되는 날이 오지 않을까 하는 상상을 해 본다.

이렇듯 원자로 이루어진 우리 인간들도, 고귀한 자가 예정대로 창조한 결정론적 존재가 아니라 본질적으로 두 가지의 경우와 두 가지의 성질을 가진 확률적 존재인 것이다.

제4절. 양자도약(量子跳躍, Quantum Jump, Atomic Eletron Transition, Quantum Leap)

- 막스 플랑크(Max Planck)

막스 플랑크
(사진 출처 : 위키피디아)

양자도약은 양자의 에너지가 불연속적으로 흡수 또는 방출할 때 일어나는 현상을 말한다. 이때 전자는 정해진 궤도에만 머무르며 궤도와 궤도 사이에 전자는 존재할 수 없다는 이론이 밝혀졌다. 실제 원자의 에너지는 연속적으로 거동하지 않았고 전자의 거동 역시 불연속적이었다. 이는 미시적인 자연 세계에서 에너지가 불연속적으로 분포하고 거동한다는 것을 뜻하고 이러한 전자가 원자핵 중심으로 여러 층의 궤도로 이루어진 띠를 구성하게 된다.

이와 같은 구조에서 전자가 띠(궤도)를 건너뛸 때 그 궤적이 이동하는 경로 없이 공명(共鳴)에 의해 삽시간에 변화된다. 이것이 양자도약의 개념이다.

이것은 우리가 우리의 세상을 살아가는 이치가 이처럼 설명 가능하고 순서대로 논리적으로 움직이는 것이 아니라 예측, 가능하지 않은 삶의 전개가 일어나는 이유를 말해 주는 원리요, 시공간과 논리를 뛰어넘는다는 것을 알 수 있게 해 주는 원리이다. 인간에게 삶과 죽음의 순간 교차점이 이와 같지 않은가?

예측 가능하지 않은 삶과, 인간이 통제할 수 없는 삶의 여러 가지 경우 중에서 실제의 한 가지 예를 구체적으로 뒤에서 언급해 볼 생각이다.

베르너 하이젠베르크는 다음과 같이 말한다.

"당신들이 전자를 알아?"
"왜? 궤적을 그려야 하는가?"
"미시 세계에 거시 세계를 갖다 붙이지 마라."

양자(量子) 흡수의 예는 다음과 같다.

① 『주역(周易)』의 지뢰복(地雷復) ䷗괘에서 천풍구(天風姤) ䷫괘로, 산지박(山地剝) ䷖괘에서 지뢰복(地雷復) ䷗괘로, 화지진(火地晉) ䷢괘에서 천수송(天水訟) ䷅괘 등으로의 변화와 64괘(卦) 384효(爻)의 변화인 동효(動爻), 변효(變爻)의 움직임은 1에서 2로, 2에서 3으로 순차적으로 움직이는 것이 아니라 음과 양, 있음과 없음 등 양의(兩儀) 개념을 오가며 불연속적으로 변하는 것을 보여 준다.

② 반짝반짝, 깜빡깜빡하는 빛. OLED 기술.

③ Critical Point(끓는점) : 물이 끓는 온도. 즉, 액체가 기체로 물리적 변화가 일어나는 온도는 1기압일 경우 섭씨 100도이다.

고체가 액체로 변하는 녹는점도 0℃로 이와 마찬가지다. 여기서 말하고자 하는 것은 어떤 물질이 어느 변곡점, 어느 지점에서는 완벽하게 한 번에 변화한다는 것이다.

④ 정상상태에서 전자가 궤도를 올라가면서 에너지를 잃고(방출) 빛을 낸다. 그 상태를 'on'이라 하고 에너지를 얻으면서(흡수) 궤도를 내려간 상태를 'off'라 한다.

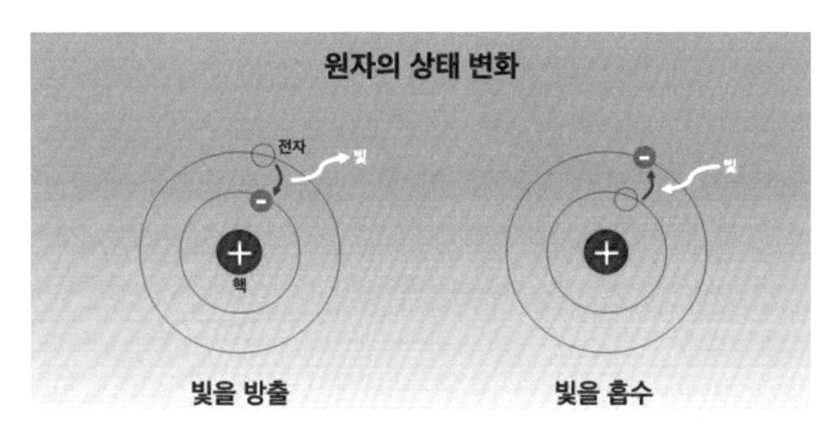

양자도약 예시도
(사진 출처 : 김영훈 교수 네이버 블로그 알아두면 쓸모 있는 양자역학 이야기)

이러한 양자도약의 원리를 생물학적으로 들여다보기 위해 찰스 다윈(Charles Darwin)의 말을 빌리자면 "자연의 세계에서는 진화를 위한 어떤 **원인**이 되는 것은 없으며, 진화가 **가능**하도록 할 뿐이다." 이것은 미묘하지만, 결정적인 차이다.

이후 생물학자들의 연구를 통해서 **'원인'**이 아니라 **'가능하게 함'**이 있다는 것은, 진화에서 생태적 지위 창조는 가능하게 함이지 원인이 아니라는 것을 밝혀내고 있다.

이것을 다른 말로 자세히 설명하자면 **생태계의 돌연변이는 원인에서 출발하여 과정을 거쳐 결과에 이르는 연속성을 갖는 것이 아니라 그 자체로 무작위적인 양자적(quantum) 사건인 양자도약**이라고 할 수 있다는 것이다. 이처럼 우리가 여러 방면에서 흔히 사용하는 창조라는 말의 개념을 다시 생각해 볼 필요가 있다. 이 지점에서 우리가 흔히 말하는 **운명**이라는 말을 생각해 보자. 가능하게 함이라든지, 돌연변이라든지, 무작위적 양자적 사건이라든지 하는 것들을 보며 결국, '결정론'이라든가 인간의 '자유의지'만으로 설명할 수 없는 예측 가능하지 않은 우연과 필연의 교묘한 교차지점에 순간적으로 존재하는 그 무엇들의 합이 아니겠는가?

찰스 다윈(Charles Darwin, 1809~1882)
(사진 출처 : 위키피디아)

한 걸음 더 나아가 현재 양자생물학 영역에서 다음과 같은 주장이 제시되고 있다.

그동안의 양자 실험은 양자가 주변 환경과 빠르게 상호작용해 양자역학적인 특성을 쉽게 잃어버릴 수 있기 때문에 절대온도 -273.15℃에 가까운 진공상태에서만 이루어져 왔다. 하지만 물리학자 짐 알 칼릴리(Jim Al-Khalili)와 유전학자 존 조 맥패든(John Joe McFadden)은 『생명, 경계에 서다』에서 유기체가 살 수 있는 정도의 더운 환경조건에서도 양자 파동이 와해되지 않고 이뤄지고 있음을 확인하였다고 말했다. 그 결과 **'결맞**

음'과 '**양자 중첩성**'이 광합성에도 기여한다고 여겨졌고, 입자가 장벽을 통과하듯 지나는 능력인 '터널효과' 덕분에 효소(酵素)는 분자의 한 부분에서 다른 부분으로 전자나 양성자를 옮길 수 있다고 하였다. 한편, **얽힘**은 연어나 바다거북이나 민물장어가 태어난 곳으로 가서 알을 낳는 경우나, 양 극지를 오가는 새들과 같이 자기 수용 감각(magnetoreception) 즉, 유기체가 자기장을 감지하고 거기에 맞추어 방향을 잡는 능력과 관련이 있다고 하였다.

이와 같은 양자도약의 현상을 주자(朱子)가 지었다는 설과 정자(程子)가 지었다고 하는 설이 있는『주역』「역서(易序)」의 일부에서 살펴보자.

易者陰陽之道也(역자 음양지도야)

역이라 함은 음양의 도요,

卦者陰陽之物者也(괘자 음양지물자야)

괘의 모습은 음양의 물질이고

爻者陰陽之動也(효자 음양지동야)

효의 변화는 음양이 움직임이다.

卦雖不同(괘수부동)

괘는 비록 같지 않다 하더라도

所同者奇偶(소동자기우)

같은 것은 홀수인 양괘와 짝수인 음괘이니

爻雖不同(효수부동)

효는 비록 같지 않다 하더라도

所同者九六(소동자 구육)

같은 것은 양효 9와 음효 6이다.

是以(시이)

이로써

六十四卦爲其體(육십사괘 위기체)

64괘는 그 몸체가 되고

三百八十四爻互爲其用(384효호위기용)

384효는 서로 그 쓰임이 되어

遠在六合之外(원재육합지외)

멀리는 우주의 밖에 있고,

近在一身之中(근재일신지중)

가까이는 자신의 한 몸에 있어

暫於瞬息(잠어순식)

잠시인 찰나의 한순간에도

微於動靜(미어동정)

지극히 미세한 움직임에도

莫不有卦之象焉(막부유괘지상언)

어느 곳에도 괘의 상이 있지 않음이 없으며,

莫不有爻之義焉(막부유효지의언)

효의 뜻이 있지 않음이 없다.

至哉易乎(지재역호)

지극하도다, 역이여!

其道至大而无不包(기도지대이무불포)

도는 지극히 커서 포용하지 않은 것이 없고

其用至神而无不存(기용지신이무불존)

그 쓰임이 지극히 신묘하여 존재하지 않은 것이 없다.

時固未始有一(시고 미시유일)

때는 진실로 처음부터 하나로부터 있지 않고,

而卦未始有定(이괘 미시유정)

괘는 처음부터 정해진 상으로부터 있지 않으며,

事故未始有窮(사고 미시유궁)

일은 처음부터 궁극에 이르러 시작하는 것이 아니니,

而爻亦未始有定位(이효역 미시유정위)

효 역시 그 시작은 애초에 정해진 위치가 없다.

이처럼 『주역』의 「역서(易序)」에서 보다시피 모든 괘(卦)의 가장 기본 구성인자인 효(爻)의 움직임 등의 변화에 있어서 **양자 도약의 이치를 밝혀 놓았다는 것**이 놀라울 뿐이다. 우리가 미시 세계라 하는 세계는 물론 극히 미세하여 일반적으로 인간의 눈의 영역으로는 살펴볼 수 없는 영역이지만 사실 그 미시 세계 자체 나름의 기준으로 전체 크기를 설정해 보면 실제 그 크기를 알 수 없는 우주의 크기처럼 크다. 이렇듯 원자의 세계에서 전자의 궤도는 원자핵과 전자와의 거리가 태양과 지구의 거리만큼이나 크고 멀다고 할 수 있겠다. 그러한 궤도의 크기에 비례해 범위는 거의 무한대의 영역에 펼쳐져 있다.

미시 세계인 원자의 세계가 아닌 거시 세계인 우리 실제 우주의 모습을 보면 역시 무한대의 영역이라 할 수 있다. 현재의 추정치에 따르면 이 우주에는 현 인류가 잠재적으로 관측 가능한 부피 안에 대략 1조 개의 은하가 존재하고, 그중 하나인 우리은하에 있는 별의 개수는 태양 말고도 4,000억 개가 있으며 우리은하와 가까운 안드로메다은하는 우리은하보다 2.5배 정도 크다고 하며 가장 큰 은하는 ic.1101은하로 이 은하에는 100조 개의 별이 있는 것으로 추정된다고 한다.

이런 상황을 볼 때 우리가 실재하고 있는 우리은하 속 태양계의 세 번째 행성에 속하는 지구, 그리고 이 지구에서 생존하는 많은 생물과 무생물들, 그리고 우리 인간을 살펴보면서, 인간이 미시 세계의 양자들처럼 혹은 그보다 더 작은 존재라는 것을 잊지 말아야 할 것이다. 따라서 나는, 너는 혹은 우리는 더 나아가 우리 인류는 우리가 속한 범주 안의 모든 것들에 대하여 한없이 겸손해야 한다.

『주역』 괘를 뽑아 살펴볼 때 이 무한대의 영역에서 양자도약의 원리로 전자의 궤도가 변화하듯이 삶과 죽음, 하늘과 땅, 천국과 지옥, 이승과 저승, 집 앞과 먼 외국으로 변하며, 너와 나의, 마음의 거리가 완전히 하나가 되어 간극이 없기도 하고 너무 멀어져 지구와 태양보다도 먼 경우를 보여준다. 또한 오늘과 내일, 덜해짐과 더해짐이, 나아감과 돌아옴이, 기쁨과 슬픔이 변하는 것이 펼쳐져 있으며 이와 같은 만왕만래(萬往萬來)의 오묘하고 신비로운 그 변화의 영역과 크기를 알 수 없다.

예를 살펴보자.

미(未)월 정해(丁亥)일에 손님이 방문하여 "저희 딸이 미국 유학을 준비하고 있는데 여러 가지 문제가 자꾸 발생하여 갈 수 있을지 염려가 됩니다. 갈 수 있을까요?" 하고 물었다. 작괘하니 수화기제(水火旣濟) 괘가 이루어지고, 6효(爻)가 동(動)하여 풍화가인(風火家人) 괘로 변하였다.

역에 이르기를 기제(旣濟)는 형(亨)이라 "통한다" 하였다. 초효(初爻) 묘(卯) 자손이 초구(初九)에 주작(朱雀)이 임하여 소식을 기다리고 있어 움직임이 없으나, 정해(丁亥)일에 해의 수(水) 기운의 생조함과 반합을 이루고 있어 소식은 있을 것이요, 6효(六爻) 자(子) 형제가 상륙(上六)에 청룡(青龍)과 함께하며 묘(卯) 손(孫)으로 동(動)하였으니, 처음에는 어려움이 있겠으나 지인의 도움으로 유학하게 될 것이라고 하였는 바, 본격적으로 유학을 실행하기 위한 준비를 철저히 하여 묘(卯) 자손과 충(沖)하는 유(酉) 음력 8월에 가게 되었다.

초효에 있는 묘(卯)는 여기서 이야기하는 양자도약의 경우처럼 궤도의 가장 낮은 위치에서 갑자기 움직여 가장 높은 궤도로 순식간에 이동한 것이니 적절한 비유가 아니겠나 싶다.

제5절. 불확정성의 원리(不確定性原理, Uncertainty Principle)

- 베르너 하이젠베르크(Werner Karl Heisenberg)

베르너 하이젠베르크
(사진 출처 : 위키피디아)

양자역학에서 불확정성의 원리란, 양자 현상의 관측량들은 연산자(operator)에 의해 얻어지는데 각 연산자 사이에는 일반적으로 교환법칙이 성립하지 않는다. 이때 "교환법칙이 성립하지 않는 두 연산자를 교환관계에 있지 않다"라고 말하기도 하는데 이러한 두 연산자에 대해서는 불확정성의 원리가 성립한다고 한다. 이때 맞바꿈 관측량(交換觀測量)이 아닌 두 개의 관측 가능량(觀測可能量)을 동시에 관측할 때 둘 사이의 정확도에는 물리적 한계가 있다는 원리다.

관찰 대상 입자는 각도 혹은 좌표로 표시되는 **위치**와 질량과 속도로 표시되는 **운동량**을 가지고 있다. 이러한 위치와 운동량을 실재하는 '양자역학적 상태'라고 하자. 이때 그 값들이 얼마인지 알려고 한다면 측정해야 한다. 그런데 측정 장치가 지닌 어떤 '불가피한 이유' 때문에 그중 하나를 측정하려 하면 다른 한쪽의 값을 정확히 재기가 어렵다는 것이다.

또 다른 하나는 관측 행위의 순서가 관측하고자 하는 상태에 영향을 주는 양자상태의 특징이다. 이는 맞바꿈 관계에 있지 않은 두 연산자에 의한 관측을 연속적으로 수행할 때, 두 개의 관측 순서를 바꾸면 각각은 다른 결과가 얻어지게 되는데 이것은 처음의 관측에 의해서 상태가 변하게 되어 다음 관측에서는 처음과 다른 상태에서 측정하게 되기 때문에 발생하는 현상으로 초기 상태가 관측에 의해 다른 상태로 변하는 것을 파동함수의 붕괴(Wave function collapse)라고 말한다.

이와 같이 하이젠베르크의 불확정성 원리는 위치와 운동량에 대한 원리이며, 입자의 위치와 운동량을 동시에 정확히 측정할 수 없다는 것이다. 위치가 정확히 측정될수록 운동량의 퍼짐(불확정도)은 커지게 되고, 반대로 운동량이 정확하게 측정될수록 입자 위치의 부정확도가 커지게 된다는 원리다.

쉽게 말해 가시광선으로는 전자가 안 보이기 때문에 전자를 측정하기 위해선 X선, 감마선 등을 쏘여야 한다. 그러나 이러한 힘이 센 빛이 그 입자의 질량을 건드리는 순간 전자가 빛, 즉 광자의 간섭에 의해 튕겨 나가게 되므로 동시 측정이 어려운 것이다. 이 말은 위치와 운동량은 동시에 온전하게 측정될 수 없으며 두 측정값의 오차는 측정값보다 줄어들 수 없다는 것을 뜻한다.

이와 같이 양자역학에서 미시 세계의 물질은 한 '점'이 아니라 넓은 영역에 걸쳐서 확률적으로 존재하며, 양자역학은 입자가 처한 물리적 상태 등에 따라서 해당 입자가 특정한 위치에서 발견될 확률과 특정한 운동량을 가질 확률 등이 다르게 계산된다는 것으로 **확률론적 결정론**이라 한다.

결론적으로 우리가 곰곰이 깊이 생각해 보면, 관측이라는 행위가 어떤 결과에 영향을 미치게 되는데 이것은 유일무이한 절대적인 진리는 없다는 것 아니겠는가? 단, 1초라도 변하지 않는 것은 없다는 의미는 불가에서 말하는 무상(無常)이다. 이렇듯 고전적인 결정론은 하나의 사건이 하나의 결과만을 낳는 선형적인 인과관계만을 인정하는 것이며, 확률론적 결정론은 하나의 사건이 여러 가지 가능한 결과를 가질 수 있는 인과관계를 받아들이는 것이다. 여기서 양자 컴퓨터의 탄생을 가져온 기초 논리 중 하나가 제공된 것이라고 본다.

불확정성에서 말하는 입자의 위치와 운동량, 이것을 현실에서 대입해 보면 좋다, 나쁘다, 옳다, 그르다, 맞다, 틀리다, 준다, 받는다 등 양자적 판단이 요구되는 모든 개념에 있어서 완벽하게 독립적으로 인식하고 평가하여 서술한다는 것이 얼마나 불완전한 것인지 곰곰이 생각해 볼 일이다.

예를 들어 "달도 없는 깜깜한 밤이다"라는 표현에서 그 밤을 마주하는 나는 어떠한 상황에 있는가, 나의 눈은 어떤 상태인가, 그 밤에 얼마 동안 노출되어 있는가 등등의 상황에 따라 표현, 서술이 다르게 느껴지지 않겠는가? 이렇듯 과학적 실험에 의해 결정되었거나 수학적 검증이 이뤄진 결과에 대해서조차 전제 조건 자체의 완전함이 부족한 이유는 인간이 우주의 본질적 존재법칙과 존재, 물질 등에 관하여 아직도 다 밝혀내고 있지 못하고 있다는 것이다. 이와 같이 미시 세계의 비밀을 그나마 풀어내고 있는 양자역학 원리를 통하여 생각해 봐야겠지만, 특히 사회적 관계나 심리적, 주관적 개념에서의 '옳다'고 하는 생각이 얼마나 독단적인가 생각해 봐야 한다. 그렇기 때문에 사회과학은 관계의 학문이다. 따라서 사회 전체 구성원의 합의가 중요하다.

더 나아가 입자의 위치와 운동량을 측정하려는 것, 즉 에너지를 가진 어떤 실체가 두 가지 모두를 측정하려는 것 자체가 이루어질 수 없는 것이다. 만약 이 두 가지를 측정하려는 실체존재가 이 두 가지를 의식하지 않는 상태, 욕구하지 않는 상태, 그래서 측정자의 에너지가 0인 상태, 『벽암록』 95칙에서 장경 스님이 보복 스님에게 하신 말씀에 있는 "사외무기 기외무사(事外無機 機外無事, 일을 함에 있어 어떠한 기미도 추구하지 않으며, 뜻을 도모함에 있어 사적인 일을 모색하지 않는)"의 상태라면 위치와 운동량에 영향을 미치지 않으므로 입자의 위치와 운동량을 모두 알 수 있다는 역설이 아니겠는가?

이 역설을 불가(佛家)에서는 탐욕의 탐(貪), 분노의 진(瞋), 어리석음의 치(癡) 즉, 삼독(三毒)으로 불리는 번뇌에 매몰되어 좀비나 노예처럼 살 때는 그 물리량을 잊고 살게 된다고 했다. 하지만 나를 내려놓고 관조할 때 텅 비고 고요한 나(無我)로 돌아올 때 비로소 나의 본모습이 보인다고 하였다.

성철 스님께서 1967년 해인사 해인총림(海印叢林)의 방장(方丈)으로 추대된 후 동안거 100일 동안 설하신 법문을 엮어 법어집 『백일법문(百日法門)』 1, 2권을 펴냈다. 그 책에서 하신 말씀에 따르면 참선을 통해 제1식 경계에서 시작하여 제8식 아뢰야 숙면일여 미세유주 무기식이 없어진, 쌍차쌍조(雙遮雙照) 상태가 되어 중도(中道)의 대적광(大寂光) 세계인 대원경지(大圓鏡智)에 도달하게 된다. 이렇게 상적상조(常寂常照)의 경계를 성취하여 즉자(卽自)를 찾는 수행이 진정한 깨달음을 이루는 것이라 하였다. 이것을 양자역학적으로 서술한다면 상적상조의 경계인 진공상태에서만 입자 측정이 가능하다고 말할 수 있다.

여기서 과학적으로 진공상태란, ① 데모크리토스는 아무것도 없는 빈 공간이라 했고 ② 일반적으로 공간 내에 물질이 없는 상태를 말하며 ③ 1/1,000mmHg의 저압 상태를 말한다. 좀 더 자세히 말하자면, 지구 대기에는 $1cm^3$, 즉 주사위만 한 공간에 존재하는 입자의 수 2.4×10^{19}개가 퍼져 있는데, 우주에서는 그 같은 수량의 입자가 254만 광년쯤 떨어진 우리은하와 안드로메다은하 사이의 먼 거리 안에 퍼져 있는 상태인 것이다. 이 수치를 우리는 우주가 진정한 진공상태라고 할 수 없지만, 진공상태라고 할 만하다는 것이다.

더하여 왕필(王弼)의 저작인『주역약례(周易略例)』중 **「명효통변(明爻通變)」**을 살펴보자.

是故(시고)
그러므로 효(爻)란
範圍天地之化而不過(범위천지지화이불과)
하늘과 땅의 모든 변화를 품어 에워싸면서도 넘침이 없고,
曲成萬物而不遺(곡성만물이불유)
굽이굽이 구석구석 온갖 사물을 다 이루면서도 흘려버림이 없다.
通乎晝夜之道而无體(통호주야지도이무체)
낮과 밤의 이치에 통하면서 자기 자신은 음양의 어떤 모습도 드러내지 않으며,
一陰一陽而無窮(일음일양이무궁)
때에 따라 한 번 음이 되고 한 번 양이 되고 하면서 자기 자신은

끝이 없으므로

非天下之至變(비천하지지변)

하늘 아래 지극한 변화가 아니라면

其孰能與於此哉!(기숙능여어차재)

과연 무엇이 이러한 도를 나타낼 수 있으리오.

是故卦而存時(시고괘이존시)

그러므로 괘로써 시간의 흐름을 보여 주고,

爻而示變(효이시변)

효로써 변화하는 이치를 나타낸다 하였다.

도올 김용옥 선생께선 저작 『노자 철학 이것이다』에서 "한 번 음이 되었다 한 번 양이 되었다 하는 것 그것을 도(道)라고 일컫는다."라는 "일음일양지위도"의 「계사상전」의 말에 다음과 같은 주(註)를 달고 있다.

道者何(도자하)

도(道)는 무엇인가?

无之稱也(무지칭야)

무(無)의 일컬음이다.

无不通也(무불통야)

통하지 않음이 없고,

无不由也(무불유야)

말미암지 않음이 없다.

況之曰道(황지왈도)

하물며 그것을 도라고 말할 때는

寂然无體(적연무체)

그 도는 고요하며 본체를 가지지 아니하고

不可爲象(불가위상)

형상화될 수 없다.

必有之用極(필유지용극)

반드시 있음의 작용이 다한 때에야

而無之功顯(이무지공원)

없음의 공능이 들어나게 된다.

故至乎神无方而易无體(고지호신무방이역무체)

그러므로 "우주의 공능은 공간성이 없으며 우주의 변화는 실체성이 없다"고 말하는 경지에서나

而道可見矣(이도가현의)

도가 드러나는 것이다.

김용옥 선생은 이에 더하여 다음과 같은 의견을 말한다.

"여기서 우리는 현대물리학(quantum field theory, 양자장론)에서 말하는 '진공(vacuum, 眞空)'의 개념을 연상하게 된다."[6]

6) 『노자철학 이것이다』, 김용옥, 통나무, 1998년.

이 불확정성의 원리를 현실 생활에 대입해서 설명해 보면, 우리는 지난 역사에서 맑을 청(淸)과 가난할 빈(貧)을 쓰는, 성품이 맑고 탐욕이 없음을 뜻하는 청빈이라는 단어를 많이 들어 보았다. 황희 정승 등 고매한 선비나 벼슬아치를 예로 들면서 말이다. 조선 시대 지금의 행정부와 같은 기능의 의정부(議政府)에서는 청렴하고 강직한 신하에게 청백리라는 칭호를 내렸으며, 그 자손들에게는 음서(蔭敍)제도를 통해 관직에 오를 수 있게 하였다. 대표적 인물로는 맹사성, 이원익, 김종직, 정창손, 이언적, 류성룡 등이 있으며, 현재 대한민국에서는 이 호칭을 따서 청백리상을 제정하여 공무원 및 공무원에 준하는 인물에게 시상하고 있다.

벼슬은 현재의 국가 권력을 사용해서 일반 백성들의 사생활에 개입하여 법을 우선으로 집행할 수 있는 사람, 나라의 정책 관련 정보를 생산하고 또 쉽게 접근할 수 있는 사람이다. 모두가 명예롭게 생각하며 부러워하는 자리이기 때문에 부여받은 권력을 공적인 일을 할 때만 사용해야 한다. 고사 중에는 한 나라의 공적인 일을 하는 벼슬아치 개인의 사사로운 처신 문제를 다룬 것들이 많다. 여기서 사적인 경우는 무엇이겠는가?

개인 간의 가장 첨예하게 부딪히는 문제는 아마도 탈법을 저지른 경우와 재물 문제일 것이다. 그렇기에 명예와 재물은 함께할 수 없음의 이유는 분명해진다. 그래서 예로부터 공직자에게 제일 먼저 청빈을 요구했을 것이고 지금도 역시 당연하다 여긴다. 그래서 민주사회인 현대에 들어서서 청탁금지법과 고위 공직자 재산 신고라는 제도를 두지 않았겠는가? 우리는 이러한 제도를 통해서 높은 곳에서 나랏일을 하고자 하는 이들에게 부정한 뇌물을 받지 않도록 하며, 재산 획득 과정의 옳고 그름을 따지며 흔히 말하는 도덕적 잣대를 들이댄다.

왜 그리하겠는가? 공직자 윤리와 관련하여 『논어』 「안연」편에 "어진 사람은 일을 먼저 한 뒤 이득을 취하며, 어려운 일을 먼저 한 뒤 이득을 취한다. 그러므로 군자는 일을 하면 녹봉을 받지만, 일을 하지 않으면 비록 곡식이 있다고 하더라도 내가 어찌 그것을 먹을 수 있겠는가?"라고 했듯이 공직자에게는 공과 사의 구별을 중요하게 생각했기 때문이다.

우리의 자랑스러운 성웅 이순신을 통해 나랏일을 하는 사람으로서의 청빈 강직함의 몇 가지 예를 알아보자.

첫 번째는 같은 덕수 이씨 문중이며 19촌 숙질 간이고, 9살 위인 조카뻘 이조판서 이이 율곡께서 이순신이 38세에 파직을 당한 시점에 그의 명성을 듣고 서애 류성룡을 통해 만남을 시도했으나 이순신 장군은 친척으로는 만날 수 있으나 나의 인사권을 가진 사람과는 만날 수 없다고 거절하였다.

두 번째는 훈련원 봉사(奉事) 시기에 병조판서 김기영이 자기의 서녀(庶女)를 시집보낼 테니 사위가 되어 달라고 하였으나 역시 내 어찌 병조판서의 사위가 되어 승진을 바라겠는가 하며 거절했다.

세 번째는 이순신 장군께서 1581년 전라 좌수영 관내 종4품 발포 수군만호(鉢浦水軍萬戶)로 재직할 당시 상관인 좌수사 성 박이 거문고를 만들기 위해 발포진 관내의 오동나무를 베어 오라는 명령에 "관청 객사의 나무는 관가 즉 정부의 소유물인고로 사적인 이익을 위한 명령은 따를 수 없다"라며 단호히 거절 했다.

이순신의 예에서 생각해 볼 수 있는 것은 공직자는 국민으로부터 권력을 위임받아 국민 개개인이 헌법으로부터 부여받은 재산권과 신체의 자유 등을 구속할 수 있는 법을 집행하고, 공공의 이익을 위해 일하는 자라고 할 수 있다. 그들은 이와 같은 일을 하는 전제로 나랏돈으로 마땅한 근로의 대가를 받으며 나랏일을 하는 **명예**스러운 벼슬아치, 공직자다. 이를 **입자의 위치를 측정하는 영역**으로 하자.

그리고 **입자의 운동량을 측정하는 영역**은 공직자가 최소 비용의 최소 투자로 최대 이익을 얻기 위해 모든 것을 동원하여 공정하지 않은 과정을 마다하지 않는 자로 본래 조직의, 나라의 독점적 지위나 우월적 지위를 이용하여 취득한 정보나 힘을 이용하여 개인의 **사익 추구**와 불법적 **재물 획득**을 하거나 충족하는 과정이나 결과를 이 영역으로 본다.

이때에 욕망, 즉 운동량의 측정 에너지가 많을 경우, 입자의 위치가 큰 에너지의 영향으로 움직이게 되어 불확정성이 늘어나서 공직자의 본분을 지키지 못하게 되고, 입자의 운동량도 에너지의 증가로 재물 증가 욕망의 기운은 확실하게 커지게 된다. 그리하여 그 과정에선 입자의 위치를 측정하는 영역으로 봐서는, 법을 넘어서는 위법적인 방법을 사용하기도 하며 공적인 사유인 명예보다 사적인 사유인 재물 증가 욕구가 더 우선시되므로 **불확정성의 원리**로 놓고 볼 때 이 둘은 함께할 수 없음이 분명하다.

이래서 예로부터 공직자에게 청빈을 강조했나 보다. 지금의 실상을 보자면, 너무도 당연히 그러함에도 국가의 중요한 직무를 수행하는 자들이 국가가 부여한 직무를 수행함에 있어서 충실해야 하는 본분을 잊고 사적인 이익과 욕망, 명예와 재물 두 가지를 다 취하려고 애썼고, 애쓰는 모습들을 매스컴을 통하여 보게 될 때 참으로 안타까움을 표현하기도 버겁다.

이미 4,000년 전에 『상서(商書)』「중훼지고(仲虺之誥)」에 정치하는 자의 자격을 말했다.

惟天生民 有欲 無主 乃亂 惟天生聰明 時乂

(유천생민 유욕 무주 내란 유천생총명 시예)

하늘이 세상에 사람을 만들었으나 사람들이 하늘의 뜻을 어기고 욕심을 부리기 시작했다. 그 결과 사람들은 서로 싸우느라 세상이 어지러웠다. 이를 바로 잡기 위해 하늘은 다시 총명하고 순수한 사람을 내려보내 이 세상을 대신 다스리게 하셨다.

이 말의 뜻을 거꾸로 생각해 보면 '세상을 다스리는 것은 사람들에게 욕심을 제거하는 것이요, 그리함으로써 사람을 구제하고 더 나아가 세상을 구제하는 것이기 때문에 세상을 다스리고자(정치) 하는 사람은 욕심이 없는 사람이어야 한다'는 것이다.

그러나 인류는 발전을 거듭하여 문명이 최고조에 이른 지금 우리의 정치 문화는 어떠한가?

정치하는 자, 정치하려는 자들의 면면은 보통의 사람들에 비하여 엄청난 부를 축적하고 계속해서 부를 늘리기 위해 정치를 하려는가 하는 의문을 갖게 한다. 그들이 하는 입법 활동을 들여다보면, 그들 개인의 이익을 줄이는 입법을 본 적이 없다. 오히려 늘리는 방법만 있을 뿐이다. 또한, 정치적 상대는 조직이건 개인이건 모두 적이요, 악으로 규정하고 있는 현실이 백성들이, 국민들이 불행해지는 이유다.

선거 때나 이슈가 있는 경우에만 반짝 과도한 이익 추구나 편법을 동원한 부의 축적이나 적법성과 관련 없이 과도한 부의 소유한 정치인들에겐 여론은 언제나 비판적이며 자격의 적합성을 말한다. 그러나 그들만의 조직에서조차 잠시 꼼수로 비판하고 제외시키고는 다시 원위치시키는 일이 허다한 것으로 보아 지금 내가 언급하고 있는 부분은 설득력을 가진다고 본다.

그럼 한 개인에게는 이 불확정성의 원리는 어떠한가? 이를 인간의 심성을 고찰하는 데서 출발하여 '성명의리지학(性命義理之學)'이라는 말에서 나온 성리학을 통해 알아보고자 한다.

먼저 송나라의 도교와 불교의 문제의식을 포용하여 무극이태극(無極而太極)을 주장하며 태극이 이(理)요, 음양오행이 기(氣)라고 한 주돈이(周敦頤)를 필두로, 태허에 기가 있다는 태허지기(太虛之氣)를 주장한 횡거(橫渠) 장재(張載) 선생, 이어서 『주역』과 미래 예측에 탁월함을 보인 소옹(邵雍) 소강절(邵康節) 선생, 그리고 모든 사물의 개별적인 이는 보편적인 이와 같다는 이일분수(理一分殊)설을 주장한 정이(程頤), 이어서 성리학을 집대성하여 주자(朱子)로 추앙받는 유심(唯心)론자인 주희(朱熹)는 기는 서로 섞이지 않는다는 이기불상잡(理氣不相雜)과 이와 기는 분리되지 않는다는 이기불상리(理氣不相離)를 주장하여 이기론을 완성하였다.

그는 『주자어류(朱子語類)』 권2에서 "천지가 생겨나기 전에 반드시 '이(理)'가 있다. 이가 있으면 곧 '기(氣)'가 있어서 이것이 만물을 변화시키며 생성한다"라고 했다. 그리고 인간의 본성이 곧 '이'이므로, 선하지 않은 본성이 없지만, 다만 "선천적으로 타고난 기질이 사람에 따라 맑고 흐린 차이가 있어서 사람에 따라 착한 사람도 있고 착하지 못한 사람도 있는 것이다"라고 했다. 이러한 이선기후(理先氣後), 이 중심의 사상에 반대하여 실용적 경험적 유가 학파를 창시한 습재(習齋) 안원(顔) 같은 이는 "대체로 '기'는 곧 '이'의 '기'요 '이'는 '기'의 '이'이니 어찌 '이'는 순전히 선하기만 하고, '기질'은 악에 치우쳤다고 하겠는가?" 하며 의리지성과 기질지성을 나누는 것이 불필요하다고 보았다.

이를 기반으로 이기불분(理氣不分)과 이선기후(理先氣後)가 공존하는 성리학이 우리 조선에 와서 이기불분의 이기불상리를 기호학파(서인)의 율곡 이이가 이어받아 기발이승일도설(氣發理乘一途說)을, 이선기후의 이기불상잡을 영남학파(남인)인 퇴계 이황이 이어받아 이기호발설(理氣互發說)을 주장하게 된다.

주희(朱熹, 1130~1200)
(사진 출처 : 나무위키)

이렇듯 유교 중심의 조선 시대에는 성리학이 꽃을 피웠다. 성리학은 우주 자연의 구조와 인간 심성(心性)의 구조가 동일하다 보았으며 그 구조를 장재는 천지지성(天地之性)이라 하고, 정이는 의리지성(義理之性)이라 하고, 주희는 본연지성(本然之性)이라고 하는 이(理)와, 기질지성(氣質之性)이라고 하는 기(氣)로 나누었다. 본연지성과 기질지성에 대한 성리학의 설명을 살펴보자.

인간의 본성을 '이'와 '기'로 설명하는 송대 이학자들의 용어로서 오로지 이(理)인, 장재가 말한 천지지성, 정이의 의리지성, 주희의 본연지성과 상대되는 말로 오로지 기인, 장재의 기질지성이 있다. 장재는 『정몽』 「성명」 편에서 "형체가 생긴 뒤에야 '기질의 성'이 있으니 잘 돌이키면 '천지지성'이 그대로 보존된다"라고 했다.

첫째, 보통 하늘을 닮은 인간이 본래부터 갖게 되는 본성, 만인이 따라야 할 보편적 도덕률로 맹자가 얘기한 4덕 인의예지를 본연지성이요, 선한 본성인 이성(理性)이라 보았다. 여기에는 모든 존재를 존재하게 하는 형이상학적 자연법칙, 즉 그렇게 된 까닭, **그렇게 됨**의 마땅히 그러한 **소이연(所以然)이라 하는 '존재의 이(理)'가 있으며**, 인간이 마땅히 그렇게 해야 하는 자연적, 윤리적 도덕법칙, **그렇게 함**, 즉 마땅히 해야 하는 **소당연(所當然)의 '당위의 이(理)'**가 있다.

둘째, 성리학에서는 우주에 존재하는 모든 것들의 구성요소와 에너지를 기(氣, vital force)로 표현했는데, '기'는 기질지성으로 현상적 본성(現象的本性)으로 분류하였다. 그리고 인간의 본성에 기가 감응하여 만들어진 형체, 즉 외부 물질인 기와 반응을 하여 나타나는 것은 '감성'이라고 보았다.

이를 퇴계(退溪) 이황과 고봉(高峰) 기대승의 이른바 사단칠정 논쟁의 의견을 통해 살펴보면 다음과 같다.

퇴계 이황
(退渓 李滉, 1502~1571)
(사진 출처 : 위키피디아)

퇴계는 '이지발(理之發)이라 이(理)가 발하는 것이 사단이요, 정념(正念)의 사단으로 선한 것이요, 기지발(氣之發)이라 기가 발하는 것은 칠정으로 선과 악이 함께하는 것'이라고 하였다. 또한 이가 발하매 기가 올라타는 것(理發氣乘)으로 이와 기가 각기 그 근원을 달리하는 이기이원론을 생각했다.

고봉은 '사단은 이에서 발하기에 불선(不

善)함이 없고 칠정은 기에서 발하여 선악이 있다고 한다면 이는 이와 기가 확실히 둘이 되는 것이며 칠정은 성(誠)에서 나오지 않고 사단은 기에서 승(乘)하지 않는 것이 되니 이발기승(理發氣乘)이 될 수 없다'고 하였다. 그러므로 사단과 칠정을 '이'와 '기'로 나눌 수 없으며 이 모두는 '정(情)' 하나로 이루어졌고 그중에서 선한 것이 사단이며 마음이 생기지 않은 상태인 미발심(未發心)을 성(性)이요, 이(理)라 했고, 마음이 움직인 상태인 이발심(已發心)을 기(氣)이고 정(情)이라 했다. 이와 같이 고봉은 기일원론에 기반한 이기일원론의 이기공발설(理氣共發說)을 생각했다.

이후 율곡 이이(李珥)는 운동성이 없는 이발(理發)을 부정하고 기의 운동성을 부여하여 기발이승일도설(氣發理乘一途說)의 기발(氣發)만을 주장했다.

율곡 이이
(栗谷 李珥, 1537~1584)
(사진 출처 : 다음백과)

이렇듯 인간에게는 이의 이성(性)과 기의 감성(情)으로 나타나는 사단칠정이 있어 인간에게서 갖가지로 일어나는 마음을 나누고 마음의 움직임을 들여다보는 것으로, 인간의 기본적인 심성(心性)을 깊이 연구하였던 우리나라의 성리학 분야가 세계적으로 독보적인 연구 성과를 냈다.

기일원론(氣一元論)의 기발이승(氣發理乘)의 기호학파와, 이기이원론(理氣二元論)의 이발기승(理發氣乘)의 영남학파 그리고 이기호발(理氣互發) 등으로 나뉘며 학문적 파벌을 형성하여 그에 따라 정치의 당파가 격렬히 부딪히는 많은 국가적 폐단도 일으켰지만 말이다.

이 지점에서 성리학의 이기론에 대한 나의 생각을 나름 정리해 보면, 이와 기를 사단과 칠정의 둘로 나눌 수 없으며 한 가지에 근원(理氣一元)을 두고 있으며 그 발현의 모습은 이와 기가 동시에 발하는 이기공발(理氣共發)로 주기론(主氣論)에 입각한 고봉의 이기일원론(理氣一元論)에 가깝다고 봐야 할 듯하며 이이의 기발이승일도설에 많이 공감하고 있다.

이와 같이 살펴본 그 기를 현대적으로 풀어 보면, 음과 양의 두 가지를 포함하고 있는 기의 본체인 태허(太虛)인 우주는 물질로 이루어져 있으며, 물질은 원소로, 원소는 분자로, 분자는 원자 결합으로, 원자는 핵과 전자로, 핵은 중성자와 양성자로, 중성자는 쿼크(quark)로, 쿼크는 또 다른 미세 물질로 구성되어 있다.

참고로 중국의 손문(孫文)은 처음에 태극이 움직여 전자가 생겨나고, 전자가 모여서 원소를 이루고, 원소가 합쳐서 물질을 이루고, 물질이 모여서 지구를 이루니 이것이 세계 변천의 첫 단계라고 했다.

이렇게 갖가지로 일어나는 인간의 마음을 이야기함에 있어서 항상 먼저 떠올리는 것은 욕(欲)으로 표현되는 욕심이 아닌가 한다.

내 생각으로는, 먼저 욕심은 내 마음에서 일어나는 것이지만 2가지로 나누어 생각할 수 있겠다. 먼저 본능적으로 생존을 위해 무조건적으로 인체 내에 각인되어 있는 생존 욕구로서 하늘로부터 받은 선천적 욕구와, 인간의 6근, 6식이 성장, 완성되면서 욕심이라는 마음이 일어나기 전에 대상을 통해 인식되거나 학습된 그 무엇과의 비교를 통해 일어나는 후천적 욕구로 생각할 수 있겠다.

여기서는 후천적으로 생성된 욕구를 말한다. 그렇다면 이 두 가지 또한

'입자의 위치를 측정하는 영역'을 원래 타고난 본성인 '이'라고 하고, '입자의 운동량을 측정하는 영역'을 대상을 통해 인식되거나 학습되어 생기는 자기만의 어떠한 기준으로 비교하는 마음인 '기'라고 할 때 우리의 마음을 들여다보기가 수월해진다.

이와 같이, 우리는 살아가면서 끊임없는 번민과 고통과 행복과 불행의 감정을 느끼면서 그 감정에 의해 현실에서 영향을 받게 되는 경우가 흔하다. 그리하여 많은 성자와 성현과 철학자들이 이와 관련된 많은 조언을 주고 있다. 그중에서 이번에는 스피노자의 의견을 통해 인간의 마음에 관한 것에서 특별히 마음의 병과 불행에 관한 이야기를 들어 보자.

그에 따르면, 마음의 병과 불행은 많은 변화에 속하는 것에 대하여 그리고 우리가 결코 가질 수 없는 것에 대한 지나친 사랑에서 생긴다. 왜냐하면 어느 누구도 자신이 사랑하지 않는 것에 대해서는 걱정하거나 불안해하지 않으며, 불법과 의심과 적개심 등은 오로지 누구도 진실로 가질 수 없는 것에 대한 사랑에서만 생기기 때문이다.(『에티카』 5부 정리20, 주석) 이러한 원인으로 인한 행과 불행의 문제에 대하여, 불가의 『금강경』에서 "일체법무아(一切法無我, 일체의 모든 만물은 개인과 무관하다)"라고 한 설법과 『반야심경』에 "시제법공(是諸法空, 일체 만물의 법은 모두 공이다)"와 "무지역무득 이무소득고(無智亦無得 以無所得故, 지혜도 없고 얻음도 없고 얻은 것이 없는 까닭에)"의 세상의 무상함을 설파한 무상 사상(無常思想)에서 스피노자가 주장하는 마음의 병과 불행의 문제의 해답을 넓게 제시한 것이라고 생각한다.

우리는 이제 **불확정성의 원리**에서 **위치**(본성, 명예, 이성)와 **운동량**(욕구, 재물, 감성) 이 두 가지를 모두 완벽하게 충족할 수 없음을 알았다.

그렇다면 인간에게 일어나는 본성의 마음과 대상을 통해 일어나는 욕심의 불균형 상태로 인해 오게 되는 칠정(七情) 혹은 불행의 마음을 다스릴 수 있지 않겠는가?

사실 나는 요즘 재미 삼아 많이들 하는 MBTI가 ENFJ라고 한다. 너무도 감성적인 면이 발달되어 있어서 친구, 사교, 술, 예(藝), 정(情) 등에 쉽게 빠져들고, 즐기고, 유지하기 위해 애쓰는 사람이다. 이런 내가 혈육 간의 돌이킬 수 없는 안타까운 이별들을 겪기도 한 과거를 가지고 치열한 생활을 하다가 최종적으로 내가 현재 하고 있는 일과 공부를 10여 년 넘게 하던 중에 마음으로부터 올라오는 생각이 있어 그 생각의 지속을 위한 에너지를 얻기 위해, 갑자기 가족들에게 "나 술 안 마시면 좋아?" 하고 물었다. 당연히 그렇다는 대답이 돌아오고 난 후 바로 "알았어, 안 마실게"라고 말한 그 순간 이후 지금까지 약 8년째 완전히 멀리하고 있다. 아무런 유혹도 느끼지 않으면서 말이다.

이 말을 하는 이유는 다른 이에 비해 정이 많은 나 같은 사람이 상시로 마음을 다스리는 공부를 하는 사람으로서 감정을 다스림이 부족한 이유로 감정을 끌어올리는 술은 좋지 않다 하는 것이지, 다른 모든 사람에게 술을 끊으라고 하는 것은 절대 아니다. 그래서 나는 주위에 이야기한다. "나는 술을 마실 자격이 없기 때문에 안 마시는 것이다"라고. 마음을 들여다보는 일을 게을리하지 않고, 마음 다스림을 꾸준히 열망하고, 애쓰고, 실행하는 중에 이렇듯 금주를 하고 보니, 내 마음의 기(氣)의 움직임을 들여다보기도 좋고 그 기운을 제어하기도 좋으며 마음을 평안한 상태로 유지하는 것이 참으로 쉽고 기쁘고 좋다.

이젠 선택의 문제만 남았다.

첫 번째는 너무나 어려운 일이지만 본성을 유지하고, 물질과 반응하여 나타나는 그 마음을 갈고 닦아 대상에 흔들림 없는 마음을 갖는 것이다. 찰나에 깨달아 부처가 되어 더는 수행할 것이 없다는 돈오돈수(頓悟頓修)를 하든, 자신의 본성이 부처와 다름이 없음을 깨달았다고 해도 무시습기(無始習氣)를 갑자기 버리기 어려우므로 수행을 계속해야 한다는 돈오점수(頓悟漸修)를 하여, 나조차도 넘어서는 중도의 상태를 이루어 마음의 평화로운 마음과 행복을 유지하는 방법이다.

두 번째는 현대의 복잡하고 다단한 사회활동의 공간에서는 스트레스라고 하는 병이라 할 만큼 매초, 매시 끊임없이 일어나는 많은 생각들이 있다. 이런 생각들을 일부러 어떻게 해 보겠다거나 할 것이 아니라 아무런 흔들림 없이 밑에서부터 올라오는 그 마음에는 무조건 단호하게 가차 없이 대응하거나 반응하지 않는 방법이다.

얼마 전까지만 해도 나는 대중교통을 이용하여 출퇴근하였다. 그때 앉아 있든지 서 있든지 정말 매 순간 계속 떠오르는 많은 생각들이 있을 때, 나는 쉼 없이 나에게 물었다. '그게 뭔데? 그래서 어쩔 건데? 그게 맞아?' 하며 끊임없이 올라오는 생각들과 싸웠던 기억이 생생하다. 물론 지금도 계속하는 중이지만, 이렇듯 일상생활 속에서 대상을 통해서 비교하거나 내가 소구(所求)하는 욕구와 현실 속의 나를 비교하는 행위 자체의 무의미함을 알아차리는 것이다. 요컨대, 내 마음의 조절을 통해 삶에서의 평화와 행복을 충분히 누릴 수 있다고 생각한다.

제6절. 확률밀도(確率密度) : 비결정론적(非決定論的) 세계관(世界觀)

- 막스 보른(Max Born)

막스 보른
(사진 출처 : 위키피디아)

양자역학의 최종 수학적 결과물은 파동방정식이다. 파동방정식에서 그 과정을 이해하기가 너무 어렵다. 그러나 결론인 원리는 쉽게 이해할 수 있으리라 생각한다. 이때 등장하는 파동함수를 다루는 방법에 있어서 그 본질은 같지만 다른 두 가지 묘사 방법이 있다. 행렬역학을 도입하여 파동함수 대신 양자상태(Quantum state)는 시간의 영향으로 변하지 않으며 연산자가 시간에 따라 변한다는 하이젠베르크 묘사와, 연산자는 시간과 무관하며 상태벡터[7]가 변한다는 슈뢰딩거 묘사의 **두 가지 묘사 방법 중에서 슈뢰딩거의**

7) 양자역학에서 입자의 역학적인 상태를 나타내는 힐베르트 공간의 벡터를 말한다. 이는 위치나 운동량 등의 물리량을 이 벡터에 작용하는 연산자로 나타낸다. 상대 벡터는 헤밀토니안으로 불리는 에너지 연산자의 작용에 의하여 시간적으로 변화한다. 파동함수는 상태벡터의 한 표시다. 출처 : 위키피디아

파동방정식에 등장하는 파동함수 Ψ(프사이)를 실체적 물질의 밀도 파동을 기술하는 함수가 아니라 그 물질이 존재할 확률을 주는 파동함수로 보는 해석 체계로 닐스 보어, 파울리 등에서 볼 수 있다.

이것은 전자의 밀도는 균일하지 않다는 이론으로 앞에서 서술한 상보성의 원리와, 이중성의 실험, 불확정성의 원리에서처럼 이중 슬릿에서 어느 슬릿으로 전자가 통과했는지 확인하는 순간 다른 구멍으로는 전자가 통과하지 않은 것이기 때문에 앞서의 슬릿으로만 통과할 때와 같은 현상이 나타나는 것이라 이해할 수 있다. 그러나 하나씩의 개체로만 통과하는 전자가 어떻게 구멍이 하나일 때와 둘일 때를 알아서 서로 다른 패턴을 보이는 것인지를 설명할 수 있는 것은 **물질파가 물질의 존재확률을 기술하는 파동이라고 다룰 때 나타나는 당연한 귀결이다**.

예를 들어 수소 원자에서 전자의 위치를 나타낼 때 전자의 위치는 핵(核)의 중심에서 무한대에 이르는 거리 사이에 존재할 수 있다. 따라서 전자의 위치는 어떤 특정한 시간의 특정 위치와 같지 않을 수 있다. 따라서 물리학자들은 전자의 가능한 위치를 계산할 때 슈뢰딩거의 파동방정식에 의한 파동함수 Ψ(프사이)를 한 번 더 곱한 **확률밀도함수 프사이 크기의 제곱**($|\Psi|^2$)을 사용하는 것이다.

이 확률밀도함수는 주어진 시간에 단위 부피에서 파동함수가 나타날 수 있는 확률을 알려 준다. 다시 말해 어떤 반지름에서 전자를 발견할 확률이 0.3이라면 그곳에서 전자를 찾을 **확률이 30%임을 의미하는 것이다**. 예컨대, 이중 슬릿에 전자를 쏘았을 때, 그리고 전자를 파동으로 보아 파동함수로 기술한다 하자.

그때 그 두 구멍으로 전자가 통과할 시점에 이중 슬릿에서 산출되는 파동함수의 절대값의 제곱이 바로 '전자가 그때 각각의 구멍에서 존재할 확률'이다.

만약 결과가 30%, 70%라면 전자의 30%, 70%가 두 곳으로 나뉘어 존재하는 것이 아니라, 온전한 전자가 그곳에 **존재할 확률이 각각 30%, 70%라는 것**이다.

이와 같이 측정을 하여 전자의 존재를 확인하면 항상 온전한 전자다. 이는 한 구멍에서 전자가 존재하면 다른 구멍에는 존재하지 않음을 뜻하며 **슈뢰딩거 방정식**은 원자에 있는 전자가 어느 순간에 어디서 발견될 것인지를 알려 주는 것이 아니라, 그곳에서 전자가 발견될 가능성을 알려 주는 것이다.

여기서 나는 다음과 같이 말한다. 모든 미시 세계는 거시 세계와 같은 설정으로 볼 수 있는 것은 아니지만, 결론적으로 우리 인간의 몸은 원자로 구성되어 있어서 원자의 속성이 있다고 말할 수 있으며, 이것은 우리 인간은 결정론적으로 고정되어 있는 것이 아니라 확률적으로 **그때그때 다를 수밖에, 변할 수밖에 없다**는 것을 의미한다고.

이렇듯 미시 세계는 확률적이고, 비결정론적 이론이라는 사실의 이해를 돕기 위해서 미국 천체물리학 박사이면서 심층심리학과 동양철학에 깊은 관심을 가지고 인간의 영성(靈性)에 대한 연구를 하며 영적 지도자로 활동하는 빅터 맨스필드 박사의 글을 한국정신분석심리상담학회장이신 이세형 교수가 번역한 책 중에서 다음의 발췌한 글을 살펴보자.

참여양자우주(participatory universe)

양자역학은 우리가 세상에 대해서 가장 소중하게 여기는 믿음들 가운데 일부를 버리라고 한다. 양자 이전의 비전은 아주 복잡한 춤을 추고 있는 독립적인 대상들로 우주를 채우고 있지만, 그 음악은 항상 결정론적이었다. 양자 비전은 독립적으로 존재하는 무용수들을 제거하고 특정한 춤을 추기 위한 가능성, 경향, 성향을 가진 세계를 채운다. 여기서 음률(파동)과 무용수(입자)는 우리가 그들 중 하나를 불러내거나 우리의 측정에 따라서 그들 중 하나를 살려낼 때까지 완전히 연합되어 있다. 어떤 음표가 이어질지는 원칙적으로 예측할 수 없다.

교향곡의 많은 세부 사항들은 우리가 특별한 방법으로 듣기 전까지 쓰여지지 않는다. 한 소절에 고개를 갸우뚱하면서, 완전히 다르고 심지어 모순되기까지 한 후렴구를 듣는다. 우리가 듣기 전에 중심 주제는 주제가 객관적일 성격일 것이라는 우리의 신념에도 불구하고 아직 분명하지 않다.

다시 말해서, 입자와 파동은 우리가 이런 성질들 가운데 하나를 앞으로 부르기만 기다리는 어떤 확실한 방법으로 동시에 존재하지 않는 것이다. 측정 전에 시스템은 독립적 존재가 부족하고, 명료하게 규정되어 있지 않다. 인과론은 에너지를 교환하거나 서로 힘을 가하는 확실한 대상을 필요로 하기 때문에 양자역학에서 독립적인 존재와 인과론이 함께 실패로 끝난다는 것은 놀라운

일이 아닐 수 없다.[8)]

『장자(莊子)』「외편(外篇)」 제17 '추수(秋水)'편을 보자.

河伯曰(하백왈)

황하의 신 하백이 말했다.

然則五大天地而小毫末, 可乎?(연즉오대천지이소호말, 가호)

"그렇다면 천지는 크다고 하고 털끝은 작다고 하면 되겠습니까?"

北海若曰(북해약왈)

북해의 신 약이 말했다.

否, 夫物(부, 부물) 量无窮(량무궁)

"아니다. 대저 만물은 각기 그 양이 한없이 다르며,

時无止(시무지) 分无常(분무상)

시간은 멈춤이 없고 부여받은 본분이 일정하지 않으며,

終始无故(종시무고)

처음과 끝이 서로 얽매이는 일이 없다.

是故大知觀於遠近(시고대지관어원근)

때문에 크게 지혜로운 사람은 먼 곳과 가까운 곳을 모두 보기 때문에

故小而不寡(고이소불과)

작아도 부족하다 여기지 않고

---

8) 『동시성, 양자역학, 불교영혼 만들기』, 빅터 맨스필드, 이세형, 달을긷는우물, 2021년.

大而不多(대이부다)

커도 많다고 여기지 않으니,

知量无窮(지량무궁)

이것은 만물의 크기가 제각기 무궁하게 다름을 알기 때문이다.

證曏今故(증향금고)

고금의 일을 밝혀 증거를 구하나니

故遙而不悶(고요이불민)

때문에 나와 아득하게 멀어도 근심하지 않고

掇而不跂(철이불기)

가깝다 하여 부질없이 애써 바라지 않는데,

知時无止(지시무지)

시간이란 멈춤이 없음을 알기 때문이다.

察乎盈虛(찰호영허)

각각의 몫이 찼다가 비었다가 하는 이치를 알아

故得而不喜, 失而不憂(고득이불희, 실이불우)

얻어도 기뻐하지 않으며 잃어도 근심하지 않으니,

知分之无常也(지분지무상야)

저마다 타고난 운명이 일정하지 않다는 것을 알기 때문이다.

明乎坦塗(명호탄도)

대도(大道)를 환히 앎으로

故生而不說, 死而不禍(고생이부열, 사이불화)

태어나도 기뻐하지 않으며 죽어도 재앙으로 여기지 않으니,

知終始之不可故也(지종시지불가고야)

처음과 끝이 서로 매어 있지 않다는 것을 알기 때문이다.

計人之小知(계인지소지)

사람들이 안다 하는 것을 따져 보면

不若其所不知(불약기소부지)

모르는 것의 양에 도저히 미치지 못함을 알고

其生之時(기생지시)

사람이 살아 있는 시간이

不若未生之時(불약미생지시)

태어나기 이전의 시간에 턱없이 미치지 못함을 안다.

以生至小(이생지소)

이와 같이 지극히 작은 것으로

求窮其至大之域(구궁기지대지역)

지극히 큰 영역을 설명하고자 하므로

是故迷亂而(시고미란이)

알 수 없고 혼란스러워져서

不能自得也(불능자득야)

스스로 그 뜻을 얻지 못하고 만족하지 못하는 것이다.

由此觀之(유차관지)

이와 같이 미루어 생각해 볼 때

又何以知毫末之足以定至細之倪(우하이지호말지족이정지세지예)

어찌 털끝이 극히 미세한 것이라 단정해서 알 수 있으며,

又何以知天地之足以窮至大之域(우하이지천지지족이궁지대지역)

또한 어찌 천지가 지극히 큰 영역 중의 큰 것이라 할 수 있겠는가."

이 원리를 구약성서에서 찾아보자면 잠언 16장 9절 말씀에 "사람의 마음으로 자기의 길을 계획할지라도 그 걸음을 인도하는 자는 여호와시니라"라는 말씀이 있다. 이는 앞에서 살펴본 바와 같이 각 개인이 세상을 인식하고 그에 따라 세상과 호흡하며 마음에서 생기는 여러 가지 욕구와 목표와 방향을 나의 자유의지로 정하여 나름대로 최선을 다한다. 그러나 우리는 너무나 허무하고 받아들이기 어려운 결과를 목도하게 되는 경우가 많다.

이 지점에서 우리는 직접 당사자가 아닌 객관화해서 이 문제를 바라보아야 한다. 사실은 나만이 생각하는 그 목적, 그 욕구가 나를 제외한 대상들인 사회와 나라와 내가 숨 쉬는 이곳의 천지자연은 전혀 개의치 않는다는 점을 알아야 한다. 나의 가치와 기준과 살아가는 삶은 어떤 당위성도 없는 그 무엇, 그것이 신이어도, 나라여도, 친구여도, 부모여도 그 누구도 결정할 수 없는 것, 예측 가능하지 않은 것이라는 점이다.

그런 면에서 볼 때, 우리가 나와 관계를 맺은 대상에게 흔히 "당연히 이래야 한다"라고 말하지만, 사실은 각기 인간마다 그때그때의 생각과 환경이 있다. 이는 각 인간은 독립적이고 주체적이라는 결론이 가능하다. 이와 같은 맥락에서 동학(東學)에서는 "사람은 모두 다 그 안에 하느님을 모시고 있다. 그래서 하늘처럼 귀한 존재다"라는 '시천주(侍天主)' 사상을 설파했다. 좀 더 세밀하게 설명하자면, 1대 교주 수운(水雲) 최제우(1824~1864)는 "상제가 강림하여 말씀하시기를 하늘의 마음이 그대로 사람의 마음이다", 즉 "吾心卽汝心(오심즉여심)"이라 했고, 『논학문(論學

文)』에서는, "그 목소리가 말했다. "내 마음이 곧 네 마음이니라. 사람들이 이를 어찌 알리오. 사람들은 눈에 보이는 하늘과 땅은 알아도 보이지 않는 귀신이 무엇인지 알지 못하니 귀신이라는 것도 '나'니라" 하였다.

2대 교주 해월(海月) 최시형은 "사람은 곧 하늘이다, 한울님을 섬기듯이 사람을 섬기라 하면서 어린아이를 볼 때 "한울님이 오셨다" 했으며 나아가 "한울은 즉 나이며 나는 즉 한울이다"라며 "한울로써 한울을 먹는다" 함은 "천지의 대법이라, 물건도 모두 나의 동포이며 물건도 모두 한울의 표현이기 때문에 물건을 공경하는 것은 한울을 공경하는 것이며 한울을 기르는 것이요 천지신명이 물건으로부터 사람에게 옮겨가는 것이다."라고 하며 수평적 애니미즘을 주장하며 모든 자연 만물은 평등하다는 평등주의를 설파했다.

동학 2대 교주 해월 최시형
(海月 崔時亨, 1827~1898)
(사진 출처 : 다음백과)

이어서 3대 교주 손병희에 이르러 시천주 사상이 완성된다. 이는 독자적인 한 개체의 인간이 하늘로부터 부여받은 하늘과 같은 신과 같은 시스템을 가지고 있어서 인간은 하늘과 같이, 신과 같이 존중받아 마땅한 주체적이고 평등한 존재라는 것이다.

서양에서는 17~18세기 존 로크나 장 자크 루소, 홉스 등 계몽주의 사상가들이 사람은 태어나면서부터 하늘로부터 받은 자유롭고 평등하며 행복할 권리를 지닌다는 '천부인권론'을 주장했고, 이어서 프랑스혁명과 미국 독립선언서의 기초사상으로 전개되었다.

물론 서양의 예는 실제로는 유일하고 절대적이며 전체 우주를 창조한 조물주를 특정하고, 그로부터 삶을 부여받았음으로 인하여 감사해야 할 대상으로 인식된 유일신 개념을 믿고 공유하는 사람들과 인종에게만 인정되는 인권이요, 인간의 존엄성이었다.

동양에서는 전제적인 왕이 유일신의 자리를 차지하고 있으나 그는 서양의 유일신과는 달리 민심이 우선한다는 전제하에 어느 정도 대체 가능한 가변적 존재였으며 신이나 자연 만물을 넘어서지 않는 존재였다. 또한, 동양에서의 인간 존엄은 궁극적으로는 특정하지 않은 보편적 개념의 하늘이라는 대상에서 촉발하고 발전한 개념이었다.

이와 같이 유일한 자에게 위로받고, 대속(代贖)받고, 구속받고, 선택받은 인간이 아닌 자연으로부터 스스로 자율성을 부여받은 인간끼리 활동을 하는 사회적 동물이라 칭하는 인간이 각각 서로 상대적인 관계를 통해 사회를 이루고 살아가는 과정은 각각의 주체자이고 독립적인 존재의 관계이기 때문에, 역으로 대상적 존재, 사회적 존재로서 사회성을 유지하기 위한 필수개념이 바로 하늘이다.

우리는 누가 나의 이름을 불러 주기 전까지는 사회적으로 존재하는 의미가 없음을 알아서 대상으로부터 나의 존재를 객관화하게 됨을 인식하고, 상대를 인정하는 데서부터 시작하여 당신은 당신 인생, 나는 내 인생이라고 말할 수 있어야 한다. 예전 80년대 학교 다닐 때가 생각난다. 민주화를 부르짖으며 피 흘리면서 열심히 투쟁하는 이들과 도서관과 고시반에서 열심히 공부하는 이들은 소음, 휴강 등 여러 가지 문제의 발생으로 인해서 일반적으로 생각하건대 서로에게 좋은 감정일 수는 없다고 생각할 것이다. 그러나 정말 단언하건대 그러지 않았다. 왜? 그것은 각자의 가치관에 따라 행동하는 것이니까 말이다. 그러면서 상대의 생각과 의견을 존중해 주는 것이기 때문이다.

이렇듯 각자의 생각을 가진 전체 국민은 아래로부터 선택되어 국민의 의견을 대리하는 정치인을 뽑아야 하는 것이지, 선택받은 정치인의 생각대로 움직이는 것은 소중한 선택권을 가진 국민의 태도가 아니다. 선택받는 자가 자신을 선택한 자를 좌지우지하려는 태도는 바른 정치인의 모습은 아니다.

이러한 마음과 행동이 진짜 자유다. 하늘로부터의 자유를 갖자. 인간은 각각의 사고와 기질과 개성과 소질의 다양성이 있다. 세계 여러 나라들과 우리나라 헌법에는 이 부분을 무엇보다 우선하는 가장 소중한 가치로 정해 놓았다. 특히 요즘 들어 이곳저곳에서 유행처럼 회자되는, 명사 앞에 붙는 자유는 앞에서 말하는 자유와는 결이 다름을 알아야 한다.

우리가 가지고 있는 가치관과 진리라 믿는 것과 옳음 등이 얼마나 상대적이며 가변적인지, 또한 끊임없는 욕구와 그에 비례하는 불만족, 더 앞으로 나아가려는 끊임없는 움직임이 얼마나 주관적이고 일방적 활동인지 생각해 볼 필요가 있다.

현대사회에서 인간의 욕망을 충족시키고자 하는 과학기술의 엄청난 발전 방향이 무조건 옳은 것인지 곰곰이 생각해 볼 필요가 있다. 인류뿐만이 아닌 지구촌 전체의, 생물의 생존과 무생물의 모든 존재에 관하여 본질과 본질적이라는 측면을 종합하여 생각해 봐야 한다.

스피노자는 그의 저서 『에티카』에서 "우리가 우리에게 유익한 것을 확실하게 아는 것을 선이라 했고, 악이란 우리가 선한 것을 소유하는 데 방해가 되는 것을 확실히 아는 것이다"라고 했는데, 이 결론을 연장해 보면 각자는 무엇이 선이고 무엇이 악인지를 스스로 판단하며, 자기의 뜻대로 자신의 이익을 도모하고 복수하며, 또한 자기가 사랑하는 것을 유지하고 자기가 미워하는 것을 파괴하려고 한다.

그러므로 복잡다단한 인간이 화합하고 생활하며, 서로 돕기 위해서는 다른 사람에게 해가 될 수 있는 어떠한 것도 하지 않겠다고 서로 보증하는 일이 필요하다. 그렇기 때문에 우리는 개인의 이익 추구보다는 사회 전체에 이익이 되는 사회의 공통 양식을 규정하고, 법을 제정하며, 평등의 원칙에 입각하여 자기보존을 위해 나아가 조직의 보존을 위해 애쓰며, 모두 모여서 국가를 확립하며, 스스로 국가 권력에 의해 보호되는 자를 국민이라고 하는 것이다.

더 나아가서 세계로, 지구 전체로 시야를 넓혀 보면, 이러한 자기보존의 가치 속에서 현실성 없는 이야기라고 하겠지만 인간이 만들어 가는 역사의 발전이 외발자전거 타기와 같은 무조건적 앞으로 나아감보다는 한 번 나아가고 한 번 뒤돌아보고 하면서 본질에 충실한 발전인지를 끊임없이 질문해야 한다. 그리하여 인간의 무분별한 욕구를 절제하고 지구의 생명과 환경을 가장 중요한 화두로 하는 과학기술의 발전이어야 하며 그러한 지향성을 가지고 발전하는 현 인류이기를 소망해 본다.

특별히 온 세계가 기후 변화로 인한 위기를 겪고 있고, 우리나라 신혼부부가 아기를 낳지 않으려는 이유 중 하나가 기후 위기로 지구 생태계가 파괴되어 아이의 세대를 장담할 수 없기 때문이라는 주장이 나오고 있는 만큼, 그 위험성을 인식하기 시작하는 시점에서 단순한 나의 생각을 말해 보려 한다.

2023년 영국의 글로벌 싱크탱크인 '엠버'에서 발표한 자료에 따르면 80개 나라를 대상으로 조사한 전 세계의 태양광, 풍력, 수력, 바이오 에너지로 대표되는 재생에너지 발전 비율은 30.3%라고 한다. 이에 반해 우리나라는 그 비율이 9%여서 세계 평균에 크게 미치지 못하고 있으며, 전 세계 재생에너지 발전량의 증가는 23.2% 증가했고, 일본은 12%, 중국은 16% 증가한 것에 비하여 한국은 5% 증가에 그쳤다고 한다. 이는 재생에너지 발전 비율이 경제협력개발기구(OECD) 29개국 중에서 꼴찌 수준이다.

우리나라는 세계 11위의 경제력과, 스톡홀름 국제 연구소 발표에 의하면 2024년 미국, 러시아, 중국, 인도 다음의 세계 5위의 국방력을 가진 나라라고 한다. 이러한 결과를 얻게 되는 데에는 우리나라의 국민성과 높은 교육수준 등이 있지만 이러한 것들을 모아서 일으킨 제조업이 우리나라의 발전과 생활수준의 향상을 견인한 아주 중요한 역할을 해 왔음을 인정한다. 그러나 나의 짧은 생각으로는 국내 총생산(Gross Domestic Product)과 1인당 실질 국민 총소득(Gross National Income) 등 국가 경제의 전체 운용시스템과 전체 국민의 소득과 생산과 소비 지출과 관련하여 일부에서 가당치 않은 이야기라고 할 만한 엄청난 변화를 요구하는 것이기는 하지만, 이 지점에서는 단순히 제조, 유통을 통한 수익 창출만을 제1 목표로 하던 시기는 지났다고 본다. 왜냐하면 그 제조업이, 특히 최종 소비자와 직접 대면하는 소비재 생산 제조업과 그 제품을 소비하는 소비자가 이 지구촌에 심각한 위기를 불러오는 큰 요인이 되고 있기 때문이다. 그중에서도 생산재 제조업보다 소비재 제조업이 공공이익과 지구 환경보존을 위한 통제가 어렵다고 본다.

그래서 특히 소비재 생산 제조업의 시스템 변혁이 필요한 것이다. 왜냐하면 일단 그들의 생산에 공통적으로 공기, 물 등 세계 공공의 자원을 이용한다는 것이고, -물론 대가를 지급한다고는 하지만- 중요한 두 번째는 생산 이후 소비자에게 소유권이 이전된 이후에는 생산된 제품으로 인한 지구촌, 공공이익에 반하는 피해를 책임지지 않는다는 것이다. 하여 나는 다음과 같이 생산과 소비 패러다임의 일대 변혁이 필요한 시점이라고 생각한다.

인간의 어느 정도의 생활 편의와 기본적인 욕망의 해소를 위하는 목표까지는 좋다고 본다. 그러나 이제는 모든 것에 우선하는 수익, 이익이 제1 목표가 아니라, 제조에 따른 이익은 보장하되 수익에 수반되는 제조 과정의 환경오염, 상품 사용 후 오염원으로 변환, 그리고 오염원인 제공 등 후처리 비용에 관하여 책임을 져야 할 때다.

그 방법 가운데 하나는 생산에 따른 제조업체의 제품 회수와 그 비용의 부담, 일부 부담 비용의 소비자와 생산자 간의 통제 가능한 적절한 배분과 생산과 소비의 후처리를 담당하는 국가에 마땅한 비용을 지불하는 조세정책이 이뤄져야 할 것이다. 그에 따라 소비자 또한 가격 구조의 변화, 소비패턴의 변화를 받아들여야 한다. 수요와 공급의 원칙만이 아니라 가격정책에서도 제조 원가에 회수, 처리 비용을 부과하여 최종적으로는 가격 부담으로 **소비 수요를 감소**시키고, 사회적 비용을 공동 부담하는 시스템을 만들어야 인류가 지속 가능한 삶을 살 수 있으며 후손에게 빚을 지지 않는, 그런 지구 환경을 지금이라도 유지하기 위한 그런 통 큰 사회적 합의가 있어야 한다고 생각한다.

저번 정부에서 2022년 11월 24일 시행한 '식품접객업의 종이컵 및 플라스틱 빨대와 종합 소매업의 1회용 봉투, 쇼핑백에 대한 규제'가 있었다. 2023년 11월 7일 '1회용품 사용 제한 관리 방안' 발표로 다시 없던 일이 됐지만, 빨리 다시 시행해야 하며 거기에 더하여 다회용 컵의 재사용과 포장용 플라스틱 용기의 규제 방안과 회수 방안 등을 연구해서 시행해야 한다. 그리고 지금 실행되고 있는 공병 회수 시스템과 같이 플라스틱 페트병이나 1회용 용기의 회수 시스템도 연구하여 꼭 시행해야 한다. 그리하여 1회용 포장용 플라스틱의 국가적, 전 세계적 관리가 꼭 필요한 시점이다. 결국 후세에 이르기까지 지속 가능한 삶이라는 화두가 문제인데, 이것은 다른 말로는 우리 지구의 생물의 다양성 회복이 답이 될 것이다.

산업혁명 이후 지구의 환경오염이 폭발적으로 시작되었는데, 그럼에도 1990년대까지는 안정적인 대기 온도를 유지하였다. 그 이유가 바다가 열을 흡수했기 때문이다. 탄소를 줄이는 데에는 식량 공급원이자 탄소 흡수처인 바다가 가장 중요하다는 뜻이다.

얼마 전 베트남의 작은 해변을 방문했을 때의 일이다. 인간의 편의를 위한 시설들과 바닥에 뭔지 알 수 없는 하얀 조각들로 가득 채워져 있었다. 그런데 그것이 바로 죽은 산호초 조각들이라는 소리를 듣고 놀랐다. 요즘 근해의 산호초와 바다의 백화현상은 이산화탄소와 온실가스의 폐해를 바다가 경고하는 것이고 이제는 지구의 과도한 열을 흡수하지 못한다는 반중이다. 사실 지구에 사는 모든 생명체의 삶의 핵심은 태양이다.

이제는 화석연료의 사용을 중단하고 햇빛, 바람, 물 등의 자연과 20년 이내에 세계 최대의 유일한 동력원이 될 재생에너지를 효과적으로 사용하고 이를 좀 더 기술적으로 발전시켜 효율을 최대로 높여야 한다. 연해의 1/3을 어로 금지구역으로만 해도 온 인류가 먹고도 남는다는 점에서 1/3 이상을 어로 금지구역을 설정해야 한다. 또한, 갯벌 상태를 보존하고 우리나라 제주도를 포함한 많은 지역에서 행해지고 있는 마을 공동 채취 방식을 더욱 확대하여 해조류의 남획을 막고, 농업 변화를 통해 경작지를 줄이는 등의 노력과 먹거리 문화의 변화 등을 통해, 1년에 최소 18,000여 종의 생물이 멸종되고 있는 이러한 때에 생물 종 다양성을 회복하여 우리 지구는 100년 전으로 돌아갈 수 있다.

우리가 기본적으로 추구하는 인간의 욕구와 그에 따른 과학기술의 발전과 자본주의의 이익 추구 우선 원칙을 견지한다고 해도, 개인적으로 욕구하는 현실적, 물질적인 것은 돈의 '한계 가치 체감의 법칙'을 들여다봐도 끝없는 불안과 불만, 불행이 더해질 뿐 채워지지 않는다는 사실을 명심해야 한다. 그렇기 때문에 이익의 증가를 최우선으로 하는 사기업의 질주를 어느 정도 사회의 공통 선을 위해 제어기능을 국가가 실행해야 하는 것이 필요하다. 그렇지 않을 경우, 보다 더 커지는 욕구 충족을 위한 행위를 하게 된다. 이런 악순환을 이제는 인류가 멈춰야 한다. 우리의 뇌, 정신, 마음을 살펴보고 거기에서 멈출 수 있음을 깨달아야 한다. 결국에는 정신적으로 뇌에서 느끼는 행복이 최종 목적지다. 때문에 정신적, 관념적, 개념적으로 인간의 욕구 충족의 한계를 확실하게 깨달아서 극복해야 하는 것이기 때문에 결국에는 유심론의 심학(心學)을 이야기하게 되는 게 아닌가 한다.

본론으로 돌아와서, 우리의 삶에서 **비결정론적 세계관**의 예를 들어 보자.

만약, 같은 부모에게서 같은 성별을 가지고 같은 날 몇 분의 차이로 태어난 쌍둥이 자매가 있다고 하자. 태어난 연월일시의 같은 사주로서 명리학 이론으로는 같은 오행과 같은 육친(六親)의 구조와 같은 신살(神殺)의 작용을 갖고 있으며 10년 주기의 같은 대운(大運)과 1년 주기의 행운(行運), 매일매일의 일운(日運)의 흐름을 보인다. 그렇다면 그 자매의 생장소멸의 과정이 거의 비슷하다고 해야 할 것이다.

그러나 얼마 전 TV에서 잊히지 않는 할머님의 독백이 있었다. "나는 쌍둥이 언니가 있었어. 근데 그 언니는 젊어서 죽었어!"였다. 단, 정확한 출생 시간에 대한 정보는 없어서 그 시간을 시간 변경의 한 주기로 볼 때 쌍둥이 자매는 아마도 몇 분의 차이로 태어날 것이겠지만, 때마침 120분의 시간 분기점인 1분, 즉 60초의 시간 그 지점이 시간 변경 시점이라면 사주가 아주 조금은 다를 수 있기는 하다.

또 다른 경우 서울에서 남자아이가 태어나는 순간, 부산에서도 똑같은 시간에 남자아이가 태어났다. 이럴 경우 그 둘의 사주와 대운은 같다. 그렇다면 그 두 사람이 성장하여 소멸에 이르는 인생의 전 과정이 대동소이해야 옳을 것이다. 그러나 실제 사례는 매우 다르다. 물론 산골과 바닷가, 도시와 섬이란 차이, 비가 오거나 맑았던 날의 차이, 이름의 차이 등 여러 가지 작은 요인이 있지만 말이다. 여기서 일부 명리학자들은 환경을 통해 차이가 나타난다고 한다. 또한, 자식의 미래는 부모의 노력 여하에 따라 다른 삶을 살 수 있다는 믿음 속에서 극성 엄마들이 생겨나고 있다. 또한 서울대학교 재학생 비율을 살펴봐도 개천에서 용이 나던 시기는 한참 지난 것은 확실하다.(이는 교육제도의 근본적 문제에 기인한다.)

그러나 내 생각은 여기서 말하는 교육이라는 측면에서 환경이란, 교육의 내용과 질과 평가가 모두에게 비슷하다는 전제를 하는 경우를 말한다. 이럴 경우 부모가 고액의 과외를 시키고, 족집게 학원 보내고 하는 금전적, 신분적 투자로는 잠시 목적을 이룰 수는 있겠지만 인생 전체의 시간을 놓고 보면 결국 선천적 사주의 얼개를 벗어나기는 어렵다고 본다. 그렇기 때문에 교육정책이 중요한 것이다. 다른 의미에서 앞에서 말하는 환경이란 일반적 사주 명식을 뛰어넘는, 깨달음의 경지에 도달할 정도로 파악된 자연과 부모와 가족과 그 사회적 관계 등에 대한 통찰 등 각고의 정신적으로 극적인 완성이 있을 경우에 한해서 그러한 환경 영향이 작용해야 변할 수 있다고 생각한다. 그래서 삶이 어려운 것이고 운명을 이야기하고, 팔자를 이야기하며 교회에서 사찰에서 기원하고 도가의 비방(祕方)도 하고는 한다.

2010년 4월 13일 EBS 다큐프라임에서 방영한 〈당신의 성격 2부〉에서 콜로라도대학 쌍둥이센터에서 쌍둥이 연구를 한 결과. 일란성 쌍둥이는 일반 형제자매에 비하여 둘의 성격이 거의 비슷했다. 그런데 정작 당사자들은 다르다고 느낀다고 한다. 그 이유는 '대조영향'이라는 것으로 이는 각자가 다른 모습이기를 바라며 의도적으로 다른 개성을 표출하고자 하는 현상 때문이라 한다. 또 다른 실험의 예로 일란성 쌍둥이로 태어나서 30년 동안 떨어져 살다가 다시 만난 자매의 경우, 목표, 이상형, 취미, 좋아하는 소품, 패션스타일 등 너무도 많은 부분에서 닮아 있는 성격을 발견했다. 이는 우리들이 지금껏 공감한, 인간의 성격이 부모의 양육이나 교육 등 환경적 영향보다는 부모의 유전적 영향이 결정적이라는 것을 말해 준다.

이렇듯 같은 성격, 같은 사주이지만 앞에서 이야기하는 환경과는 다른 여러 가지 후천적 요인에 의해서 실제 삶의 모습이 달라진다. 그 후천적 요인이란 스핀 업과 스핀 다운처럼 선택의 문제다. 특히 자매나 형제인 쌍둥이가 하나의 선택을 해야 하는 경우, 앞에서 언급한 '대조영향'으로 다른 선택을 하거나, 형과 아우가 같은 선택을 할 수 없는 상태이기 때문에 아무래도 형과 동생은 분명 다른 선택에 기인하는 다른 결과를 누리게 되고 그러한 상황이 원천적으로 쌍둥이와 같은 사주임에도 서로 다른 삶의 모습을 만들게 된다.

자, 이럴 경우 실제 상담 사례에서 쌍둥이 형제 중 한 명인 것을 모르고 상담할 때 일어나는 일을 보자. 먼저 사주를 기본으로 하여 분석하고 작괘하여 그 괘상을 살펴 상담할 때 그 사람의 성격과 특성과 자질의 장단점과 학업 성취, 직업 성취 여부 등을 밝혀 알려 주지만 중요한 한 가지 사항이 있다. 바로 이것이 뒤에 설명하는 동시성 현상과 관련이 있는, **상담자가 상담하러 온 날이다**.

같은 날이라도 측정 시점에 따라 각각의 불특정 궤도에서 존재할 확률이 달라지듯이 상담일은 그 사람의 모든 것을 판단하는 기준이 된다. 이 날을 기준으로 괘를 파악하는 육효 비전에 의하면 쌍둥이라 해도 달리 해석되고 삶이 다른 이유를 알게 된다는 것이다. 물론 그달도 중요하지만 말이다. 그 기준으로 육수(六獸)를 정하고, 각각 육친 영역의 강약과 생왕병노사(生旺病老死)에 따른 변화, 신살의 작용과 외부 환경이 나에게 작용하는 생(生)과 극(剋)의 여부 등 명리학적 분석기법으로 파악하여 정단하기 때문이다.

그리하여 같은 사주라고 해도 앞에서 언급한 대로 선택의 문제와 더불어 또 다른 후천적 요인인, 각각의 인간에게 미세하면서도 광대한 우주의 기가 그 사람의 정해진 사주와 상관없이 태양의 흑점 활동처럼 독립적이고 불규칙하게 작용하는 기의 작용 혹은 영의 침입이라는 우연적 사태에 의해 벌어지는 후천적 작용으로 해서 극단적인 다름이 발생하기도 한다.

또한, 국한 지어서 보자면 작괘한 그 괘상이 같다고 하여도 내원하여 질문하는 그달(月), 그날(日)에 따라 질문에 대한 정단은 완전히 달라진다. 그것은 동시성 현상 원리와 확률밀도에서처럼 각각의 개체가 그때그때 확률적으로 끊임없이 선택하는 과정에서 다름이 있는 것이다.

이것이 바로 막스 보른의 확률밀도 개념을 함의하고 있다는 것이 내 생각이다.

제7절. 양자 다중 우주(量子多重宇宙, Quantum Multiverse)

- 휴 에버렛(Hugh Everett)

1957년, 미국의 물리학자인 휴 에버렛(Hugh Everett)이 '상대적 상태(相對的狀態)'의 개념을 창안했다.

휴 에버렛(1930~1982)
(사진 출처 : 위키피디아)

우주는 빛보다 빠르게 팽창한다고 한다. 우주는 빅뱅 이후 138억 년의 나이를 먹었고, 지름 930억 광년 크기의 구(球) 형태다. 우리는 관측 가능한 우리 우주의 밖은 가 볼 수도, 알 수도 없다.

과학으로 우주론이 탄생한 것은 겨우 100여 년 전이다. 이후 빅뱅(Big Bang) 이론은 1964년 우주 마이크로파 배경의 발견으로 확인되었으며 우주론이 거둔 많은 성공에도 불구하고 수많은 궁금증은 여전히 미해결 상태며 우리 우주의 가장 첫 순간에 대해서는 아는 것이 없다. 다만, 학자들 사이에 다음과 같은 결론에는 동의하고 있다. 우리 우주는 찰나라고 하는 10^{-43}초의 순간에 지금의 중력과 비슷하게 출발했을 것으로 추측한다. 그 이후 10^{-32}초 이후 우주 급팽창(cosmic inflation) 시기에 우주의 부피는 10^{75}배 증가했으며, 이 팽창으로 모든 물질들은 빛의 속도보다 빠르게 멀어졌다. 1조 분의 1초 후에는 중력, 약력, 전자기력, 강력의 네 가지 힘이 자리 잡아 오늘날과 비슷해졌으며 100만 분의 1초 정도의 팽창을 겪은 후 우주는 냉각되기 시작했다. 빅뱅 후 2억 년이 지나서야 첫 번째 별이 등장했고 빅뱅 후 92억 년이 지나서야 태양과 태양계가 우주에 등장했다고 본다.

그렇다면 우리는 양자 얽힘과 이중성을 알게 된 지금, 왜 어떤 우주는 존재하며 어떤 우주는 존재할 수 없는지 깊이 생각해 볼 수 있지 않겠는가? 이런 의문의 일환으로 빅뱅 후 10^{-32}초 시기인 급팽창 시대에 공간을 충격적 속도로 팽창하면서 그 안에 든 모든 것을 찢어 놓았으며, 공간 영역들은 영원히 단절됐고 차원을 넘어선 각각은 완전히 다른 우주가 되었다는 가설이 생겼다. 급팽창에 관한 증거가 쌓이고 더욱더 강렬해지면서 많은 과학자들이 우리 우주가 다중 우주의 일부이며 그런 우주가 급팽창에 의해 태어났을 가능성을 받아들이고 탐색하고 있다. 이렇게 하여 각각의 우주가 서로 단절된 다중 우주가 생겨난 것이다.

휴 에버렛이 주장한 좁은 의미에서 다중 우주론인 다중 세계 해석은 관측하는 순간, 즉 관찰자를 계에 포함시킬 경우 파동함수가 붕괴되어 세상이 확장된다는 가설을 증명할 수 없다고 하며 슈뢰딩거의 방정식에도 측정 시마다 파동함수의 붕괴를 암시하는 수학적 변수는 없다고 한다.

즉 **파동함수가 붕괴되면서 확장하는 게 아니라 슈뢰딩거 방정식을 따라 결정론적으로 움직이고 그에 따라 나올 수 있는 우주는 여러 개로 갈라지는 것**이라 하면서 이중 슬릿 실험에서 오른쪽 슬릿으로 지나간 우주와 지나지 않은 왼쪽 우주는 '수학적으로 자명한 대칭'인 유니타리(Unitary) 진행 즉 **중첩(Superposition)**이라고 한다. 즉 '결 어긋남' 문제만 해결된다면 입자가 측정될 때마다 우주가 무한으로 나뉜다고 했다.

이 이론은 **가능한 모든 경우의 수에 해당하는 만큼 세계가 존재하며 관측하는 순간 새로운 세계가 분리되어 탄생하는 이론**으로 이해를 돕기 위해서 **이중 슬릿 실험에서 지나지 않은 나머지 슬릿을 생각**해 보자.

따라서 전자와 같은 양자는 동시에 서로 다른 장소에 존재할 수 있고 상충되는 성질을 동시에 가질 수도 있다는 양자역학의 양자 얽힘과 이중성 현상에 따른 가설 중 하나인 다중 세계 해석에 따르면 우주 공간 어디에 있든 양자에 대해서는 항상 두 가지 이상의 선택권이 주어지고 우주는 입자에 부여된 선택권만큼 평행우주로 쪼개진다.

그러므로 **한 가지의 선택을 할 때마다 세계는 그 선택의 이쪽과 저쪽, 두 가지의 세계로 갈라지는 것**이라는 주장이다.

한 마디로 다중 우주 해석(Multiverse Interpretation)은 '우주는 우리가 선택하는 순간에 여러 개로 갈라지는 것이 아니라 이미 무한개의 우주가 존재하고 있으며, 마치 기차가 수많은 교차점을 지나지만 결국에는 하나의 경로를 쫓아가듯이 하나의 우주를 선택한다'는 것이다.

이는 우주가 시간과 공간에서 여러 갈래로 나뉘어 서로 다른 일이 일어나는 여러 개의 우주가 사람의 인식과 무관하게 무한히 존재한다는 가설이다.

여러 주장을 아주 간단히 소개하면 다음과 같다.

① 우주 배경 복사 측정으로 밝혀진 우주 구성 물질의 68% 정도인 암흑에너지의 구체적인 값과 관련된 문제 해결 방법으로 우주가 여럿 존

재한다는 우주 배경 복사 이론.

② 일반 상대성 이론에 의해 프리드만 방정식을 따르는 우주는 팽창 후 수축하여 종말을 맞는 닫힌 우주, 영원히 팽창하는 열린 우주, 초기 팽창 속도와 물질의 밀도가 조화를 이루는 경우 계속 팽창을 하되 겨우 팽창을 유지하는 평평한 우주론을 펼치는 이론.

③ 자연에 존재하는 중력, 전자기력, 약력, 핵력 중 중력을 제외한 세 개의 힘을 하나로 통일하는 이론으로 19개 상수를 도입하여 그 값에 따라 여러 개의 우주가 존재한다는 대통일 이론.

④ '앨런 구스'가 우주가 생성되자마자 빠르게 팽창됐다고 가정하는 이론과 그걸 보완한 자발적 붕괴론과, 그에 따른 연속적이고 영원한 대폭발 때마다 우주는 탄생한다는 급팽창 이론.

⑤ 매우 작지만 0이 아닌 길이를 가진 대칭성을 가진 끈이 만물을 구성하며 이는 10차원을 말하며 4차원의 나머지 6개의 차원에서 인간이 관측할 수 없는 여러 개의 우주가 있다는 끈 이론.

⑥ 10차원의 끈 이론에 11차원으로 확장되어 끈뿐만 아니라 다양한 차원의 막이 등장하여 숨겨진 차원들이 늘어나게 된다는 M 이론.

⑦ 끈 이론은 허용하는 작은 길이까지 압축된 블랙홀이 대폭발을 일으키고 그 폭발 때마다 다른 블랙홀이나 다른 우주가 존재한다는 선대폭발 이론.

현재 끈 이론은 표준모형의 양자적 성질과 아인슈타인의 일반 상대성 이론을 일관성 있게 통합할 수 있는 아이디어 가운데 가장 가능성 있는 후보로 꼽힌다. 그러나 핵심인 초짝의 존재를 인정하는 초대칭성에 대한 확신을 잃었다.

고전역학에 따르면 물리법칙들은 결정론적 특성이 있어서 인간의 자유의지는 의미가 없다고 하지만, 양자역학은 관측에 따라 결과가 달라지는데 그 관측 단계에서 자유의지가 개입할 여지가 많이 있다. 그래서 다중우주 해석은 양자적 파동함수에 의해 관측에 따라 정해지는 값이 정해질 때마다 우주가 여러 갈래로 나누어진다고 보는 해석이다. 이 다중 우주 해석은 상담자가 질문하는 날에 따라 답변의 정단이 달라지는 『주역』 육효점과 유사성이 아주 크다. 참고로 다중 우주론에서 스티븐 호킹은 "초자연적인 존재, 혹은 신(神)의 개입은 우주의 창조에 아무런 영향을 끼칠 수 없다"고 주장했다.

사실 상담하면서 나도 모르게 자주 인용한 시(詩)가 하나 더 있다. 미국 시인 로버트 프로스트(Robert Frost)가 가을 숲속을 걷다 두 갈래 길을 마주하고 고민하다 사람이 적게 지나간 길을 선택한 이후 모든 것이 달라졌다는 시, 「가지 않은 길(The road not taken)」이다.

로버트 프로스트(1874~1963)
(사진 출처 : 나무위키)

여기에 소개해 본다.

The Road Not Taken

Robert Frost

TWO roads diverged in a yellow wood,

And sorry I could not travel both
And be one traveler, long I stood
And looked down one as far as I could
To where it bent in the undergrowth;

Then took the other, as just as fair,
And having perhaps the better claim,
Because it was grassy and wanted wear;
Though as for that the passing there
Had worn them really about same,

And both that morning equally lay
In leaves no step had trodden black.
Oh, I kept the first for another day!
Yet knowing how way leads on to way,
I doubted if I should ever come back.

I shall be telling this with a sigh
Somewhere ages and ages hence;
Two roads diverged in a wood, and I-
I took the one less traveled by,
And that has made all the difference

나의 느낌대로 옮겨 보자면, 다음과 같다.

가지 않은 길

로버트 프로스트

노란 단풍 숲속에 두 갈래 길이 있었습니다.
몸이 하나이니 두 길을 모두가 볼 수 없어
나는 안타까운 마음으로 한참을 서서,
덤불 사이로 굽어진 한쪽 길을
멀리 바라볼 수 있는 데까지 바라보았습니다.
그러다가 또 하나의 다른 길을 택했습니다.
먼저 길과 똑같이 아름답지만,
아마 더 나은 듯도 하였지요.
풀이 더 무성하고 사람이 닿지 않은 듯했으니까요.
그 길을 걷다 보면
먼저 길과 거의 같아지겠지만요.

검은 발자국 자취 하나 없는 낙엽 위로,
두 길은 그날 아침을 마주하고 있었습니다.
아, 한 길은 다른 날을 위해 남겨 두었습니다.
끝없는 인생길이 이어져 어떤지 알고 있으니
다시 보기 어려우리라 느끼면서도 말입니다.

나는 한숨지으며 이야기하겠지요.

까마득히 오랜 세월이 흐른 다음

"두 갈래 길이 숲속으로 나 있었다. 그리고 나는-

사람이 적게 간 길을 택했고,

그것이 내 삶의 운명(運命)을 바꾸어 놓았다"라고.

우리는 모두 지나온 시간을 되짚어 보면 끝없는 선택의 순간들을 겪으며 지금에 이르렀다.

중학교 때는 일반 학교냐? 특수목적고냐? 인문계냐? 실업계냐?

고등학교 때는 진학이냐? 취업이냐? 문과냐, 이과냐?

대학교 때는 전공을 무엇으로 할 건지, 진학할지, 취업할지, 공기업인지, 사기업인지, 이 회사인지, 저 회사인지, 군대는 언제 가야 할지.

사회에 나와서는 결혼해야 할지, 말지, 이 여성과 할지, 저 여성과 해야 하는지, 집을 사야 할지, 전세로 해야 할지, 직장을 계속 다녀야 할지, 사업을 시작할지.

이러한 선택의 순간들을 지나서 그 결정의 결과로 지금의 상황에 위치하고 있다는 점이다.

지금 나에게 기억나는 아주 중요한 순간이 있다. 실업계 고등학교 시절, 우리 학년까지만 대학 진학을 위한 성적의 혜택 구별 판단 기준이 3학년 1학기 때의 성적만으로 적용되는 때였을 때였다. 그때 시험에 집중하느냐, 후배들의 요청에 학교 대항 전국 웅변대회 준비를 위해 시간을 할애하여 지도하느냐 선택해야 했다. 그때의 결정이 내 인생에 있어서 여럿의 말 못 할 변수가 있었지만, 결론적으로 나에게는 전혀 다른 길을 향한 출발지가 되는 극적인 계기였다.

이렇듯 우리 인생은 선택에 의한 길과 남겨진 다른 길이 항상 상존한다. 그러나 역시 알 수 없는 길일 뿐이다.

제8절. 양자 컴퓨터

양자 컴퓨터는 양자역학에서 중첩성과 얽힘의 원리를 정보 처리에 직접 사용하는 미래형 첨단 컴퓨터다.

1965년 리차드 파인만(Richard Feynman) 교수의 꿈에서 출발하여 1982년 자연현상에 기반한 양자역학의 파동 방정식의 가역성(可逆性)을 이용한 컴퓨터 시스템을 제안하면서 시작되었다. 양자 컴퓨터는 전자의 중첩 현상을 이용하여 전자를 단 한 번 발사하여 여럿의 슬릿을 동시에 조사(照射)한다. 그때 전자가 파동처럼 여러 슬릿을 빠져나가게 되면 **정답 슬릿**을 지나간 파동만이 위상이 달라져 **오답 슬릿** 통과 파동과 그 둘을 잘 간섭시키면 정답 슬릿은 보강되어 커지고, 오답 슬릿 파동은 상쇄되어 작아져 마지막 벽에 전자가 부딪히는 위치를 조사하면 정답 슬릿이 어딘지 알 수 있는 원리로 만들어졌다.

리차드 파인만(Richard Feynman, 1918~1988)
(사진 출처 : 위키피디아)

이는 양자 특성인 **중첩과 얽힘**을 이용하여 큐비트(Qbit) 열(列)을 한 번

조작하는 것만으로도 모든 데이터를 동시에 처리할 수 있어서 아무리 데이터가 많아져도 처리시간은 달라지지 않는다. 그러한 이유로 슈퍼컴퓨터에 비해서 연산속도가 1억 배 정도 더 빠르다. 이처럼 초고속 **병렬연산**이 가능한 새로운 개념의 컴퓨터인 것이다.

양자 정보 처리의 원리는 최소 단위로서 중첩이 가능한 큐빗을 이용해서 양자 컴퓨터를 구현한다. 기본적으로 정보 처리를 위한 최소 단위로 비트(bit)와 큐비트의 차이가 있으며 이 둘은 다음과 같이 작동한다.

고전역학의 정보 처리 최소단위 : Bit(0 or 1)

양자역학의 정보 처리 최소단위 : Qbit(0 or 1 or 0, 1)

이와 같이 큐빗 2개를 적절한 중첩 상태를 만들어서 f(x)의 논리가 내장된 양자 회로에 넣으면 최종 측정 결과에 따라 단 한 번의 입력으로 함수=f(x)가 어떤 함수인지 판결이 가능해진다. 이 말은 입력값에 의해서 출력값이 동시에 결정된다는 말이다. 물론 이러한 프로세서가 동작하기 위해서는 모든 큐빗을 사용하여 0과 1의 중첩 상태를 높은 정확도로 제어할 수 있어야 한다.

나는 학창 시절 수학 과목은 약한 지점이었는데 여기서 양자 컴퓨터의 기본적 작동 원리를 위해 Qbit의 움직임을 꺼내 보면 『주역』「계사하전」 제10장에 다음과 같이 나타난다.

易之爲書也 廣大悉備(역지위서야 광대실비)

역의 서 됨이 넓고 커서 다 갖추어져 있다.

有天道焉 有人道焉(유천도언 유인도언)

하늘의 도가 있으며, 사람의 길이 있고,

有地道焉 兼三才而兩之 故, 六(유지도언 겸삼재이량지 고, 육)

땅의 도가 있으니, 삼재를 겸하여 둘로 하였으니 육효다.

他也 三才之道也(육자비타야 삼재지도야)

육효란 다른 것이 아니라 삼재(三才)의 도다.

여기에서 말하는 삼재의 3에는 하늘과 사람과 땅의 3, 플라톤의 『티마이오스』에서 언급한 3각형의 3, 『천부경』 속의 3, 삼태극 속의 3, 피타고라스의 신비의 수 3, 헤겔의 정반합의 3, 『계사전』의 "문효지동 삼극지도야(文爻之動 三極之道也)"의 3이 있다. 이러한 3개의 이진수(광자 3bit) x, y, z를 더할 때 최소값이 나오는 x, y, z 셋의 조합은 무엇인가? 이는 인간의 문명에는 항상 어찌할 수 없고 불가역적인 하늘과, 약한 수준의 가역적인 땅과, 행위의 주체자인 인간의 세 가지의 자연적, 선천적 결합에 의해서 만들어지는 것이라고 본다. 때문에 그 원리를 헤아려 가장 안정적이고 가장 많은 것을 함유하며 가장 기본적인 구성이며 그 모두를 설명할 수 있는 숫자이기 때문에 언급되고 있다고 본다.

1 1 1(乾)		f 1 1 1(건)
1 1 0(兌)	Quantum	f 1 1 0(태)
1 0 1(離)	Processor	f 1 0 1(이)
1 0 0(震)		f 1 0 0(진)
0 1 1(巽)	f(x)	f 0 1 1(손)

0 1 0(坎)　　　　　　　　f 0 1 0(감)

0 0 1(艮)　　　　　　　　f 0 0 1(간)

0 0 0(坤)　　　　　　　　f 0 0 0(곤)

→ 0과 1의 각각의 다른 배합의 8개가 된다.

이것을 8괘로 표현할 수 있음이 흥미롭다.

이때 고전적 컴퓨터는 8개의 경로를 모두 다 한 번씩 찾아가지만, 양자 컴퓨터는 양자의 얽힘과 중첩의 속성으로 단 한 번의 '결 잃음'을 통해 하나의 상태로 와해되어 동시에 답을 찾아내는 것이다.

이와 같은 양자 컴퓨터에서 상태 함수는 중첩 상태이지만 측정을 하면 '결 잃음'을 통해 하나의 상태로 붕괴되어 버리기 때문에 중첩의 효과가 측정 결과에까지 반영되는 알고리즘을 찾을 수 있다.

이러한 양자 컴퓨터 분야에서 결정적으로 1985년 영국의 물리학자 데이비드 도이치(David E. Deutsch)가 컴퓨터를 이용한 계산을 수학적으로 표현할 수 있는 알고리즘을 완성했고 1994년 피터 쇼어(Peter W. Shor)는 양자 컴퓨터로 소인수분해를 고속으로 처리할 수 있는 해법을 찾아냈다.

이제 양자 컴퓨터의 작동 방식을 자세히 설명하면 0과 1의 이진수로 연산을 처리하는 일반 컴퓨터와 달리 양자 컴퓨터는 얽힘(entanglement)이나 중첩(super position) 같은 양자역학적 현상을 활용해 0과 1이 공존하는 큐비트를 만들어 낸다.

하여 양자비트(큐비트)가 n개라면 2^n승 가지 패턴의 모든 정보를 중첩해서 가질 수 있어서 2의 n승에 해당하는 연산이 한 번에 이루어져 2개의 큐빗은 4개, 6개의 큐빗은 64개, 10큐비트면 1,000개를, 이렇게 기하급수적으로 동시에 계산할 수 있다고 한다. 이런 이유로 슈퍼컴퓨터로 1,000년이 걸리는 연산을 15분 만에 처리할 수 있다. 10개 비트의 모든 경우를 병렬 연산할 때 1,024개의 비트가 필요하지만 양자 컴퓨터는 큐비트 10개면 해결할 수 있다. 실제로 『네이처』지에 따르면 PC용 중앙처리장치(CPU) 칩 600만 개가 부착된 IBM 서밋 슈퍼컴퓨터로 1만 년 걸리는 문제를 구글의 양자 컴퓨터는 53개의 큐비트 1개 칩만으로 3분 20초 만에 풀었다고 한다.

결론적으로 양자 중첩과 얽힘은 양자 컴퓨터가 특정한 문제들을 고전적인 컴퓨터보다 효율적으로 알 수 있게 하고 있으며 현재 과학자들은 양자 컴퓨터의 완전한 실용적 구현을 위해 두 가지 과제와 싸우고 있다.

첫 번째는 '양자역학의 궁극적 검증은 어느 정도의 거시적인 규모까지 적용이 가능한가?'이고,

두 번째는 실용적인 양자 정보 기술의 구현은 두 가지 모두 상당한 크기의 양자 중첩, 얽힘을 필요로 하고 '결 어긋남'과의 전쟁이라 할 수 있는 상시온도를 절대온도 -273.15℃까지 온도를 낮추는 방법과 큐비트의 긴 수명을 유지하는 품질 개발을 피할 수 없다는 것이다.

먼저 2019년 구글에서 54큐비트(qbit)의 양자 컴퓨터를 200초간 가동했다.

2023년 12월 5일 자 복수의 한국 인터넷 신문 기사에 따르면, 뉴욕에서 열린 '퀀텀써밋' 행사에서 미국 IBM사에서 발표한 바에 의하면 양자 컴퓨터의 발전 과정과 예상은 다음과 같다.

IBM에서는 2019년 27qbit의 양자 컴퓨터 '팰컨'을 개발하여 사용하고 있다.

데이비드 도이치(1953~)
(사진 출처 : 위키피디아)

2020년 65qbit의 '허밍버드',

2021년 127qbit의 '이글',

2022년 438qbit의 '오스프리'를 개발했으며,

2023년 뉴욕에서 열린 '퀀텀 써밋'에서 양자 오류의 개선에 초점을 맞춘 133qbit의 양자 컴퓨터의 칩 '퀀텀헤론'과 함께 1,121qbit의 '콘도르'를 공개했다.

그리고 그들은

2024년 1,386qbit의 '플라밍고',

2025년 4,158qbit의 '쿠카브라',

2026년 1만~10만 qbit로 확장된 양자 컴퓨터 개발 계획을 발표했다. 또한, 그 자리에서 "우리가 아직 시도하지 못한 문제를 해결할 도구 하나를 가지게 됐다며 10년 정도 뒤면 양자 컴퓨터의 활용이 보편화될 것"이라고 했다.

우리나라의 경우는 지디넷 코리아의 박희범 기자의 2024년 7월 6일 자 「고려대 양자컴 물로 큐비트 생성도전」 기사를 살펴보자.

> 고려대학교 녹색생산기술연구소 양자 컴퓨터 팀(팀장 이상지 박사)은 "물 분자의 수소 양성자를 이용해 양자 큐비트 생성 장치를 설계, 구현했다고 5일 밝혔다."며 이 팀장은 "큐비트 간의 양

자 얽힘 가능성을 이론적으로 규명하는 경우, 3년 이내에 영구자석을 이용한 10큐비트 모듈 방식의 양자 컴퓨터 제품 개발이 가능할 것"으로 전망하며 "나아가 모듈화 제품을 3D공간의 세 축 방향으로 적층시켜 1만 큐비트 생성도 어렵지 않을 것으로 예측했다. 이 기술은 국내외에서 선도적으로 연구 개발 중인 기존의 양자 컴퓨터처럼 극저온 냉동기와 초고진공도 필요 없으며 상온과 대기압 환경에서 가능하다."고 한다.

독자들의 이해를 돕기 위해 큐비트가 4개인 경우의 수를 만들어 보자.

1111		f1111
1110	Quantum	f1110
1101	Processor	f1101
1100		f1100
1001		f1001
1011		f1011
1010	f(x)	f1010
1000		f1000
0111		f0111
0001		f0001
0011		f0011
0101		f0101
0010		f0010

0100	f0100
0110	f0110
0000	f0000

→ 중복되지 않는 경우의 수 16개가 만들어져서 이때 16개 경로 탐색 없이 한 번에 답을 구한다.

양자 컴퓨터의 활용 분야는 광범위하게 넓다. 의료 분야에선 유전학 기술과의 접목으로 맞춤치료에 쓰이고, 신약 개발에서 분자 설계와 분석에 쓰이며 긴 시간을 필요로 하는 임상 실험 결과 도출에서도 엄청난 시간 단축을 할 수 있을 것이다. 금융 분야에서는 빅 데이터를 이용한 분석의 고도화와 금융상품 포트폴리오의 최적화로 수익모델 개발에 이용할 수 있으며, 또한 대도시의 교통 서비스 부문의 최적화에도 쓰일 수 있을 것이며 갈수록 수요가 폭발적으로 증가하는 물류 배송시스템의 최적화에도 물론 큰 역할을 하게 될 것이다.

제9절. 양자 암호 통신(量子暗號通信, Quantum Encryption Communication)

앞에서 기술한 대로 양자는 양/+ 과 음/- 또는 0과 1의, 정보의 중첩성이 있기 때문에, 입자와 파동의 이중성처럼 양자적 현상의 원인이 된다. 따라서 보통의 양자들은 50:50의 확률로 나타나는 불확정성이 있다. 따라서 양자 암호 통신은 양자의 중첩을 이용한 통신으로 빛의 가장 작은 단위인 광자(光子)에 정보를 담아 양자의 간섭 현상을 이용해 정보를 하나하나 구분하여 암호화하여 전송하는 미래의 통신 기술이다. 주고받는 사람이 한정되어 있고 '양자채널'이기 때문에 송신자와 수신자만이 해독할 수 있고 양자 컴퓨터의 공격을 막아 낼 만큼 보안성이 뛰어난 통신 방법이다.

이러한 양자 전송(통신)에서 중요한 열쇠는 양자 암호화인데, 이는 물리학에서 더 이상 쪼갤 수 없는 최소 단위인 양자(Quantum)의 특성을 바탕으로 도청이나 해킹이 불가능한 암호를 만드는 방식이다. 이는 양자의 중첩을 이용하면 일회성의 난수(亂數)가 생성되어 송신자나 수신자가 어떤 정보가 전달될지 모르고 주고받은 신호를 이용하여 차후 정보로 활용할 수 있게 하는 것으로 기존의 정보체계가 선정보 후암호화라면, **양자통신은 선암호 후정보화**라는 차이점이 있다.

이와 같이 양자 암호 통신은 양자 암호화라는 일반적인 암호화, 복호화(複號化)가 아닌, 원거리의 두 사용자가 동일한 비밀 키(Key)를 갖는 방식이다. 비밀 키 생성을 위해 정보를 주고받는 과정이 바로 양자상태에서 이루어지기 때문에 제3자는 키에 대한 정보를 알 수 없다. 대표적 특징은 공간적으로 떨어져 있는 큐비트 사이에는 양자 얽힘 상태를 만들어 큐비트(Qbit)를 관측하는 순간 비트(bit) 형태로 바뀌어 큐비트를 복사하는 것이 불가능해진다는 것이다.

때문에 동일한 양자상태의 복제가 불가능하고, 한번 양자를 측정하여 답을 구하면 측정 이전의 상태로 되돌릴 수 없다. 따라서 암호 키를 가진 두 사람만이 암호화된 정보를 복호화할 수 있어서 이 키(Key)를 제3자가 탈취하면 양자상태가 전송되는 채널에서 측정 순간 '결 잃음'이 일어나 양자상태가 변하며 훼손된다. 이때 수신자는 도청 시도를 즉시 알게 된다.

이렇듯 기술적으로 중요한 양자 암호화의 대표적 사례는 암호화, 복호화되는 키를 분배하는 양자키 분배(Quantum Key Distribution) 기술이다. 이는 송신자와 수신자의 양 끝단에 설치된 암호기 분배 기기를 통해 같은 암호 키를 생성해 주는 양자 암호화의 핵심기술이다.

이는 우리가 뒤에서 살펴볼 동시성 개념처럼 언젠가 '텔레파시(Telepathy)가 통했다'고 말하는 것과 같은 일이 현실에서 전화 통화처럼 이루어지는 그런 날을 볼 수 있을지 모른다는 생각이 상상만의 일이 아닌지 모르겠다. 지금에 이르러서는 우리가 기존의 고전역학이나 상식이라는 부분에서 보고 느끼고 판단하던 많은 일 중 검증되지 않았다는 이유로 폄훼되고 인정받지 못하던 동양의 여러 학문 중에 의학, 미래 예측 학문 또한 다시 살펴 연구해 볼 가치가 있지 않을까 생각해 본다.

우리는 흔히 5가지 감각인 색, 성, 향, 미, 촉의 오감 이외에 육감(六感)

이라는 말을 자주 한다. 무속에서는 '촉'이라 하여 오감의 촉감과는 다른 의미의 특별한 감각(extra sense), '동시 감응'이라고 말할 수 있는 접신이라는 것을 말하고 있고, 서양에도 'a sixth sence'나 'hunch'와 같이 직감, 육감을 뜻하는 단어가 있다. 먼저 육감이라는 단어가 존재한다는 것이 새롭고 놀랍다.

어찌 우리 조상님들은 증명할 수도 없고 데이터화할 수 없는, 보이지도 않고 과학적으로 서술할 수도 없는 에너지의 변화를 느끼는 '육감'이라는 단어를 생각하고 현실 생활에서 사용했을까? 아마도 내 개인적인 생각에는 그분들은 육감이라 부를 수 있는 그런 현상들을 체험하며 생활 속에서 함께해 온 감각이었으리라 짐작한다. 인류 초기 문자와 언어가 아주 단순하던 시절에는 오히려 육감이 더욱 발달해 있었으며 자꾸 문명이 발전하면서 육감 기능은 차차 소멸하는 중이라 생각된다. 그럼에도 과학이 첨단을 향하는 현재에도 오랜 역사를 가진 육감이나, 직감, 촉의 영역을 다루는 분야는 꾸준히 그 역할을 하고 있다.

동물들이 자기장과 연결되어 소통하는, 즉 자기장과 끊임없이 정보를 주고받는 그러한 기능이 있어서 10년, 30년 이상의 세월이 흐른 뒤에도 알에서 깨어난 곳을 아주 먼 곳에서 찾아오는 능력이라든가, 자연재해가 발생하기 전에 먼저 알아차리고 위험을 벗어나는 것이라든가, 인간들이 선몽이라고 하는 예지몽 등을 통해 앞날을 보는 경우 등을 볼 때, 예전에는 잘 발달되어 있던 일반적인 육감의 동시성 현상이 문명이 첨단화될수록 그 기능이 둔화되는 것이라 생각된다. 좀 다르긴 하지만 그동안 잘 기억하던 전화번호를 저장 기능이 있는 폰을 쓰면서부터는 잘 기억하지 못하는 것처럼 말이다.

이렇듯 실제 생활에서의 오감도 있지만 아직도 육감의 영역이 있듯이, 양자 암호 통신처럼 정신적, 심적 영역도 결코 현실에 뒤따르는 요소가 아니라 물질문명에 앞서서 고찰되어야 하는 요소로서 정신문명의 고양도 꼭 필요한 것이다. 좀 더 나아가자면, 우리가 눈에 보이는 현상과 과정을 중시하는 물질문명도 인간의 문제 해결에 도움을 주는 경우도 많지만, 반대로 문제 해결에 전혀 도움이 안 되는 경우도 많다. 더욱이 자원을 이용하여 생산하는 과정에서 부정적 요인이 되는 많은 2차 생성물들로 인하여 지구의 생태환경에 악영향을 미치는 물질문명의 발달이 꼭 인류에게 정말로 도움이 되는 것인지 일정 부분에서는 생각해 볼 일이다.

그러나 정신문명은 인간의 심리적, 정신적 위안을 주고 행복을 느끼려 하고, 살아 있음을 스스로 감사하게 생각하는 그런 긍정적인 요소인 창조적, 예술, 철학, 도덕 등을 함양시키며 부정적 2차 생성물의 파생이 일어나지 않는다.

우리가 조상들께 예를 올리고, 교회의 새벽 예배에 가고, 기도원에 들어가며, 산사에 가서 기도하는 것, 미국과 라틴 아메리카 흑인의 부두교 예배, 미국과 한국 교회에서 복음성가 합창으로 환희에 가득한 예배, 무속인의 접신 등 무엇인가 감사를 드리고, 간절하게 바라는 바가 이루어지기를 기원하는 행위에는 오로지 정신이 극대화되는 장소이거나 상황이 있다. 왜 그럴까? 물아일체(物我一體)라, 나와 천지자연이, 나와 신이 하나가 되어 육감, 염력(Telepathy)을 통해 둘만의 채널이 생성되어 간절히 바라는 바가 전달될 수 있는 그런 기능이 인간에게 있다고 여겨질 만한 경험을 했거나 그 경험이 전해져서 믿는 것은 아닐까?

양자 암호 통신을 통해 생각해 본다.

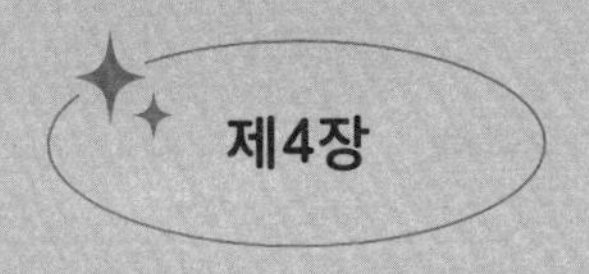

슈뢰딩거의 고양이

(Schrödinger's Cat)

- 에르빈 슈뢰딩거(Erwin Schrödinger)

'슈뢰딩거의 고양이'는 에르빈 슈뢰딩거(Erwin Rudolf Josef Alexander Schödinger, 1887~1961)가 삶과 죽음이라는 상반된 개념이 확률론으로 중첩된다고 말하는, 막 탄생된 양자역학의 피상적인 면에 회의를 가지고, 알버트 아인슈타인과 토론 끝에 제안했으며, 더불어 막스 보른이 슈뢰딩거의 파동 방정식의 해(解)가 확률을 뜻한다는 주장에 반발하여 내놓은 사고실험(thought experiment)이다.

에르빈 슈뢰딩거(1887~1961)
(사진 출처 : 위키피디아)

이 사고실험은 결과적으로 양자역학의 특징을 설명하는 대표적인 예(例)가 되었다. 슈뢰딩거 고양이의 사고실험 장치는 다음과 같다.

상자 안에 고양이 한 마리와, 방사성 물질(라듐), 가이거 계수기, 청산가리가 들어 있는 작은 그릇과 망치가 들어 있다. 상자는 외부 세계에 차단되어 있고, 밖에서 내부를 들여다볼 수 없다. 방사성 물질에서 알파입자가 방출되어 가이거 계수가 이것을 감지하면 망치가 청산가리 그릇을 부수고 고양이는 죽게 된다. 방사성 물질에서 알파입자가 방출될 확률은 1/2이고 고양이는 여기에 아무런 영향을 끼칠 수 없다. 한 시간 뒤, 고양이가 살아 있을 확률은 1/2이다.

여기서 슈뢰딩거는 양자역학은 불완전하며 비현실적이기 때문에 고양이는 반드시 살아 있거나 죽은 상태여야 하기 때문에 원자 역시 붕괴했거나, 붕괴하지 않았거나 둘 중 하나라는 것이다.

그러나 **코펜하겐 해석에서 닐스 보어가 주장한 바에 따르면 "고양이의 상태(죽었는지, 살았는지)는 상자를 열어 보기 전까지는 결정되지 않는다"라는 주장이다**. 즉 이 주장은 **대상에 대한 관측 행위가 대상의 상태를 결정한다는 것이다**.

슈뢰딩거의 고양이 사고실험에서 관측의 문제를 심도 있게 살펴보아야 할 것 같다. 이것을 과학적으로 잘 표현해 준 과학자 김상욱 교수의 설명을 꼭 들어 볼 필요가 있어서 여기에 옮긴다.

고양이 한 마리를 이중 슬릿에 던지면 벽에 여러 개의 줄무늬가 생길까? 안톤 차일링거의 대답은 물론이다! 단, 이 분자가 이중 슬릿을 지나 스크린에 도달할 때까지 절대로 분자가 날아가는 중에 공기분자와 부딪히면 적어도 공기분자는 풀러렌이 어느 슬릿을 지나는지 알게 되는 것 즉, 관측을 당하지 말아야 한다.

관측의 주체는 인간이 아니다. 아니, 지능을 가진 어떤 존재도 아니다. 풀러렌이 공기분자와 부딪혀서 어느 슬릿을 지났는지 **'우주'가 원칙적으로 알 수 있으면 관측이 일어난 것**이다. 이와 같은 관측을, 물리학자들은 **"결 어긋남" 혹은 "결 잃음 (decoherence)"**-1970년 독일 물리학자 디터 제(dieter zeh)가 제안-이라 한다. 즉 파동이 간섭할 수 있는 능력을 상실하는 현상이다.

인간의 몸은 원자로 되어 있다. 그러나 두 개의 문을 동시에 지날 수 없다. 이것은 끊임없이 '결 어긋남'이 일어나고 있기 때문이다. 그러나 모든 '결 어긋남'을 다 막을 수 있다면 당신도 두 개의 문을 지날 수 있다. 하지만 그러기 위해서는 숨도 쉬지 말아야 하고, 빛과 부딪혀도 안 된다. 이렇게 하는 것이 사실상 불가능해서 우리는 양자역학적으로 행동할 수 없다.[9)]

이 김상욱 교수의 글을 바탕으로 슈뢰딩거 고양이의 사고실험에서 말하는 중요한 논점인 수많은 '결 어긋남'의 메커니즘을 좀 더 자세히 설명해 보겠다.

일단 실험 대상인 상자 속 고양이는 온도가 절대영도(絶對零度, -273.15℃)가 아니기 때문에 살아 있으므로 주변에 열을 방출하고 있고, 고양이가 호흡을 하고 있으므로 주변의 공기 분자와 상호작용을 하고 있음은 분명한 사실이다.

---

9) 「양자역학 좀 아는 척!」, 김상욱, 동아사이언스, 2015년.

고양이는 전혀 측정당하지 않는 닫힌계에 있지 않아서 주변으로부터 끊임없이 교란당하므로 고양이의 양자역학적 상태들은 서로 '결맞음'을 이루지 않는다. 이러한 상황은 이미 실험 당사자가 상자의 뚜껑을 열기 훨씬 전에 고양이는 수십억 차례의 상호작용을 주고받았을 것이므로 신비한 양자적 확률은 이미 고전적 확률로 바뀐 상태다. 그러므로 당신이 고양이를 눈으로 확인하기 전에 고양이는 살아 있거나 아니면 죽었거나 둘 중 하나의 상태로 명확하게 결정되었을 것이다.

자, 그렇다면 슈뢰딩거가 양자역학에 대해, 회의를 품고 시작한 고양이 사고실험은 어떻게 결론이 났을까? 답은 우리가 좀 더 기다려 보자.

그렇다면 아주 일상적이고 평범하고 당연하다고 생각되는 질문을 해 보자. 만약 총으로 총알을 쏜다면 그래도 간섭무늬가 생길까? 극히 정밀하여 결 어긋남을 피할 수 있는 측정 장치가 있다면, 총알도 파동의 성질을 가지고 있기 때문에 당연히 간섭무늬가 생긴다.

그러나 총알은 외부환경과 끊임없이 상호작용하기 때문에 그 경로 정보가 새어 나가기 때문에 간섭무늬는 사라져 간다.

정리하면 다음과 같다.

① 양자 중첩은 환경과의 상호작용을 통해 쉽게 사라지며 이런 현상을 '결 어긋남'이라 한다.

② '결 어긋남'은 양자세계에서 피할 수 없는 현상이다.

③ 거시적 규모의 양자 중첩일수록 더 많은 환경과의 상호작용이 일어난다. 따라서 더 빠른 '결 어긋남'을 겪는다.

④ 양자 중첩과 얽힘을 만들어 내고 사용하기 위해서는 '결 어긋남'을 극

복하는 것이 중요한 과제다.

이후 양자역학 체계가 국소성의 원리에 모순된다고 지적했으나 '숨은 변수 찾기'와 관련된 여러 실험을 통해 오히려 **양자 세계에서 국소성의 원리(locality principle)가 통하지 않으며 한곳에만 국한되어 있지 않은 비국소성(非局所性, non locality)이라는 것이 밝혀졌다**.

결국, 슈뢰딩거의 고양이 사고실험은 거시 세계에서는 슈뢰딩거의 의도가 맞지만, 미시 세계에서는 여전히 코펜하겐 확률론 해석이 맞다는 결론을 낼 수 있겠다. 그러나 거시 세계인 인간이 속한 우주에서 일어나는 많은 현상들이 아직도 알 수 없는 것들로 이루어진 만큼 인간의 정신적, 심리적 상황은 거시 세계의 과학적 사고와는 다르게 파악되어야 할 것이다.

인류 역사 이래 우리 인류는 3만 6천 년 전으로 거슬러 올라가는 스페인 '알타미라' 동굴 벽화 세트와 인도네시아 보르네오 동부 술라웨시의 남쪽 동굴 '레앙 불루시퐁'의 4만 4천 년 전의 동굴 벽화, 브라질 '세라 다 카리바라' 국립공원의 2만 5천 년 전 동굴 벽화 등 선사시대 동굴 벽화 유적이나 큰 바위 등에 새겨진 그림들을 통하여 그들의 생활상과 더불어 특정할 수 없는 무엇인가에 기도를 하고 신에게 제사를 지냈다는 흔적이나 기록이 많이 보인다.

이어서 첨단과학이 지배하는 현대에 이르기까지 수많은 여러 가지 종교가 분화하며 번성하고 있다. 이와 같이 인간들은 끊임없이 창조주, 구세주, 유일한 신, 풍요를 뜻하는 여성신, 돌아가신 부모님이나 조상님께 혹은 막연히 하늘, 땅, 그 어디, 그 누구, 그 무엇인지 특정할 수 없는 그 무엇에게까지도 의지하며 바라는 바가 이루어지기를 바라는 기원, 기도를 한다.

동서양을 막론하고 인간은 죽을 수밖에 없는 분명한 한계상황이라는 운명을 가지고 태어났으며, 그러하다는 사실을 인지하고 끝없이 확인하는 사고 작용이 타 생명체에 비하여 뛰어나다는 것이다. 그리하여 우리 인간은 어쩔 수 없는 우연적 사태에 직면하는 한계상황을 극복하고자 하는 강한 의지가 발현된다. 그리하여 죽음을 넘어설 수 없는 존재가 인간보다 오랫동안 단단하게 환경에 영향을 덜 받거나, 엄청난 힘을 갖거나, 삶과 죽음을 넘어선 신과 같은 존재를 상정하고 그 대상에게 기도하고, 소망하며 바라는 바를 기도하며 한계상황을 극복하려는 개인적 행위를 넘어서 집단·사회적으로 조직화된 종교가 나타나게 된 것이 아닌가 한다.

뒷장에서 다루는 EPR의 역설에서 우리의 우주와 세상은 두 시스템이 유한한 시간 안에 서로 소통할 수 없을 만큼 떨어져 있어도 한 시스템의 측정이 다른 시스템에 변화를 인과적으로 유발할 수 있다는 **비국소성**이 밝혀졌듯이 오롯이 '결맞음(coherence)'이 일어날 수 있는 정신적 운동인 기도가 받아들여지고 통하여서 이루어질 것이라는 믿음이 있기 때문이다. 특히, 천지자연과의 합일을 자연스럽고 중요하게 생각하는 동양 문화권에서는 나와 함께 존재하는 생물, 무생물까지 존중하고 의인화하며 상생하는 문화를 만들고 유지하였다. 그렇기 때문에 살생을 피할 수 없는 지경까지 피했으며 불가피한 경우라면 그 행위를 최소화했고 죽여야 하는 대상에게도 예의를 표했으며 가축이 아닌 경우의 사육도 일정 기간 이후에는 자연으로 살려서 돌려보냈다. 하물며 인간과 계속적으로 함께하는 무생물의 경우에도 인격을 부여하는 경우가 있었다. 이러한 사례들에서 보듯이 나를 둘러싼 모든 것들과 비국소적으로 소통하고 영향을 주고받으며, 자연과 하나가 되는 삶을 살아가는 문화가 면면히 이어져 오고 있는 것이다.

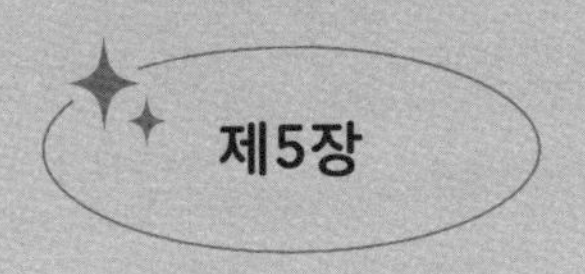

EPR의 역설(Paradox)

- 아인슈타인(Albert Einstein), 포돌스키(Boris Podolsky), 로젠(Nathan Rosen)

E.P.R의 역설을 살펴보기에 앞서서 먼저 아인슈타인과 이후 물리학자들의 우주론을 아주 간단하게 살펴볼 필요가 있다.

1917년에 아인슈타인은 일반 상대성 이론의 우주론적 결과를 숙고한 첫 번째 논문을 발표했다. 이 논문에서 그는 장방정식의 결과를 직접적으로 따르는 우주를 설명했다. 그에 방정식들은 우주의 기하(幾何)가 시간에 따라 변하고 거의 모든 것이 운동 중인 상태를 의미하는 것이었다. 공간 또한 팽창이든 수축이든 움직인다고 암시했다.

그러함에도 그가 믿는 종교적 신념에 의한 신 의식 때문인지, 아니면 어떤 이유인지 몰라도 그는 우리 우주가 영원히 변함없어야 한다는 강한 철학적 편견을 갖고 있었다. 내 생각으로는 닐스 보어와의 대담을 통해 볼 때 아마도 유태인인 그가 믿는 창조신에 대한 믿음이 작용한 게 아닌가 한다. 결론적으로 아인슈타인의 우주는 **정적인 상태의 우주**였다. 시간에 따라 팽창하거나 수축하지도 않았다. 그 모양과 크기도 과거에도 지금도 미래에도 같아서 우리 우주는 변화하지 않았고 따라서 시작도 없었다.

그러나 1922년 러시아 물리학자 알렉산더 프리드만(Alexander Friedmann)은 아인슈타인의 주장의 근거를 찾을 수 없다며 우리 우주가 반드시 팽창하거나 수축해야 한다고 주장했다. 결국 아인슈타인은 프리드만의 결과는 정확하고 명료하지만, 그 풀이에 물리적 의미가 있다고 보기 어렵다며 "우주는 절대 변화할 수 없는 것이다"라는 주장을 굽히지 않았다. 이와 같은 태도가 양자역학과 관련된 토론에서도 이어지는 것을 볼 수 있다.

어쨌든 아리스토텔레스, 갈릴레오, 또는 뉴턴의 관점에서는 모든 물리 법칙은 기본적으로 고정된 배경으로 상상한 공간 안에 있는 사물의 위치가 시간과 더불어 어떻게 변화하는지 밝히는 법칙일 뿐이었다. 하지만 아인슈타인의 일반 상대성 이론의 발표로 높은 질량이나 에너지로 인하여 주위 공간의 모습이나 시간을 팽창하고 수축하고 휘감기고 꼬이고 끊어지고 휘고 부풀고 심지어 존재 자체를 시작하거나 멈출 수도 있다는 것과 빛보다 빠른 속도로 움직일 수 있는 것은 없다는 것을 알게 되었다. 이외에도 말로 다 설명할 수 없는 많은 과학적 원리들을 발견한, 우리 인류 과학사에서 영원히 기억될 과학자다.

근본적으로 현대물리학의 모든 것은 강력한 두 가지 이론 위에 세워졌다. 아인슈타인의 일반 상대성 이론과 일반적으로 한순간에 한곳에만 위치하지 않는다는 입자와 파장을 서술하는 양자 이론이다. 이 두 가지 이론이 결합했을 때 오랫동안 활동해 오고 있는 태양의 동력을 설명할 수 있으며 그와 동시에 원자 내부의 작용도 설명할 수 있었고 우주론 또한 마찬가지다. 그러나 결국 극단적인 조건의 자연을 서술할 경우 이 두 가지 이론 중 하나 혹은 둘 다 어떤 식으로든 무너지고 실패할 수밖에 없음을 지금에 와서 많은 물리학자들은 알고 있다.

본론으로 돌아와서, 1935년 아인슈타인(Albert Einstein)과 제자인 포돌스키(Boris Podolsky), 로젠(Nathan Rosen) 이 세 사람이 『피지컬 리뷰

(Physical Review)』지에 국소성 위배 불가능에 관한 해석을 통하여 양자 중첩을 붕괴시켜서 양자역학의 불완전성을 밝히기 위해 「물리적 실재에 대한 양자물리학적 기술은 완전하다고 할 수 있을까?」라는 제목의 논문을 기고했다.

이 논문에 따르면 서로 멀리 떨어져 있는 물체들은 상대에게 즉각적인 영향을 미칠 수 없다는 국소성과 그 측정의 결과는 물리계가 가지고 있는 특성의 결과라는 것이다. 즉, 측정으로부터 독립적인 물리적 실재가 존재한다는 고전적 현실주의(Local Realism)인 실재론을 주장하며 다음의 두 가지의 조건을 제시했다.

알버트 아인슈타인(1879~1955)
(사진 출처 : 위키피디아)

① 모든 물리 이론은 물리학적으로 '실재'해야 한다. 이는 시스템 자체를 변화시키지 않고도 값을 측정하거나 예측할 수 있어야 한다.
② 모든 이론은 국소성(Locality)을 지녀야 한다. 이는 실험이 일어나고 있는 공간의 배타성을 말한다. "공간적으로 분리된 계에서 일어나는 사건이, 지금 이곳에서 진행하는 실험이 영향을 끼치지 않아야 한다"라는 뜻으로 숨은 변수 이론 중에 하나의 형태를 옹호하기 위한 논변이다.

여기서 다시 '숨은 변수 이론'을 다시 설명해 보자. 아인슈타인(Albert

Einstein), 포돌스키(Boris Podolsky), 로젠(Nathan Rosen) 이 세 사람에 따르면 물리량의 측정 문제에 있어서 '살아 있는 상태와 죽어 있는 상태가 중첩된 상태'는 애초에 존재하지 않고 고양이를 상자에 넣는 순간 고양이가 죽었는지, 살았는지의 여부가 결정된다. 즉, 처음부터 한 상자에는 죽은 고양이가, 다른 상자에는 살아 있는 고양이가 들어 있는 것이다.

따라서 5광년 거리에 있는 A와 B 중 A가 상자를 열어 살아 있음을 확인한다 해도 5광년 밖에 떨어진 고양이를 죽이는 것은 아니다. **"이 모든 것은 원래부터 결정되어 있으며, 단지 우리가 그것을 결정하는 변수(變數)가 무엇인지 모를 뿐이다"**라고 말하며 숨은 변수의 존재를 이야기하는 이것이 바로 '숨은 변수 이론(Hidden variable Theory)'이다.

여기서 언급되는 숨겨진 변수는 '현재는 모르지만, 미래에는 분명히 알 수 있는 그런 숨겨진 존재가 숨겨져 있다'는 의미다. 이것이 창조주이자 조물주를 상징하는지는 논외로 하자.

EPR의 주장은 물리계를 교환하지 않는다는 전제하에서 만약 어떤 물리량의 값을 정확히 예측할 수 있다면 그 양에 대응하는 실재의 요소는 존재한다는 것이다.

이 역설은 양자역학의 어떤 상태를 측정할 때 측정함과 동시에 그 계는 측정에 해당하는 고유 상태로 붕괴해 버린다는 비국소성의 원리에 의해 양자역학의 측정 결과는 빛의 속도로 바로 갈 수 있는 것보다 멀리 떨어진 곳에서도 측정할 수 있다는 것에 대한 반론적 문제 제기다.

여기서 아인슈타인은 「양자역학과 실재」라는 글에서, "국소성원리란 특수 상대성 이론으로서 **공간적으로 분리되어 떨어져 있는 두 물체는 절대 서로 직접적으로 영향을 줄 수 없다는 물리학 원리로, 공간적으로 분리된**

입자 간에 상호작용이 있으려면 빛 같은 무엇인가를 주고받아야 한다는 이론이다."라고 했다. 이를 통하여 양자역학 체계가 국소성의 원리에 모순된다고 지적했으나 결국 숨은 변수 이론과 관련된 여러 실험을 통해서 특히, 존 스튜어트 벨은 그가 행한 '벨의 부등식(Bell's Inequality) 실험'으로 어느 이론이 옳은지 규명하려 했고 결국 Spin은 벨의 부등식이 성립하지 않는다는 사실을 밝혀냈고, 그 실험값이 양자역학에 의해서 완벽히 설명됨을 증명하였다.

이는 '숨은 변수라는 것이 어떤 형태로든 존재한다면 반드시 성립해야만 하는 식이 성립하지 않는다'는 뜻이며 그렇기 때문에 세상에는 '숨은 변수'라는 것이 아예 존재할 수 없음을 밝힌 것이다. 결론적으로 국소적 실재론이 틀렸음을 밝히며, 오히려 **양자 세계에서 국소성의 원리가 통하지 않으며 비국소적**이라는 것이 밝혀졌다.

여기서 말하는 비국소성(Non locality)이라 하는 것은 **우주 만물과 우리가 서로 연결되어 있다**는 뜻으로 전파나 빛을 통해 정보가 전달되는 것이 아닌 즉각적으로 정보가 전달되는 성질을 말한다.

이러한 고전역학과 양자역학의 주요 쟁점은 다음과 같다.

1. 실재성(Reality)

고전역학에서는 두 입자 X, Y가 충돌한다. 충돌 후 두 입자는 짧은 시간 안에 반대 방향으로 멀리 날아갔다. 만약 X, Y의 속도를 측정하려 할 때, X의 속도를 측정했다면 에너지 보존의 법칙에 의해 Y의 속도를 직접 측정하지 않고도 알 수 있다.

하지만 코펜하겐 해석은 **'Y가 측정되기 전까지는 Y는 존재하지 않는다'**고 주장한다.

2. 국소성(Locality)

고전역학에서는 전자나 양전자와 같은 입자들의 물리적 성질은 국소성의 원리(principle of locality)로 시공간의 어떤 점에 국한되어야 한다. 즉, 서로 멀리 떨어져 있는 물체는 즉각적으로 영향을 줄 수 없다.

서로에게 영향을 끼치기 위해서는 어떤 형태로든 통신을 해야 한다. 즉각적인 통신은 국소성(locality)을 위반하게 되는 것이다. 그것은 빛의 속도보다 몇 배 빠르게 통신하는 것이므로 특수 상대성 이론에 따르면 그것은 불가능하기 때문이다. 이것은 양자역학이 완전한 물리 이론이 아니거나 숨은 변수(Hidden Variable)를 찾지 못한 것이다.

이에 대한 코펜하겐 해석은 전자나 양전자와 같은 입자들은 자신의 축을 중심으로 자전하고 있는데, 자전에 의한 운동량을 Spin이라고 한다. 이 Spin은 축을 중심으로 우측이나 좌측으로만 돈다.(Spin up은 우측, Spin down은 좌측) 이러한 특정 전자가 어떤 Spin을 가졌는지 측정 전까지는 알 수 없고, Spin up, Spin down의 상태가 중첩되어 있다.

측정 시 두 가지 Spin 중 하나로 확정되고 나머지 전자에 영향을 주어 동시에 측정하게 되면 나머지 다른 전자는 반대의 상태가 된다. 이는 **멀리 떨어져 있는 입자에 대한 측정이 다른 입자에 즉각적으로 영향을 줄 수 있다**고 주장한다.

3. 양자 얽힘(Quantum Entanglement)

입자들은 한 입자의 양자(Quantum) 상태의 측정이 다른 입자들의 가능한 양자상태를 결정하는 방식으로 서로 연결되어 있다. 이에 대해서 아인슈타인은 이 효과를 '유령 원격장치(Spooky action at a distance)'라고 언급했다.

그는 양자 얽힘의 존재를 인정하면서 장갑 한 켤레를 한 짝씩 다른 곳에 보관했다고 가정할 때 어떤 사람이 왼손 장갑을 발견한다면 다른 곳에는 오른손 장갑이 있을 것이므로, 측정 전에 이미 두 개의 입자들이 서로 강한 연관성을 가지고 있다고 말한다. 즉 서로 멀리 떨어져 있는 두 입자는 서로 영향을 줄 수 없고 영향을 주기 위해서는 어떤 형태로든 정보를 주고받아야 한다. 이러한 사실을 논리적으로 설명하기 위해서 유령 원격장치 개념을 말했다. 그러나 정상적 정보의 전달은 '상대성 이론'에 의해 빛보다 빠른 속도로 이루어질 수 없다는 것이 그의 확고한 생각이었다. 그런 이유로 '원격 유령 장치' 개념을 생각한 것이다.

이에 대한 닐스 보어의 반박에 따르면 측정 과정 없이 물리적 실재를 언급할 수 없다. 즉 X의 속도를 측정한다면 '에너지 보존의 법칙'에 의해 Y의 속도를 직접 측정하지 않고도 알 수 있지만, **측정된 X의 속도에 의해 알게 된 Y의 운동량이 Y의 실재를 의미하지는 않으므로 그들의 주장은 불합리하고 잘못되었다고 한다**.

4. 불확정성(不確定性)의 원리(原理)

아인슈타인(Einstein)은 불확정성의 원리는 자연에 내재되어 있는 한계가 아니라 양자역학의 한계이며 입자를 교란시키지 않고 간접적인 방법으로 위치와 속도를 측정할 수 있다. 설사 우리가 위치와 속도를 둘 다 결정하지 않더라도 분명 입자는 명확한 위치와 속도 값을 가지고 있다고 주장한다.

즉, 입자의 실체가 보이지 않는다고 하더라도 입자는 여전히 그곳에 존재한다. 우리가 명확한 위치와 속도를 알지 못하는 것은 아직 알 수 없는 숨은 변수(Hidden Variable)를 알아내지 못했기 때문이다. 원래 하나였던 입자가 두 개로 분해되어 동일한 속도로 반대 방향으로 날아갔다고 하자. 한 방향으로 움직이는 한 입자의 위치를 측정한다고 하면 에너지 보존의 법칙에 의거하여 다른 방향으로 날아가는 입자를 손 하나 까딱하지 않고 그 특성을 알 수 있다. 왜냐하면 '같은 속도'로 반대 방향으로 날아가기 때문이다.

결국 입자는 정확한 위치라는 속성을 가지고 있다. 때문에, 정확한 위치를 가질 수 없다는 양자역학은 불완전하다는 주장이며 이를 다음과 같이 표현할 수 있겠다.

EPR : 떨어져 있는 입자는 서로에게 어떠한 영향도 주지 않는다. 왜냐하면 그들은 너무 멀리 떨어져 있기 때문이다.

Bohr : 그러나 우주는 입자 A와 B가 서로 떨어져 있더라도 그들은 서로에게 영향을 준다. 즉, **두 물체가 양자적으로 상**

호 연관되어 있으면 그 영향은 공간(空間)을 초월하여 즉각적으로 전달된다.

이 원리가 현재에는 새로운 컴퓨터 구조의 큐비트(Qbit), 즉 양자비트(Quamtum bit)를 이용한 초고속 순간 전송, 암호화 방법 등에 이용되고 있다.

쉽게 말해서 나와 당신이 서로 양자적으로 얽혀 있다면(비국소성) 내가 오른쪽으로 걷는 즉시 당신은 왼쪽으로 걷는다. 이 영향은 달에 있든, 아니면 저 멀리 떨어진 은하에 있든 수학적으로 무리 없이 적용된다. 1982년 알랭 에스페 등이 실험한 벨 테스트를 통해 자연은 비국소적이라는 것이 밝혀져 빛보다 빠른 물질은 존재하지 않는다는 특수 상대성 이론과 국소성 원리에도 위배되지 않는다.

EPR의 역설에서 보여 준 아인슈타인과 닐스 보어의 논쟁의 핵심을 파악하여 두 이론을 통합한 학술적 성과를 광운대 김영훈 교수는 다음과 같이 설명했다.

> 영국의 물리학자 폴 디랙(Paul Dirac)은 슈뢰딩거는 행렬역학의 하이젠베르크의 역학에서는 어떠한 시각적 논리가 안 보인다고 무시했었고, 하이젠베르크는 그런 파동역학의 슈뢰딩거를 고양이의 죽음이나 논하는 이상한 물리학자라며 논쟁할 때, 양쪽의 말을 들은 디랙은 코끼리를 달리 표현하는 장님들처럼 같은 대상을 서로 다르게 말하는 걸 느끼고, 이 행렬역학과 파동역학을 연

> 결해 줄 연산자(Operator)를 찾아서 마침내 그의 '디랙 방정식'을 통해 두 역학이 변환된다는 것을 증명하여, 입자이면서 파동이 동시에 설명되어 하이젠베르크와 슈뢰딩거의 주장이 동시에 존재할 수 있게 되었고 더 나아가 맥스웰의 전자기학, 아인슈타인의 상대성 이론, 슈뢰딩거의 파동역학을 통합하여 현대 양자역학을 완성했다.
>
> 디랙은 방정식을 푸는 과정에서 반물질(反物質, anti-matter)이라고 명명한 물질을 찾았고 그 대표적인 것이 양의 전하(電荷)를 띤, 전자인 양전자(positron)다. 이 반물질을 빈 공간을 채우는 유령 같은 존재 즉, 아무것도 존재하지 않는 빈공간도 음의 에너지로 가득 찬 반물질이 존재한다고 본 것이다.[10)]

김영훈 교수의 글에서 성리학의 대부분 이론, 특히 횡거 장재 선생이 "태허는 기의 본체다. 하여 태허는 기로 이루어져 있다. 그리고 그 기가 모여서 물질을 이룬다"라고 말한, 즉 세상의 모든 물질은 기로 이루어져 있다는 학설이 떠오른다.

여기에서 폴 디랙이 말한 반물질에 관하여 좀 더 살펴보기로 한다. 1928년 폴 디랙은 양자물리학에는 전자가 존재하려면 다른 종류의 입자도 반드시 존재해야 한다는 생각을 했고 그리하여 오늘날 반물질이라는 존재를 예측했다. 4년 후 1932년 전자의 반물질 짝꿍인 양전자가 최초로 관측되었고 1950년대에 입자가속기를 이용해 반양성자와 반중성미자를

---

10) 『선형 대수학과 함께 배우는 양자 정보 이론』, 김영훈, 허재성, 경문사, 2020년.

최초로 창조하고 관찰했다. 좀 더 설명하자면, 양전자는 전자와 거의 비슷하지만 전자와 질량도 같고 같은 양의 전기 전하도 나른다. 다만, 전자는 음의 전하를 가졌고 양전자는 양의 전하를 가졌다는 것이 다를 뿐이다.

폴 디랙(Paul Adrien Maurice Dirac, 1902~1984)
(사진 출처 : 위키피디아)

우주와 자연의 모든 입자(양성자, 중성자, 전자 등)는 마치 쌍둥이와 같이 질량은 같지만 전기 전하나 스핀, 양자 성질이 반대의 값을 가진 반물질 짝꿍 즉, 반입자(反粒子, anti particle, 반양성자, 반중성자, 양전자 등)가 있으며 통상적으로 우주에 많이 존재하는 입자는 '물질' 즉, 현재의 우주론의 표준 모형에서는 우주의 총질량-에너지 함량은 5%의 별, 행성, 가스 등의 관측 가능한 일반 물질(visible matter)과 에너지, 26.8%의 중력을 통해 우주에 존재한다는 것을 간접적으로 유추할 수 있는 암흑물질(dark matter), 그리고 에너지 형태의 암흑에너지(dark energy) 68.2%를 포함한다. 따라서 암흑에너지와 암흑물질은 총질량-에너지 내용물의 95%를 구성하는 반면에 암흑물질은 총질량의 85%를 구성한다. 이러한 우주 물질의 반입자를 '반물질'이라고 하며 현재 우리는 **모든 형태의 물질에 반물질 짝꿍이 있다는 것을 알게 되었다**.

이 관계는 양자 세상의 바탕을 이루는 것은 기본 대칭이며 우리 우주의 논리적 구조는 물질과 반물질 모두를 요구하고 있으며 우주 물리법칙의 핵심이다. 이것을 동양철학에서는 태허에서 태극으로 다시 음양으로 발전하는 양의, 상관론인 음양론으로 철학(관념)과 물상(현실)의 모든 영역에 공통적으로 적용되는 사고다.

이에 비춰 보면 반물질은 물질과 대등하다. 반입자들은 자신의 입자 짝꿍과 질량이 같고 같은 방식으로 생성하고 소멸한다. 이러한 이유로 반물질은 물질과 똑같은 양이 존재하여야 한다. 그러나 오늘날 우리 우주에는 반물질이 극소량만 존재한다고 한다. 이러한 이유를 우리가 현재 이해하는 물리법칙으로는 알지 못하며 이 문제를 해결할 능력이 없다. 그럼에도 '왜 그럴까?' 하는 의문은 계속 남는다. 그렇다면 혹시 우리가 물질이 압도적으로 많은 우주에 살고 있는 것은 아닐까? 아니면 우주의 다른 곳에는 반물질이 압도적으로 많은 영역이 있는 것은 아닐까? 또는 우리 우주와 쌍을 이루는 또 다른 반물질의 우주가 존재하는 것은 아닐까?

이 질문의 끝에 이르러 아주 조심스레 내 생각을 말해 보면, 지금까지 여러 가지 다중 우주론에서 모두 그럴 수 있다는 가능성을 말해 왔다. 나 또한 전문적, 과학적 이론과 지식에 근거한 것이 아니라 지금까지 서술한 동양과 서양의 여러 가지 이론과 원리에 비춰 볼 때, 먼저 우리가 알고 있는 하나의 우리 우주가 있고, 이 우주와 쌍을 이루는, 대칭으로 작용하는 우주 존재 자체도 양의로 작용하는 **다른 하나의 우주만이** 존재할 것이라고 생각한다.

돌아와서 존 스튜어트 벨(John Stewart Bell)은 아인슈타인의 학설을 지지하기 위해서 EPR 논문을 연구했다. 스핀이 0인 입자가 스스로 붕괴하면서 전자 A와 B가 만들어지면서 Spin up과 Spin down 실험으로 검증 방법을 창안하여 '벨의 정리(Bell's Theorem)'를 발표했다.

이는 '부등식 테스트(Bell's inequality experiment, CHSH부등식-양자전송)'로 결국 아인슈타인을 도우려 한 연구가 결과적으로는 양자역학의 비국소적 특징을 밝혀 양자역학의 체제가 유지될 수 있었다.

이어서 1970년, 버클리 대학 프리드먼과 존 클라우저가 실험적 검증에 성공했으며, 1980년 프랑스의 물리학자 알랭 에스페(Alain Aspect)가 정교히 검증하였다. **결국 EPR은 틀렸고** 아인슈타인이 생각했던 우주는 마음속에 존재할 수 있지만 실제로는 존재하지 않는 우주로 판명되었다.

알랭 에스페(Alain Aspect, 1947~)
(사진 출처 : 위키피디아)

결국, 보어와 아인슈타인이 세상을 떠난 뒤 자연은 국소적, 실재적이 아닌, 비국소적이어서 모든 것은 다른 모든 것과 연결되어 있다는 것이 밝혀졌다.

참고로 1995년 EPR 논문 60주년 기념 심포지엄에서 실시한 몇 가지 설문 조사 중 하나에서는 참석한 과학자 중 86%가 고전역학의 물리적 실재론을 믿는다고 답했으며, '그렇다면 아인슈타인이 옳은가, 보어가 옳은가?' 하는 질문에는 모두가 13번의 실험 결과로, 보어가 옳다고 답했다.

미국의 끈 이론 학자 브라이언 그린(Brian Randolph Greene)은 "우주 만물은 태초의 한 지점에서 탄생하였고 우주의 근본까지 추적해서 들어간다면 어쩌면 모든 만물은 **양자적**으로 서로 얽혀 있다고 볼 수 있지 않을까? 어쩌면 우리는 하나일 수 있고, 실제로 먼 과거에 우리는 하나였다"

라고 하였다.

우리 인간들은 가끔은 스스로 착각하거나 기만하며 살아간다. 그럴 때 합리화하는 가장 흔한 방법 가운데 하나는 강력하고 분명한 증거 때문에 무엇인가를 믿는 것이 아니라 사실이라고 믿고 싶어서 믿기로 선택하는 것이다. 그러나 우리는 이런 사실을 부정하고 싶어 한다. 그렇지만 정치 성향상 지지 후보의 뒤처진 결과를 신뢰할 수 없는 수치라며 쉽게 받아들이지 않는 경우와 반대의 경우에는 망설임 없이 타당하게 받아들이는 경우. 그리고 나의 식습관이 몸에 나쁘다고 하면 그건 신뢰할 수 없는 과학이며 의학이라고 생각하는 것처럼 말이다.

이제는 우리가 이 책에서 이야기하고 있는 여러 가지 미시 세계와 거시 세계를 공부하여 알게 되는 사실(양의 원리, 물질 반물질 세계, 음과 양의 원리 등)과 동서양의 철학과 종교와 관습과 문화와 언어를 바라보고 이해하여, 우리가 흔히 자신을 기만하는 사유와 행동을 하지 않고 합리적인 생활을 하는 너와 나의 우리가 되기를 바란다.

여기서 나는 최초의 원시 생명체에서 척추동물로 더 나아가 직립원인으로, 다시 현생인류까지의 진화한 시간의 영역을 생각해 본다. 그리고 고성 바닷가의 공룡 발자국 바위에서, 울진의 금강송과 온갖 산나물과, 멀리 깊은 바닷속에서 탄생하여 머나먼 이곳 강까지 당도하는 민물장어와, 식구 같은 강아지와, 내 생명보다 소중한 딸까지 시간과 공간의 영역을 바라본다. 그리하여 형태적으로 유·무형과 생명의 유무와 관계없이 나와 관계하는 모든 대상은 내가 호흡하는 들숨과 날숨처럼 떨어지려야 떨어질 수 없는 관계라고 생각하는 나의 사유와 동질성을 느낀다.

나는 이번 장에서 다룬 내용들을 살펴보면서 **'나를 사랑하는 것을 바람직하게 이루는 것은 나의 대상으로 존재하는 너를 사랑하는 것이다'**라는 사실을 깨달았다. 이를 바탕으로 나와 마주하는 대상을 배려하고, 배려는 상대를 이해하기 위해 상대의 입장에서 생각하고, 이런 역지사지를 통해 공감하고, 공감을 통해 상대를 존중하고, 존중함을 통해 모두를 사랑할 수 있지 않겠는가? 이렇듯 대상을 통해 나의 존재를 인식하는 그런 자세가 지구 공동체에 속한 우리 인류의 살길이라는 결론을 얻었다.

공존, 공감, 사랑이라는 명제를 생각할 때 아주 주관적인 종교의 영역에서도 서로 화합을 이뤄 낼 수 있다고 본다. 내가 믿는 신념을 강권하기보다 네가 믿고 추구하는 것을 이해하고 존중하는 것처럼 말이다.

다시 '내가 누구이고, 너는 또 누구이며, 나를 둘러싼 이 모든 것은 정녕 무엇인가?'를 생각하는 주관적, 관념적 자아 성찰 방법에서 대상과 호흡하는, 자연과 합일을 꿈꾸는 상관적 사유가 앞으로 인류가 추구해야 할 사유 방식이 아닌가 한다.

앞에서 밝힌 나의 주장에서 '너와 나' 개념을, 우리가 인간이라고 하는 객체를 냉정하게 역사를 통해 돌아보고 생각해 보자.

16세기 중세 제국 시대에서 18세기 산업혁명 이후 시기까지 스페인, 영국, 네덜란드, 포르투갈, 프랑스 덴마크, 미국 등 유럽 문명의 제국들이 종교적 신념을 앞세워 귀한 재물 획득을 위해 이교도의 나라와 사람들을 침략, 도륙, 박해, 약탈했다.

그들은 자신들이 익히 알고 있고 교류하며 종교적 통일성을 가진 나라, 더 이상 가치 있는 자원과 재료 없는 나라가 아닌, 저 멀고 먼 땅의 전혀 다른 문명과 언어와 관습과 전통으로 살고 있는 금은보화가 가득하다는 이민족, 이교도들의 땅을 침략하여 인적 자원과 물적 자원을 약탈한 것이다. 그리고 자신들이 믿는 신을 모른다는 이유로 신으로부터 부여받은 인간의 권리쯤은 없는, 신에게 외면당한 악마이거나 동물과도 같은 존재로 보고, 귀중한 생명을 천시하고 학살했다.

그들은 자금을 대 준 명문가와 교황과 황제에게 금과 은, 보석 등 귀한 재물과 향신료, 설탕, 커피, 차 등을 바쳐 충성의 모습을 보이고, 재물을 늘리는 수단으로 식재료 등의 획득을 위해 아프리카, 아시아, 라틴 아메리카 지역을 약탈을 위한 욕구 충족의 대상이나 도구로만 인식하여 경쟁적으로 약탈행위에 열을 올렸다.

이 당시 폭력적 약탈 방식의 선구자인 스페인의 경우 300년간 아메리카 대륙에서 침략으로 인하여 전체 원주민 인구의 절반이 침입자들을 통해 유입된 전염병과 학살로 사망했고 2,500만 톤의 황금과 10만 톤의 백은을 탈취해 갔다. 스페인과 다른 방법을 택했던 영국이 인도에서 수탈해 간 경제적 가치를 살펴보면 약 9조 2천억 파운드, 우리 돈으로 환산하면 약 6경 원가량 된다고 한다.

이러한 약탈의 결과로, 그들이 자랑거리로 여기는 대영박물관, 루브르 박물관 등 유럽과 미국의 여러 박물관에 전시되어 있는 많은 고대 유물은 모두 탈취한 인류 문화재들이며(문화재 본국 반환 움직임이 국제사회에서 일어나고 있다) 유럽 지역 모두를 경제적으로 합해도 감히 상상할 수 없는 엄청난 양을 약탈한 자원으로 재물을 늘려, 국가의 재정적 부강을 이루었고 현재 선진제국의 물질적 기틀이 만들어진 것이다. 이렇게 엄청난 재화가 갑작스럽게 늘고 무역과 산업이 발전하면서 필수 불가결한 요소인 노동력 확보가 급선무였다. 그래서 재물의 약탈만 하는 게 아니라, 노동력 확보를 위해 원주민까지 납치하게 된다. 그러다 보니 갑자기 노예 산업이 전성기를 맞게 된다. 인류가 농경사회로 접어들면서 자연스럽게 만들어져 오랜 역사를 갖고 통상적으로 유지되어 온 노예제도이지만 산업혁명 이후 제국 시대의 역사를 통해 들여다본 바에 의하면 그 양상이 다르다.

그때로 돌아가 생각해 보면 재물 앞에서 인간이 얼마나 잔인할 수 있는가를 확인하게 된다. 수많은 원주민을 노예로 만들기 위한 침탈, 수탈하는 과정에서 피침략 지역의 사람들과 환경을 나의 모습과 언어 종교가 다르다 할지언정 어찌도 그리 같은 인간임에도 사람으로 취급하지 않고 상품으로 취급할 수 있단 말인가. 아마도 그들의 신을 믿지 않는, 그들의 신이 창조하지 않은, 인간이 아닌 어떤 존재쯤으로 생각했을 정도로 원주민, 유색인종에 대하여 사람과 환경에 그리도 잔인하게 할 수 있었다는 사실을 생각해 볼 때, 그때의 시대 상황과 정신을 지금의 사고로 판단해서는 안 된다고 하여도 우리는 현재 반면교사 삼아야 할 교훈이 아닌가 한다.

또한, 그 당시에 노동력을 필요로 데려왔던 노예 등이 긴 역사 동안 토착화되고 여러 가지 이유로 유입된 이방인들이 지금에 이르러서는 그 사회에 널리 퍼져 분포하게 되었다. 그러자 현재에 이르러서는 국가의 재정을 갉아먹는다며 사회문제의 요인인 양 여론을 의도적으로 호도하고 그들의 사회 시스템에 대한 저항과 소요 등을 질타하며 그에 따라 그들의 권리 요구를 무력화하는 정책을 만들려고 하는 움직임이 시도되고 있다.

이는 그들 나라의 재산과 그들의 노동력을 이용하여 부를 축적하고 선진제국으로 올라선 역사에서 그들이 일정 부분에서 크게 역할을 하였던 과정과 그 결과물인 것으로 역사의 유산임을 망각하는 것이다. 이와 같이 폐쇄적 신관(神觀)과 인간 중심의 독점적, 배타적, 실제적, 이기적, 인과론적 사유가 이 지구를 얼마나 망가트리고 있는지 우리가 목도하고 있지 않은가?

돌아와서 너와 나의 개념을 실제 활동하는 공간과 관계 속에서 살펴보자.

우리는 일상생활의 모든 영역에서 끝없는 선택의 순간에 있어서 내 마음속에서 대상과의 관계를 결정하고, 실생활에서 관계를 유지하며 겪게 되는 많은 갈등 상황에서 항상 '이것' 혹은 '저것'이라는 양분된 의식을 가지고 산다. 하지만 사실은 '이것'과 '저것'과 '이것도 저것도 아닌 것'도 있음을 『역경』의 원리와 양자역학 이론에서 배우고 있다.

이어서 좀 더 생각을 넓혀 보자.

> "우리는 양자론에서는 양자택일(兩者擇一)의 '예'와 '아니오'라는 대답만 있을 뿐 아니라, 다른 상보적(相補的) 대답도 있음을 알았어요. '예'와 '아니오'에 대한 확률이 규정되고 '예'와 '아니오' 사이에 진술 가치를 갖는 그 어떤 간섭이 확정되지요."[11]

나는 이것을 불교의 『금강경』에서 말하고 있는 "생각이 있는 중생, 생각이 없는 중생, 생각이 있는 것도 아닌 중생, 생각이 없는 것도 아닌 중생(若有想, 若無想, 若非有想, 若非無想)" 중에서 특히 **"생각이 있는 것도 아**

---

11) 『부분과 전체』, 베르너 하이젠베르크, 유영미 역, 서커스, 2019년.

닌 중생(若非有想), 생각이 없는 것도 아닌 중생(若非無想)"이 상보적 대상의 핵심적 **인식의 확장**이라고 생각한다.

우리는 이것 아니면 저것, 좋아하지 않으면 싫어하는 것, 내편 아니면 상대편, 이 길 아니면 저 길, 웃지 않으면 화난 것, 사랑하지 않으면 미워하는 것, 믿는 것 믿지 않는 것, 진보거나 보수 등의 개념에 익숙해져 있다. 그러나 우리가 좀 더 냉정해질 필요가 있다고 본다. 현실의 실재함 또한 단정하기 어려운 부분이 있음을 배우고 있지만, 특히나 정신적, 심정적, 개념적 의미에서 얼마나 중간 지대가 많은가? 회색지대와는 전혀 다른 의미다.

사랑하는 것도 아니고 사랑하지 않는 것도 아닌, 믿는 것도 아니고 믿지 않는 것도 아닌, 반미주의자도 아니고 친미주의자도 아닌 그런 중도적 상태가 얼마나 많은가? 그래서 불교에서는 이 중도를 가장 중요하게 생각했나 보다. 우리 사회의 문제에 있어서 이 영역을 잘 돌아보고 이해하여 사회 통합의 길로 한걸음 들어가는 계기가 될 수 있다고 본다. 이러한 중도적 상태를 가벼이 보고 인정하지 않다 보니 사회의 분열 양상이 심해지고 있다고 생각한다.

그러나 불가에 강조하는 '쌍차쌍조(雙遮雙照)'의 중도 사상처럼 어느 쪽에도 치우치지 않고, 어느 편도 아닌 나를 생활 속에서 수시로 보고 느끼지 않는가? 단편적인 말이지만 항상 부모 편이지 않은 자식이거나, 무조건 내 편이진 않은 남편이거나 부인이거나 형제인 것처럼 나 또한 모습과 생각이 환경과 더불어 나와 마주하는 너와의 관계, 이웃과의 관계, 나라와의 관계 등이 공통되고 합의된 관습과 약속에 반하지 않는 한도에서 끊임없이 변하지 않던가?

그럼에도 가족이니까, 이웃이니까, 같은 교인이니까, 같은 국민이니까, 같은 민족이니까, 또한 사랑하니까 다시 화합하고 이해하며 살아간다. 이러한 상태를 너와 나, 우리 모두의 사회 전체로 확산시킨다면 분열과 증오의 사회를 치유할 수 있지 않겠는가?

이렇듯 0도 아니고 1도 아닌 동시에 0이기도 하고 1이기도 한 상태로 존재하는 주체적으로 실존하는 그 무엇이 있다. 특히 자연은 아무것도 목적으로 삼지 않는 무위(無爲)로서 존재하듯 아무것도 하지 않으나, 그 무엇도 다하지 않는 경우는 없듯이 우리의 삶도 그래야 하지 않겠는가? 그러나 우리는 이념이든 생각함이든 행동함이든 끊임없이 선택을 강요받고 강요하고 있다. 이런 상황들에 관해서 진지하게 다시 생각해 봐야 할 때다.

우리가 이도 저도 아닌 영역을 확인하고 인정할 때, 인간의 실제 생활과의 관계 속에서 그 개념이 확보되고 서로 받아들여질 때 비로소 건강하고 바람직한 사회가 될 것이다.

그래서 우리가 학교에서 공부할 때 헤겔을 잠시 배우면서 최소한 나는 헤겔(Hegel)의 삼단논법인 정(正), 반(反), 합(合)을 단순하게 생각했다. 일단 제일 먼저 하나의 생각이나 원리나 사실이 일어나서 정해지고, 이후 다시 그 반대의 경우나 생각이나 원리, 사실을 알게 되고 그러면 그 두 생각이나 사실을 물리적 개념으로 혼합하고 절충해서 다시 결론을 도출하는 것으로 알고 있다. 혹은 합은 무한자인 정과 유한자의 반의 혼합이나 절충만이 아니라 무한자이며 신(神)인 정과, 신이 인간에게서 자기 분열한 유한자인 반과, 헤겔에 의해 '정신'으로 파악된 '성령'이라는 영역 안에서 합으로 통일되는 것으로만 알고 있었다.

그러나 인간과 다시 통일되는 합이 정과 반이 연결되면서 화학적으로나 질적으로 새로운 것인 '영적'이라고 표현되는 생각과 정신이 생기는 것으로 끝나는 것이 아니라 **우리가 속해 있는 현실 속의 대상들과의 관계 속에서 만들어지는 결과로 생겨날 때만이 진정한 합일 수 있다는 생각을 해 본다**.

이렇듯 우리는 관념/실재, 있다/없다, 과학/종교, 맞다/틀리다, 자연/문명, 이론/실천, 좋다/나쁘다, 크다/작다, 동양/서양, 물리학/사회학, 장애/비장애, 정신/물질, 무위/유위, 본성/양육, 감성/이성 등 양자택일적 환경과 사고 속에서 살고 있다. 그러나 자연은 양자택일의 이것이냐(either), 저것이냐(or)가 아닌 이것이거나 저것이거나(and) 혹은 둘 다일 수도 있음을 양자 이론을 통해 배워야 한다. 그래서 우리는 끊임없이 갈등하고 비교하며 다투고 하지만 진정으로 이 우주는, 이 지구는 그리고 인간의 정신과 마음 그리고 삶은 그렇게 단순하지 않음을 마음에 새겨야 한다.

원천적으로 양자적 특성을 가진 이 모든 만물을 모두 다 포함하는 물질세계와 정신세계의 원리가 상보적이며 얽힘과 중첩의 확률적으로 존재하는 것이다. 때문에, 우리는 천지사방에 존재하는 모든 것들을 존중하고 이해하여야 한다. 인간의 생태와 자연의 생태를 같은 궤도에서 보는 『역경』의 원리가 분명히 존재하고 그 존재하는 원리를 배우고 익혀 생활에서 끄집어내어 이 지구촌이 함께 상생할 수 있게 해야 하기 때문이다.

그리하여 크게는 지구촌, 작게는 우리나라에서 벌어지고 있는, 대한민국 헌법 전문에 새겨져 나라의 근본을 세운 사항까지 무력화하는 극단적 분열 상태를 극복하고 한 단계 뛰어넘어 화합으로 이뤄지는, 개개의 하나가 모두 존중되는, 그래서 다른 하나를 포용하는 다른 하나들이 모여 모두 다르나 모두 같은, 하나로 분열이 극복되는 그런 사회를 만들어야 한다고 생각한다.

자, 이쯤에서 대강 갈무리해 보자.

정리해 보면 **양자역학**은 물질의 가장 작은 구성 원자인 입자가 발견되기 전에는 그 존재가 하나의 장소와 시간에 국한되는 것이 아니라 파동처럼 퍼져 있다는 것을 알려 준다. 따라서 입자의 입장에서 본다면 양자역학은 확률적 해석이지만, 파동의 입장에서 본다면 결정론적 해석이다. 그 확률이 어찌 될지는 결정되어 있다. 때문에, 양자역학은 확실한 존재가 아니라 확률적 존재성을 다룬 최초의 물리학이다.

존재가 존재성으로 확률로 표현될 때 어떠한 존재의 성질도 나타나지 않으며 그 존재의 확률을 대변한다. 우리는 실생활에서 너무도 당연한, 너무나 상식적인, 그래서 99.99%의 확률을 가진 일들이 결과로 나올 것을 믿고 행동한다. 치료받으러 의사를 만나러 갈 때도, 변호사를 만날 때도, 신을 만날 때도, 열심히 공부할 때도 물론 그렇다. 그러나 실제로 전혀 염두에 두지 않고 믿고 싶지 않았던 0.01%의 일이, 결과가 나오는 경우를 당한다. 이때 우리는 괴로워하며 삶을 돌아보고 아무것도 할 수 없는 무력감에 빠진다.

여기서 나는 과감히 선언한다. **"인생의 결과는 확률적이다!"**라고. 그러하기에 우리는 생활 속에서 모든 것들과 마주할 때 열린 생각과 열린 마음으로 가변적으로 유연한 자세를 유지하는 것이 바람직하다고 생각한다. 이런 이유로 우리는 성패를 떠나 과정을 중요하게 여기는 것이 아닌가?

우리가 입자에 대한, 실험을 하면 입자를 보게 되고, 파장에 대한, 실험을 하면, 역시 파장을 얻게 될 것이다. 더 나아가 생각해 보자.

만약 파동에 대해 물어본다면? 당연히 파동에 대한 답을 얻게 될 것이다. 그렇다면 결국, 중요한 것은 각각 독립적으로 존재하는 한 개인의 관심사이고 질문이다!

동양에서는 『주역』「건괘 문언」95에 다음과 같이 이르고 있다.

> 飛龍在天利見大人(비룡재천이견대인)은 何謂也(하위야)요,
> 曰(자왈) 同聲相應(동성상응)하며 同氣相求(동기상구)하여
> 流濕(수류습)하며 火就燥(화취조)하고 雲從龍(운종용)하며
> 從虎(풍종호)라
> "비룡재천이견대인은 무엇을 말하는 것입니까?" 공자 왈, "같은 소리는 서로 응하고, 같은 기운은 서로 구하여, 물은 습한 데로 흐르고, 불은 마른 데로 번지고, 구름은 용을 좇고, 바람은 범을 좇는다."

여기에서는 기에 감응하는 이치를 말했으며, 실제 상황이 역사적으로 기록으로 보고되어 풍수학에서 많이 쓰이며, 서양에서는 1900년대 이후 의학적 실험으로 밝혀진 동기감응(同氣感應)의 예처럼 무엇을 보고, 생각하고, 물어보느냐가 답을 결정한다.

『주역』의 육효점(周易占) 또한 그런 원리가 있다. 내가 맨 처음 운명 상담 관련 기초공부를 할 때에 들었던 의문이 사주가 같은 쌍둥이들의 운명 감정이었다. 이 문제를 『주역』의 육효(六爻) 정단법(正斷法)을 배우고는

해소된바 그 원리를 양자역학을 통해서 다시 확인하니 참으로 기쁘고 보배롭다. 물론 뒷장에 칼 융의 동시성에서 다시 확인하게 된다.

∴ 어떤 것이 측정(測定)되기 전에는 아무것도 없으나 그 아무것도 있을 확률(確率)은 존재한다.

이와 같은 결론을 이야기할 때 『주역』 서문에 있는 글을 돌아볼 필요가 있겠다.

得之於精神之運心術之動(득지어정신지운심술지동)
정신의 단계적 운용과 마음의 움직임을 얻으므로
與天地合其德(여천지합기덕)
천지와 더불어 그 덕을 배우고
與日月合其明(여일월합기명)
일월과 더불어 그 밝음을 알며
與四時合其序(여사시합기서)
사시와 더불어 그 차례를 지키고
與鬼神合其吉凶然後(여귀신합기길흉연후)
귀신과 더불어 길흉을 합한 연후에야
可以謂之知易也(가이위지지역야)
비로소 가히 역을 안다 말할 수 있을 것이다.

『역경』 제1괘(卦)의 주(註)를 보면 다음과 같이 나와 있다.

건(乾) 원형이정(元亨利貞)이라.

건(乾)을 거듭하여 乾이 되는 것은 乾이 하늘(天)이기 때문이다. 天은 하늘의 형체이며 乾은 하늘의 성정(性情)이다. 乾은 건(健)하기 때문에 건(健)하여 쉬지 않는 것을 乾이라 한다.

대저 하늘이란 오로지 말하면 도이기 때문에 하늘은 또한 어기지 않고 바르다. 나누어서 말하면 형체로써 이를 하늘이라 하고, 주제(主宰)로써 이를 임금(帝)이라 하고 공용(功用)으로써 이를 귀신(鬼神)이라 하고 묘용(妙用)으로써 이를 신(神)이라 하며 성정으로써 이를 건(乾)이라 한다.

「계사상전」 제5장에서는 "**음양불측지위신(陰陽不測之謂神, 음과 양을 측정할 수 없는 것을 일컬어 신이라 한다)**"라고 했다.

나는 이『주역』원문과 공자의 주석에서 신과 귀신이 등장하는 것을 현대 과학의 장을 배우는 이 지점에서 살펴보자면, 서양 과학에서 말하는 가장 작은 물질의 기본 구성요소인 원자의 존재 방법과 존재의 표현 방식인 원자의 성질, 그리고 변하는 운동방식에 대해 동양철학,『주역』에서는 음양을 측정할 수 없는 귀신이라는 용어를 사용한 것이라고 본다. 지금껏 밝힌 바대로 양자역학에서 규정한 것과 제 법칙들, 세상과 인간 그리고 그 둘과의 모든 이치를 밝힌『역경』과『역전』의 모든 64괘 384효의 끊임없는 효(爻)의 움직임과 그 해석에 있어 단순한 하나로 규정할 수 없는 신묘함 역시 귀신과 같다고 말할 수 있다.

이러한 신묘함이나 양자 얽힘, 양자도약, 상보성, 불확정성, 이중성, 확률밀도 등의 확률적 존재성과 뒤에서 다루는 동시성 현상을 **하늘**이라고 하는 우주의 존재 방식과 생명 활동을 **귀신**이라는 표현으로 설명할 수 있기 때문이라고 본다.

사실 우리는 어려서부터 하얀 소복을 입고 머리를 풀어 헤치고 등장하는 모습으로 귀신이라는 개념을 접해 왔다. 서양에서는 좀 다르지만 좀비나 드라큘라, 성경 속 천사나 사탄 등을 비슷한 느낌으로 생각해 왔다.

그러나 여기서 살펴본 바에 따르면 우리가 피상적이고 부정적으로 이야기하는 귀신은 다음과 같은 과학적 특성을 가진다.

① 시간과 공간을 뛰어넘어 두 입자가 상호 작용한다는 **양자 얽힘**.
② 양자 물체는 입자로도 파동으로도 존재하고 행동한다는 **상보성**.
③ 관측당하지 않을 때와 관측당할 때 각 그 행동이 다르다는 **이중성**.
④ 원자는 불연속적으로 경로 없이 공명으로 순식간에 움직인다는 **양자도약**.
⑤ 관측량과 관측 위치를 둘 다 정확히 알아낼 수 없다는 **불확정성**.
⑥ 원자의 존재 방식이 확률적으로 존재한다는 **확률밀도**.
⑦ 마지막으로 이러한 것들이, 가능하게 하는 비국소성으로 시간과 공간에 영향을 받지 않고 서로 즉각적으로 영향을 줄 수 있다는 **비국소성**의 전제.

이처럼 양자역학 이론에서 밝힌 양자적 특성이 지금까지의 고전역학에 익숙한 일반인들에게는 귀신이라 할 만한 이론 아니겠는가?

그리고 지금껏 우리가 생각해 온 서구의 천사나 사탄이나 동양의 귀신 존재 방식과 같지 않은가? 이 이론이 등장하기도 전에 이미 동양철학에서는 기(氣)와 귀신이라는 용어로써 양자역학 개념을 꿰뚫은 것이라고 생각한다.

참고로『논어(論語)』「술이(述而)」편에 다음과 같은 글이 있다.

경귀신이원지(敬鬼神而遠之)

귀신을 경외하되 멀리하라.

그렇다면, 죽은 조상의 영혼에 예를 올리는 제사를 중시하는 유교 문화인 중국과 조선의 성리학에서는 귀신을 어떻게 바라봤는지 알아보자.

『역경』「계사상전」에 "정기가 사물이 되고 '흩어지는 혼(遊魂)'은 변화를 이룬다. 그러므로 귀신의 모습을 알게 된다"라고 한 말을 유학자 정현(鄭玄)은 이를 풀어서 "정기는 '신(神)'이고, 흩어지는 혼은 귀(鬼)이다"라고 했고, 장재는『정몽』「태화」편에서 "귀신이란 음양 두 기운의 본래 갖추고 있는 능력이다"라고 했으며, 주희는 "귀신은 다만 기일 뿐이니, 가고 옴, 굽히고 폄이다"라고 했다. 이후 철학자들이 귀신이란 기의 가고 옴(往來)과 굽히고 폄(屈伸)으로 해석했다. 이는 앞에서 설명한 양자의 존재와 운동방식을 절묘하게 표현한 것이라 생각한다.

좀 더 자세히 살펴보면, 횡거 장재 선생은 그의 저서『정몽』「신화(神化)」편에서 "신이란 가고 오고 굽히고 편다는 의미다. 그러므로 하늘의 경우 신이라 하고, 땅의 경우 기(祇)라 하고, 사람의 경우 귀(鬼)라 한다" 했고,「건칭(乾稱)」편에서는 "무릇 형상화(狀)할 수 있는 것은 모두 있는 것이요, 모두 있는 것은 모두 형상(象)이며, 형상은 모두가 기다. 기의 본성은 원래 허(虛)하고 신묘한 것이므로 신(神)과 성(性)은 기가 본래부터 소

유하고 있는 것이니, 이것이 바로 귀신이 사물을 두루 체득하여 빠트림이 없는 것이다"라고 했다.[12]

또한, 성리학에서는 이기론에 입각하다 보니 불교나 도교 등이 허황되고 귀신이나 윤회 따위가 존재하지 않는다면 왜 제사를 지내는가 하는 문제가 대두된다. 이런 딜레마에 조선의 성리학자들은 저마다 다른 의견을 제시했다.

먼저 퇴계 이황은 "귀신의 일처럼 알기 어려운 것은 논의하는 것이 아니다"라며 회피하거나, "사람이 죽으면 기가 흩어지는데 어찌 귀신이 있겠는가" 하고 나중에는 "사람이 죽어도 기가 바로 흩어지지 않고 아직 뭉쳐있을 때가 있으니, 그때까지는 귀신이 존재할 수 있다"라는 의견도 피력하기도 했다.

율곡 이이는 "그저 있다고 믿는 사람에게는 있고, 없다고 믿는 사람에게는 없다"라거나 "기가 아직 흩어지지 않은 조상을 제사 지내면 후손의 정성에 따라 감응하고, 기가 이미 흩어진 조상을 제사 지내더라도 조상을 이루었던 이가 감응하기 때문에, 제사는 무용하지 않다"라고 주장했다.

미수 허목은 "옛 성인들이 제사를 정한 것은 귀신이 존재하기 때문이다. 또한 세월이 지나도 기가 흩어지지 않은 귀신이 존재할 수 있다"라고 보았다.

윤휴도 귀신이 존재한다고 보았으며 귀신을 주관하는 자인 왕은 제사 등 예법을 통해 정치를 바로잡아야 한다고 했다.

김원행은 "귀신이 기의 형태로 존재하기 때문에, 신주나 위패를 만들어

12) 『정몽』, 장재, 장윤수 역, 책세상, 2023년.

깃들게 하는 것이다”라고 했고, 성호 이익은 처음에는 정말로 귀신이 있다는, 입장이었으나 나중에는 없다는 쪽으로 입장을 바꿨다.

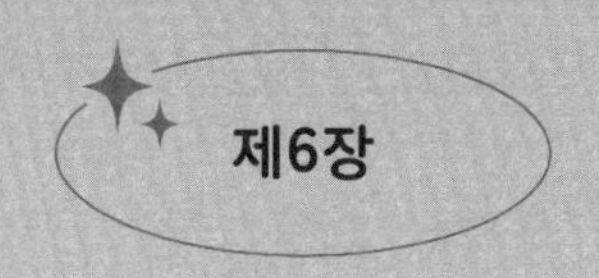

라이프니츠의 이진법(二進法)과 『역경(易經)』

- 고트프리트 빌헬름 라이프니츠

(Gottfried Wilhelm Leibniz)

라이프니츠(Gottfried Wilhelm Leibniz)는 아이작 뉴턴과 같은 시대의 독일의 철학자이자 수학자요, 전 영역에서 학문적 업적을 이뤘으며, 무한소(無限小) 미적분(微積分)을 창시했고, 특히 디지털 컴퓨터의 기초가 되는 이진법을 최초로 고안한 기호논리학의 선구자다. 바로 이 이진법이 『역경』과 직간접적으로 연관되어 있다.

라이프니츠(1646~1716)
(사진 출처 : 위키피디아)

먼저 1552년에 로마 가톨릭 예수회가 중국 선교 활동을 시작했으며 이후 1582년 마테오 리치가 파견되었다. 그러나 결국 선교는 실패했다. 그와 반대로 선교사들은 중국문화를 서양에 알리는 데 앞장서게 된다. 그리하여 1788년에 예수회 선교사들은 서양에 『도덕경(Tao-Teh-Ching)』을 소개하게 된다. 이와 더불어 17~18세기에 걸쳐 중국 문학과 고대철학이 유럽에 크게 전파하게 된다. 이즈음 라이프니츠는, 신비한 중국 문명에 끌려 중국 문학과 고대철학 등 중국문화를 서양에 알리는 데 앞장선 선교사 조이생 부베(Joachin Bouvet) 등 예수회 선교사들과 서신을 통해 『주역』 8

괘와 64괘를 접했다.

그는 『주역』을 진정한 철학과 신 논리 및 수학의 표현이자 원천으로 해석하고 기독교와 과학 및 중국 철학의 정합성(coherence)을 **기독교 교리 중심**으로 논증하려 했다. 1703년에는 유럽인으로는 최초로 『주역』에 관한 주석을 달았으며, 마침내 「이진법 산술에 관하여」라는 논문을 썼는데 부제가 "0과 1의 기호만을 사용, 그 효용 및 그것이 복희의 고대의 중국 괘상이 주는 의미에 관한 고찰"이라 하여 『주역』과의 관계를 인정했다. 1701년 2월 라이프니츠는 선교사 부베에게 보낸 편지에서 자신의 이진법을 상세히 설명했다. 이 편지를 읽은 부베는 라이프니츠의 이진법이 자신이 중

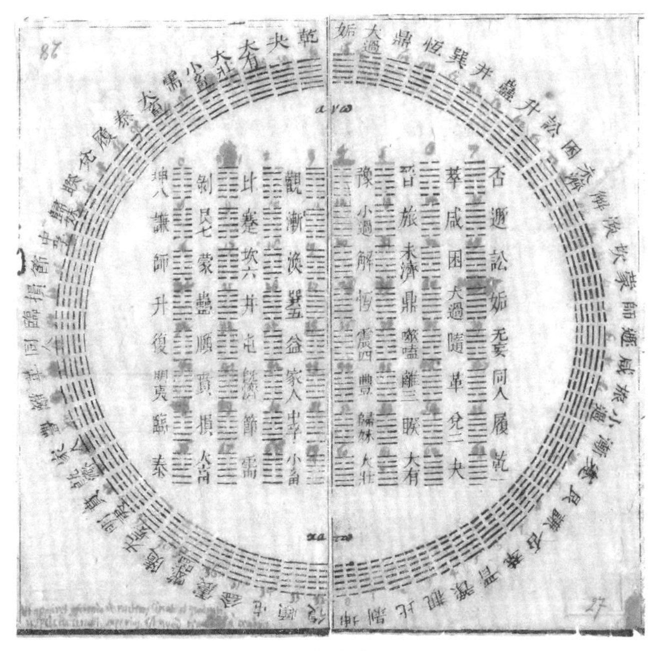

64괘 방원도
(사진 출처 : 위키피디아)

국에서 보고 연구하고 있는 『주역』의 64괘와 너무 닮은 것에 놀라 1701년 11월 라이프니츠에게 이 사실을 알리는 편지를 쓰면서 64괘 방원도(方圓圖)도 함께 보내게 된다.

이 편지를 읽은 라이프니츠는 "사람들은 복희를 고대 중국의 군주로 보고 있으며 세계에 알려진 동양 철학자로 그리고 중국 제국과 **동양과학** 창립자로 믿고 있습니다. 이 『역경』의 그림(64괘 방원도)은 오늘날 세계에서 찾아낸 과학에 관한 최고의 기념물입니다"라고 하며 복희의 선천팔괘(先天八卦) 질서는 창조 이전의 절대적인 무(無, absolute nothing)를 묘사하는 것으로 이해하였다. 또한 『주역』 64괘의 의미를 그가 믿는 신과 연결된 것으로 파악하여 기독교적 유일신 개념으로 해석하려는 노력을 멈추지 않았다.

그것은 일체 존재와 절대적인 무(無)라는 그 둘은 전혀 다른 외적이고, 불연속적인 관계임에도, 어떤 의도를 갖고 있는 듯한 움직임과 그 운동에 대한 근거와 맥락을 제공하는 것은, 가톨릭 신자인 그로서는 신이라는 제3의 용어를 통해서만 정당화되고 설명될 수 있기 때문이라고 생각한 듯하다.

하지만 중국 위나라의 **왕필(王弼, 226~249)**은 사물들의 무로부터 시작하는 자기 생성과 창조성에 관해서 "변화와 변모의 도(道)는 목적의 감각에서 행위하는 것이 아니라 자생적으로 행동한다"라고 했다. 이는 앞에서도 설명한 "원인이 아니라 가능하게 함"이라는, 무작위적인 양자적 사건이라는 생물학적 소견과도 같다.

지극한 크리스천인 라이프니츠는 "모든 것은 수학적으로 진행되며 누군가가 사물들의 내부를 들여다볼 수 있는 충분한 통찰력을 갖고 있고 게

다가 모든 환경을 이해하고 감안할 수 있는 충분한 기억력과 지능을 갖고 있다면 그는 예언자가 되어 미래를 거울처럼 현재 안에서 볼 수 있다"라는 '전지전능한 지능'이라는 개념을 생각했다.

그는『주역』이 이진수와 유신론의 보편성을 증명한다고 주장했는데 이것은『주역』에서 말하는 '끊어진 선'인 '0' 혹은 절대적인 '무'에서 이어진 '실선'인 '1' 혹은 '일체(oneness)'가 되기 위해서는 신의 개입이 있어야만 한다고 생각했다. 그러나 우리는 양자역학에서 양자의 거동이 불연속적이라는 양자도약의 이치를 충분히 들었다.

이와 같은『주역』의 이치는 생명 창조의 이치를 밝혀 둔 것이라 보았고 이는 자기가 믿는 조물주의 뜻과 같이 그 뜻을 이어받았을 것이라 스스로 생각했으며, 그러한 이유로『주역』64괘를 창조한 복희씨가 유신론자였을 것으로 추측했고,『주역』을 성경적, 유신론적으로 해석하려 애썼다.

지금에 이르러 나는 그렇게 추측한 논리적 근거로 차입한 제3의 용어인 '전지전능한 지능'은 지금 다룬 양자역학의 원리인 양자 컴퓨터의 큐빗에서처럼 **0**과 **1** 그 둘만이 아닌 그 둘과 **'0과 1이 중첩과 얽힘의 그 무엇인 양자적 특성'**이 서양의 신(神)의 개념과『주역』의 괘와 효의 변화를 설명하는 것을 대치할 수 있지 않을까 조심스레 생각해 본다.

『역경』에 대한 부베와 라이프니츠의 해석은 커다란 의미를 지닌다. 점(占)치는 책이었던『역경』이 원래 신비적 요소를 가지고 있기도 하지만 아직도 그 의미는 완전히 밝혀지지 않아서 후학들의 끊임없는 공부가 계속되어야겠지만, 음과 양의 기호로 이루어진 000000(중곤지, ䷁)에서 111111(중건천, ䷀)까지의 변화로 64괘들이 분명한 이진법적인 성격을 가지고 있는 것은 사실이기 때문이다.

그러나 한 걸음 더 나아가 보면『역경』이 이진법의 원리를 뛰어넘는 0과 1, 양과 음의 양의가 무한한 변화를 새로이 창출, 창발하는 이치가 있어 지금의 슈퍼컴퓨터와 양자생물학 등 인류의 모든 영역에서 일어난 일을 설명하고 있고 일어날 일을 가르쳐 주고 있다.

이렇듯『역경』을 통해 고대 중국과 북만주, 요동, 한반도 지역에서 살던 사람들과 라이프니츠가 가졌던 꿈이 **현대에 와서 컴퓨터를 통해 실현**되고 있는지 모른다.

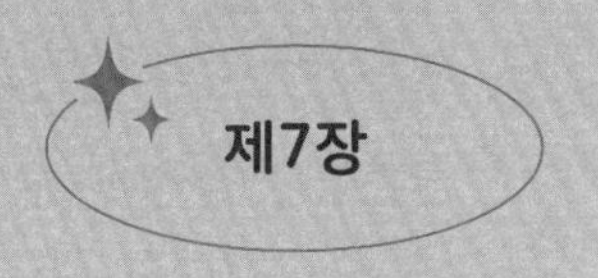

동시성적(Synchronistisch) 원리

- 칼 구스타프 융(Carl Gustav Jung)

칼 구스타프 융
(Carl Gustav Jung, 1875~1961)
(사진 출처 : 위키피디아)

스위스의 정신의학자이자 심리학자인 칼 융(Carl Gustav Jung, 1875~1961)은 지그문트 프로이트와 더불어 20세기의 무의식 이론인 심층 심리학을 이끌었던 대표적 인물이다. 그에 의하면 인간의 내면에 무의식의 층이 있다고 생각해서 개인의 개성화를 통해서 더욱 완벽한 인격체가 될 수 있다고 보았다. 그는 인간에게 부여되어 인간의 활동을 가능하게 하는 리비도(Libido)라는 무의식의 정신 에너지의 세 가지 원리를 말했다.

첫 번째는 **대극(對極)의 원리**로 신체 에너지 안에 반대되는 힘이 양극성(양의)으로 존재하며 갈등을 촉발하며 정신 에너지를 생성하는 단초가 된다고 보았다. 이는 양자역학의 상보성, 반입자와 동양의 음양론과 같다.

두 번째는 **등가(等價)의 원리**로 정신 에너지가 정신의 어떤 요소나 구조로 전이되어도 그 에너지의 가치는 언제나 동일하다는 것으로 개념적으로는 물리학의 에너지 보존의 법칙과 같다.

세 번째는 **평형(平衡)의 원리**로 정신의 균형 또는 평형에 대한 경향성을 말하는 것으로, 완전한 균형은 이루어질 수 없다는 것으로 역시 물리학의 엔트로피(Entropy) 법칙(무질서도의 증가)과 같다고 볼 수 있다. 이를 불가에서는 균형을 이루기 위한 방편으로 일체가 공(空)함과 무아(無我)임을 알아서 부단한 수행과 깨달음으로 쌍차쌍조의 중도를 이루는 길을 제시한 것이라 본다.

칼 융은 분석 심리학이라는 영역을 개척하였으며, 주요 개념을 인간의 진화적 성격인 정신을 구성하는 힘의 기능을 설명하기 위해 세 가지 기본 틀을 제시했다.

첫 번째는 지각하고 경험하는 **의식**으로, 이것은 의식 중심부로써 의식을 지배하며 의식영역에 국한되어 제한된 정신인 자아(ego)와 사회적 요구에 반응하는 공적인 얼굴인 페르소나(Persona)가 있다.

두 번째는 자아에 의해 의식하지 못한 개인의 경험이나 의식인 **개인 무의식**으로 이는 개인의 의식적 자아와 상충되는 측면의 그림자(shadow)와 정서적 색채가 강한 심리적 내용의 집합체인 콤플렉스(complex)가 있다.

세 번째는 인류의 역사와 문화가 축적된 정신적 자료가 저장된 것으로 이것은 인간 내면 심연의 무의식인 **집단 무의식**으로 남성 내부의 여성성인 에로스(eros)로 표현되는 아니마(anima)와 여성 내부의 남성성인 로고스(logos)로 표현되는 아니무스(animus), 집단 무의식의 잠재력이 구현된 정신으로 자기(Self)가 있다고 했다. 특히 집단 무의식을 구성하는 페르소나, 아니마, 아니무스, 그림자, 자기 5가지를 모든 인간의 보편적이고 가장 원초적인 행동유형인 원형(Archetype)으로 보았다.

특별히 칼 융은 원인과 결과로 설명할 수 없는 비인과적 관련을 가지며, 의미로써 연결되는 의미 있는 **우연의 일치** 즉, 정신 내부의 세계와 사건의 외부 세계 사이의 연결되는 것으로 넓은 의미로 사건이 동시에 또는 연속적으로 발생하는 것을 **동시성(Syncronicity) 현상**이라 명명했다.

이는 아무런 인과관계가 없는 것처럼 보이는 서로 떨어진 두 위치에서 일어나는 두 사건에 대해, 예를 들면 어떤 정신적인 사건과 어떤 물질적 사건이 마치 밀접한 관계가 있는 것처럼 의미 있게 동시에 벌어지는 현상을 말한다. 우리는 이 동시성을 중심으로 살펴볼 것이다.

동시성 현상을 달리 표현하면, 『천부경』의 "일시무시일 일종무종일"과 같이 동시성은 원인이 결과가 되고, 결과가 다시 원인이 되기도 하여 원형의 상호 피드백을 나타내고, 평등한 구조를 간접적으로 표상하는 우연의 일치(coincidence)적 사건에 대한 동아시아인들의 설명 방식이라 한다.

영국 수상의 중국 문화 수준에 대한 질문에 칼 융이 대답한 것에서 동시성이라는 용어를 접하게 된다.

> "『역경』의 학(學)은 인과론(因果論)에 기초하고 있지 않습니다. 그것은 이제껏 우리에게 없었기 때문에 명명(命名)되지 못한 어떤 원리에 기초를 두고 있습니다.
> 나는 이 원리를 시험적으로 **동시성적(syschronistisch)** 원리라고 명명해 보았습니다."[13)]

13) 『황금꽃의 비밀』, 칼 융, 리하르트 빌헬름, 이유경 역, 문학동네, 2022년.

실제로 스웨덴 출신의 천체물리학자인 스웨덴 보그(Emanuel Swedenborg)는 1759년 7월 스웨덴의 겟덴보그에서 만찬에 참여하던 중 400㎞ 떨어진 스톡홀름에서 발생한 화재를 정확히 묘사했다. 그 화재는 사실이었다. 그 외의 이러한 여러 가지 예는 생략하겠다.

우리들도 실제 생활에서 예지몽이라든가 처음 본 사람인데 익히 본 사람 같다든가 하는 느낌, 처음 온 곳인데 예전에 와 본 것 같다든가 하는 느낌 등등 이러한 경험을 한두 번쯤 해 봤을 것이다.

사실 물질세계에서 벌어지는 사건들 사이에는 인과관계가 성립된다. 이는 미국의 기상학자 에드워드 N. 로렌츠가 발표한 이론으로 카오스 이론으로 발전한 나비효과(Butterfly effect)처럼 어떤 사건이 원인이 되어 다른 사건이 그 결과 사건으로 나타나게 되는 것이다. 이때 원인이 되는 사건과 결과가 되는 사건 사이에는 시간적, 공간적 제약이 있게 된다. '그런데 어찌 시간적, 공간적 제약을 넘어서는 동시성 현상이 일어나는가?' 하는 의문에 칼 융은 다음과 같이 주장한다.

> "물질세계와 달리 정신세계에서 벌어지는 사건들 사이에는 이러한 시간적, 공간적 인과관계가 없기 때문에 가능한 일이다."

더불어 이때의 정신은 '무의식'으로 감각과 경험을 통해 세계를 부분적으로 명료하게 인식하는 의식과 달리, "무의식은 세계를 명료하게 인식하지 않고 전체적으로 인식하며 무의식은 의식이 바른 방향으로 진행하도록 암호와 메시지를 계속 보낸다"라고 말한다. 그에 의하면 결론적으로 **무의식의 세계는 시공간의 차원을 넘어서 있다는 것이다**.

칼 융의 심리학에서 말하는 동시성 현상을 물리학에서 밝혀진 이론을 통해 들여다보자.

미국 출신 이론물리학자인 데이비드 봄(David Joseph Bohm)은 우주는 불확정적이지 않다는 신념으로, 미시 세계의 물질은 넓은 영역에 걸쳐 확률적으로 존재하며 특정 위치에서 발견될 확률과 특정 운동량을 가질 확률이 다르게 계산되는 이유로는 우주 자체가 불확정한 것이 아니라, 인간 의식의 한계이거나 측정기구의 한계 때문에 위치와 운동량을 동시에 관측할 때 둘 사이의 정확도에는 물리적 한계가 있다고 했다.

데이비드 봄(1917~1992)
(사진 출처 : 위키피디아)

그러므로 확률적 결정론이라 하는 불확정성 원리를 반대했으며, 이 우주는 부분들의 단순한 조합이 아니라 유기적 통일체이며 우주 만물은 개별적 실체성을 갖지 않고 전일적인 흐름 속에서만 파악될 수 있다고 보았다. 즉 에너지, 마음, 물질 등 우주에 존재하는 모든 것이 초양자장으로부터 분화된다고 보고 초양자장 개념에 의해 파동과 입자의 이중성을 변증법적으로 통합하고자 했다.

그리하여 연구를 통해 초양자장 개념을 만들어 다음과 같은 결론을 도출했다. 입자 A와 B가 시간적, 공간적으로 100만 광년 떨어져 있지만 다른 차원으로 보면 우주에 있는 모든 물질들은 서로 질서 있게 연결되어 있으며 우주도 서로 연결되어 있다고 했다. 여기서 작용하는 질서를 **숨겨**

진 질서(Implicate order)라고 했다.

데이비드 봄의 양자 이론은 하이젠베르크의 불확정성의 원리에서 말하는 전자가 어디에 있는지, 어떻게 움직이는지 모르기 때문에 전자의 위치와 운동량은 동시에 알 수 없다는 이론 대신에 정확한 위치와 정확한 운동량을 동시에 가지는 전자가 반드시 있다고 가정하고 그 답을 찾기 위해 숨은 변수 가설(hidden variable theory)을 도입했다.

그리하여 그는 전자의 운동에너지의 출처를 규명하기 위해 **초양자장(Super quantum field) 혹은 초양자 파동(Super quantum wave)** 개념을 만들었다.

물질은 원자로, 원자는 소립자로, 소립자는 파동으로, 파동은 다시 초양자장으로 환원될 수 있다는 이론이다. 파동은 관측되기 전에도 확실히 존재하는 것이며, 파동이 모여서 다발(Packet)을 형성할 때 입자가 되는 것이며, 파동의 출처는 우주의 허공을 꽉 채우고 있는 '초양자장(Super quantum field)'이라 했다.

물론 이 이론은 1982년 프랑스의 과학자 알랭 에스페(Alain Aspect)에 의해 실험적으로 증명되었으며 그 결과 **공간적으로 분리된 두 실재가 상관성을 띠고 있으며 서로 작용이 있다는 걸 밝혔다**. 더 나아가 세계는 근본적으로는 상호 간의 유기적인 관계로 잘 짜여 있는 **비국소적(Non local), 일원론(Monism)적 세계**라는 걸 밝혔다. 이로써 동시성 현상이 가능한 이유인 시간적, 공간적 인과관계가 없다는 것을 증명하게 된 것이다.

이렇듯 데이비드 봄의 양자 이론은 다음과 같은 3가지 결론에 도달한다.

① 우주의 허공은 초양자장으로 충만하다.

② 초양자장으로 충만한 우주는 하나(oneness)로 연결되어 있는데 이 것을 비국소성 원리(non-locality principle)라 한다.
③ 우주 존재는 초양자장으로부터 분화하며 그 존재는 정신계(의식계), 에너지계(energy界), 물질계로 나뉜다. 의식계는 에너지계에서 만들어진 에너지가 중첩되어 소립자가 만들어지고 의식이 된다. 또한, 에너지계는 초양자장으로부터 중첩되어 파동이 되고 파동이 중첩되어 에너지가 되며, 물질계는 초양자장 → 파동 → 에너지 → 소립자로 바뀐다. 이 소립자가 중첩되어 원자가 되고 원자가 중첩되어 분자라는 물질이 된다.

따라서 에너지, 마음(意識), 물질 등은 초양자장이라고 하는 동일한 질료(質料)로부터 만들어진다.

이러한 실험적 결과는 결론적으로 서양의 양자물리 이론과 동양의 세계관과 맞아떨어지는 결론이다. 그리고 **칼 융은 『주역』 사상을 높게 평가한 이유 중 하나를 『주역』에는 자신이 주장한 동시성 개념이 포함되어 있으며 동시성의 근거를 제공한 학문이기 때문**이라고 하였다.

『천부경』에 다음과 같은 말이 있다.

일시무시일(一始无始一)
도는 하나라. 하나에서 비롯되나 하나에서 비롯함도 없다.
일종무종일(一終无終一)

하나로의 마침도 그 하나의 마침도 없다.

이 글의 깊은 뜻은 데이비드 봄의 초양자장론에서 밝힌 바대로 도(道)는 시간적으로나 공간적으로 유기적으로 관계를 맺으며 시작도 끝도 없이 영원함을 말해 주고 있다. 하나에서 시작하나 하나도 아니요, 시작도 끝도 없이 영원하게 순환하는 도의 이치를 밝힌 것이다.

그 예로 『주역』의 시작도 끝도 없이 순환하는 우주 원리를, 무극과 음양의 원리를 표현한 태극을 들 수 있다. 이 태극 문양은 중국에서는 송나라의 주돈이(1017~1073)의 『태극도설』에 처음으로 등장하고 한반도에서는 이보다 400여 년 앞선 618년 백제 무왕 시기의 나주시 복암리 고분군과 682년 경주시 감은사지 태극 장대석에 나타나 있다. 그리고 탄생과 죽음을 끝없이 계속하는 고대 이집트 신화 속 영원한 시간의 상징인 '네흐흐(neheh)'와 태양신 '라'를 수호하며 죽음과 탄생의 경계를 상징하는 '메헨(Mehen)'을 포함하며 불사(不死)와 무한을 의미하는, 자신의 꼬리를 물고 있는 용 또는 뱀인 '우로보로스'가 있다. 그리고 B.C 4,700~2,900년대 고대 홍산문화 유적지에서 출토된, 우로보로스의 개념을 형상화한 곰 혹은 용으로 표현되어 자신의 꼬리를 물고 있는 형상의 곡옥 혹은 '곰옥'이 있겠다.

이것들은 모두 무한한 순환과 영생불사, 완전함을 상징하며 윤회와 반복됨과 무와 자가생식 등 우주와 자연과 세계의 순환성, 영속성, 시원성, 무한성, 완전성을 나타내고 있다.

이러한 생각이 옳았음을 데이비드 봄의 초양자장이라고 하는 과학적 증명이 이뤄진 질료가 발견되었기 때문에 애매함, 모호함을 벗어났다.

이런 의미에서 칼 융은 '우로보로스'가 인간 정신, 프쉬케의 원형을 상징

한다고 주장했고, 벤젠의 분자구조(C_6H_6)를 알아낸 케쿨러는 꿈에서 ‘우로보로스’를 보고 영감을 받았다고 했다.

태극 　　고대 이집트 우로보로스 (사진 출처 : 나무위키) 　　홍산문화 곡옥

또한, 아메리카 인디언들의 격언과 시 속에서도 살펴볼 수 있다.

- 우주는 신이 창조한 선물이며 우리는 모든 것들 속에서 모든 것들과 연결되어 있다.
- 삶은 결코 죽음과 분리되어 있는 것이 아니다. 그냥 그렇게 보일 뿐이다.
- 나는 땅끝까지 가 보았네, 물이 있는 곳 끝까지 가 보았네.

나바호족 노래

나는 하늘 끝까지 가 보았네, 산 끝까지도 가 보았네,
나와 연결되어 있지 않은 것은 하나도 발견할 수 없었네.

다시 본론으로 돌아와서, 데이비드 봄의 '초양자장론'으로 칼 융의 '동시성 이론'을 뒷받침하며 나아가 융이 주창한 **동시성의 원칙이, 서양 과학의 인과율과 배치되는 주역점의 신비로운 현상을 뒷받침한다**.

더불어 융의 동시성 이론을 물리학적으로 해명하는 데 큰 일조를 한 미국 코넬대 천체 물리학 박사이자 『동시성, 양자역학, 불교 영혼 만들기』의 저자, 융디안 빅터 맨스필드(Victor Mansfield)는 EPR의 사고실험과 양자 파동과 앞에서 살펴본 데이비드 봄의 '숨겨진 질서(Implicate Order)'와 '동시성 현상'과의 관련성을 깊이 논의하면서 인간의 내적인 정신의 영역을 양자 파동(Quantum Wave)의 영역으로 해명하였다. 또한, 현대물리학의 입장에서 초심리학적인 현상을 자연법칙의 비인과적 표현들이라고 함으로써 **초심리학을 자연법칙의 일부로 편입**해 놓았다.

칼 융은 인간의, 시공간의 관념과 인과론이 모두 완전한 것이 아니며, 하나의 완전한 세상을 그려 낼 때는 이전의 관념과 다른 차원으로 확대되어야 할 것을 제시하면서 시간, 공간, 인과론을 지닌 인간의 세계가 그 배후에 또는 그 이면에 있는 사물의 다른 질서에, 관련되며 그곳에서는 '여기/저기', '이전에/뒷날에'라는 구별도 중요하지 않음을 강조한다.

이와 같이 동시성은 철학적 견해가 아니라, 인식에 필요한 원리를 제시하는 경험적 개념이며 물질주의나 형이상학도 아니다. 이미 경험과학으로서의 심리학 안에서만 논의될 수 있는 수위를 훨씬 넘어 버린 매우 중대한 신학적, 형이상학적 함의를 담고 있다.

이는, **신학적으로는 신 인식에 관한 신론(神論)과 닿아 있고, 형이상학적으로는 주체와 대상 사이의 인식 지평을 논의하는 인식론, 주체와 주체 사이의 정체성과 관계성을 논의하는 관계론 또한 주체를 근거 짓는 세계**

와의 관계 속에서 존재론과 닿아 있기 때문이다.

지금까지 살펴본 대로 칼 융이 주는 의미를 꼽아 보자면 다음과 같다.

첫째, 우리의 의식이 우리의 중심이 아니다. 우리는 자아의 세계가 전부라고 착각하며 살아간다. 왜냐하면 자기가 믿고 있는 세계와 같이 설명되지 않는 세계는 존재하지 않는다고 생각하는 오류를 범하고 있기 때문이다. 이런 양상이 극적으로 표현된 것이, 유일신 개념의 신앙이 아닌가 한다.

둘째, 우리 세계는 설명이 가능한 세계만이 전부가 아님을 말한다. 우리의 불완전한 이성과 수학과 과학과 언어로는 우리의 마음과 우주와 자연 만물의 이치 모두를 파악하고 표현할 수 없음을 인정해야 한다.

'비합리적인 것'은 모르는 것이나, 인식되지 않는 것을 의미하지는 않는다. 오히려 눈에 보이지는 않고 설명되지 않는 세계가 우리 가까이 있고 그 세계가 우리를 인도한다는 것 또한 인정해야 한다.

칸트나 비트겐슈타인이 말하지 않았던가? 인간 이성의 한계를 벗어나는 것을 묻지 말라. 왜? 답을 들을 수 없으니까.

셋째, 모든 인간 심성의 뿌리는 저 깊은 무의식의 세계, 전체의 세계와 닿아 있다. 때문에, 우리의 세계는 우주를 닮아 있다.

우주론에서 밝음은 당연함이 아니라 어둠이 없기 때문이다. **빛을 어둠의 부재**로 정의하듯, 밝은 것이 당연한 것이 아닌 것처럼 우리의 삶은 불멸의 무한한 세계가 유한한 세계 속으로 뛰어든 사건이다. 이렇듯 우주의 모든 것들은 무한과 유한으로 서로 질서 있게 연결되어 있으며, 우주도 서로 연결되어 있다고 한 데이비드 봄의 숨겨진 질서 이론처럼, 영원한 세계인 무의식의 세계가 뚜렷하게 나타난 각자의 소중한 삶인 것이다.

이 세 가지 요약에 따른 결론을 칼 융의 말을 빌려 말하자면 **"동양의 미래를 예측하는 수많은 술법은 매우 과학적인 음양 변화의 논리체계를 가지고 있기 때문에, 동양의 역(易)에 의한 미래 예측은 양자화된 시간이라는 물리량에 기초한 의식의 파장을 가지고 시공간의 차원 이동에 의한 동시성의 개념에 의해, 다른 차원 즉, 미래의 정보를 가져오는 작업"**이라는 것이다.

마지막으로 칼 융(Carl Gustav Jung)의 『무의식의 심리학』, 『분석심리학』, 『황금꽃의 비밀』, 리하르트 빌헬름의 『주역(I Ching)』에 칼 융이 쓴 「서문」 그리고 그의 자서전 등에서 『주역』의 64괘는 64가지의 다양하지만 전형적인 상황의 의미를 결정하는 도구로서 8괘나 64괘가 상태 함수와 유사한 개념으로, 서양 과학에 기초를 둔 역학(力學)과 동양의 역학(易學)에 의한 미래나 사물에 대한 예측 방법이 결과적으로 다르지 않음을 지적하고 있다.

서양 과학의 인과론적인 방법은 실험적, 물질적 증거가 필요하다는 전제하에 실험의 재현성을 위하여 반복 실험이 가능하나 동양의 역학과 동시성의 개념은 고유하면서도 반복될 수 없는 일회적인 상황이기에, 반복이 가능하지 않다는 점이 다르다.

따라서 과학은 실험적, 물질적 증거가 필요하다는 '증명의 재현성(Controlled Experiment)'을 중요시하는 서구 지향적인 사람들에게는 이런 절차가 분명 호소력을 갖지 못할 것임을 잘 알고 있다.

그렇기 때문에 이러한 서구적인 학문에 경도된 학자가 동양의 역(易)과 같은 전승지식을 이해하기 위해서는 서구인의 정신세계에 몰입되어 있는 편견을 벗어던지지 않으면 안 될 것이다.

칼 융은 『황금꽃의 비밀』에서 동양의 학문, 특히 『주역』에 관하여 다음과 같이 현실적 인식 방법의 핵심을 찌르고 있다.

> "**생명을 통하여 이해하고 있는 동양**이 있다. 우리는 이런 동양의 것을 단지 종교적인 표현 방식에서 비롯된 아련한 그림자 같은 심정 상태로서 이해하고 있다. 이렇게 동양적 '지혜'를 인용부호 안에 집어넣으면서, 신앙(信仰)과 미신이라는 모호한 영역으로 추방해 버린다. 이로써 결국 동양적인 '사실성'은 전적으로 잘못 이해되어 버린다."[14]

지금은 오히려 동양 사람인 우리가 서양학자인 칼 융의 지적을 새겨들어야 할 지경에 이르렀음이 안타까울 뿐이다.

지금까지 짧지 않은 시간 상담을 하다 보면 실제로 이와 같은 경험과 임상이 대부분이다. 묻는 사람의 질문에서 질문자가 생각하는 상대방의 생각이나 형편, 원하는 곳의 지형이나 가치, 어릴 때 누군가의 죽음으로 봤던 곳의 물이 가득한 땅속의 실제 모습까지 말하지 않아도 알 수 있거나 혹은 서양의학에서 발견되기 전의 병증이 있는 곳을 알아내거나, 의학으로 해결되지 않는 증상이 해결되는 것 등 필설로는 다 형용할 수 없는 많은 것들이 실재하기에 이 글을 쓰기 시작했고 이 지점에 와서 비로소 그

14) 위의 책.

것들이 분명하게 이유 있는 현상이요, 진단이었음이 명명백백해지고 깨닫게 되니 참으로 기쁘고 밝다.

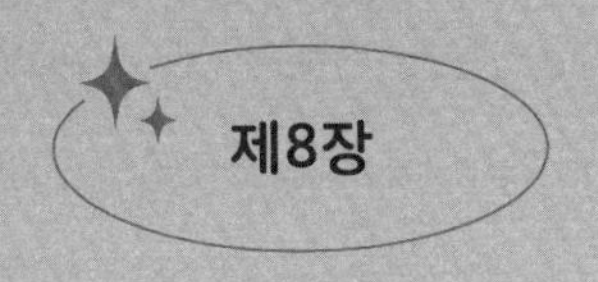

제8장

스피노자의 신(神)과 자연(自然)

- 바뤼흐 스피노자(Baruch Spinoza)

스피노자
(Baruch Spinoza, 1632~1677)
(사진 출처 : 나무위키)

우리가 생활하면서 이뤄지는 사물과 사람과의 관계 속에서 내가 인식하는 그 모든 것들의 실상, 실존에 대하여 곰곰이 생각해 볼 일이다.

특히 지구의 모든 생물들 가운데 가장 우수한 지적 능력을 가지고 태어났으면서도 죽을 수밖에 없는 한계를 가지고 사는 우리 인간들이 그 한계를 극복하기 위해 설정하게 된 신이라는 개념, 인간사회에서는 절대로 객관적이고 과학적인 증명이나 답을 얻을 수 없으며 지극히 관념적이고 주관적인 신앙의 영역인 신의 존재, 신의 개념을 살펴볼 필요가 있다고 생각한다.

왜냐하면 우리 사회에서 종교로 인한 갈등이 다른 요인들과 결합하여 많은 심각하고 중대한 문제들을 양산하고 있기 때문이다.

그래서 다음의 인용문은 이 책에서 다루는 주제와도 부합하지만, 내가 오래전부터 무의식적이다 싶을 정도로 마음속에 굳어져 가던 생각과 일치한다. 이 책을 접하고 난 후에 확실하게 동감하면서 철학적 가치관으로 강한 유대감을 느꼈다. 하여 조금이라도 많은 이들이 읽어 볼 수 있기를 바라는 마음에 여기에 일부분들을 발췌하여 소개한다. 먼저 포이어바흐의 글이다.

인간은 대상이 없이는 그 아무것도 아니다.

루트비히 안드레아스 폰 포이어바흐 (Ludwig Andreas von Feuerbach, 1804~1872) (사진 출처 : 위키피디아)

인간은 대상에 있어서 자기 자신을 의식한다. 즉 대상의 의식은 자기-의식(Self-Consciousness)이다.
우리는 대상에 의해 인간을 의식한다.
대상은 인간의 노출된 본질이며 인간의 진실한 객관적 자아(Ich)이다. 그리고 이 말은 정신적 대상뿐만 아니라 감성적인 대상조차도 해당된다는 것이다. 인간으로부터, 멀리 떨어진 대상조차도 역시 인간에게 대상이 되기 때문에, 그리고 인간에게 대상인 이상 인간 본질의 현시(現示, offen barung)이다.
달도, 태양도, 별도, 인간에게 "너 자신을 알도록 하라"라고 말한다.
만일 자신이 무한자를 사유한다면 그때 당신은 사유 능력의 무한성을 사유하고 또한 긍정하는 것이다. 그리고 당신이 만일 무한자를 느낀다면 그때 당신은 감정 능력의 무한성을 느끼는 것이고 또한 긍정하는 것이다. 그러므로 형이상학적, 초인간적인 사변철학이다.

그리고 신이라는 존재가 첫째, 종교라는 의미에서는 단지 파생적인 것, 주관적인 것, 혹은 인간적인 것, 수단, 기관(Organ)의 의의를, 가지고 있는 것이며, 둘째, 진리가 말하는 의미에서는 근원적인 것, 신적인 것, 본질, 대상, 그 자체의 의의를 지니고, 있는 것이다.

예를 들면 감정이 종교의 본질적인 기관이라면 **신(神)의 본질은 감정의 본질이 나타난 표현 이외의 다른 것이 아니다.**

인간 사유와 성향은 신(神)의 사유나 성향과 같은 것이다. 인간의 신은 인간이 가지고 있는 만큼의 가치를 갖고 있으며 그 외의 신의 가치를 갖고 있지 않다. **신(神) 의식은 인간의 자아의식이며 신(神) 지식은 인간의 자아 지식이다.**

인간에게 신인 것은 인간의 정신(Geist)이고, 인간의 마음(Seele)이며, 인간의 정신, 인간의 마음, 인간의 심정(Herz)은 인간의 신이다. 신은 인간의 내면이 나타난 것이며 인간 자신이 언표된 것이다.[15]

이 글을 보면서 나는 한 글자도 더할 것이 없이 마음으로 동의한다.

다음으로 스피노자의 글을 살펴보자.

---

15) 『기독교의 본질』, 포에르바흐, 박순경 역, 종로서적, 1997년.

중세 이후 스피노자의 시기에 이르기까지 인간사회 전 영역에 거부할 수 없는 가치와 사상과 법의 영역까지 강력하게 지속되어 온 서양의 유일신 종교와, 기존 유일신 개념의 종교에서의 신을 규정한 이유와 그 신의 실체를 논리적으로 분석한 유태인인 그의 생각을 여기에 소개하여 독자 여러분과 함께 살펴볼 기회를 갖기를 원한다.

『에티카』 제1부 신에 대하여 부록

그들은 신이 모든 것을, 인간을 위해서 창조하고, 또, 신을 숭배하도록 인간을 창조했다고 믿기 때문이다. (중략)

첫째, 인간은 자신을 자유라고 생각한다. 이 말은 그들이 자신들의 의욕과 충동을 의식하지만, 자신들을 그 충동과 욕구로 몰아넣는 원인에 관해서는 알지 못하므로 꿈속에서도 그 원인에 대해 생각하지 않기 때문이다.

둘째로, 인간은 일체를 어떤 목적 때문에, 즉 자신이 욕망하는 이익 때문에 행한다. 이로 말미암아 그들은 언제나 완성된 것의 목적만을 알려고 하며, 그것을 들으면 안심한다. (중략)

그들은 모든 자연물을 자기의 이익을 위한 수단으로 생각하게 되었다. 그리하여 이들 수단은 그들에 의해 발견되었다. 하지만 그들은 자기들이 이것들을 마련하지 않았음을 알고 있기 때문에, 다른 누군가가 그 수단을 자기들이 사용하도록 준비한 것으로 믿게 되었다. (중략)

신들은 인간에게 은혜를 베풀어 빚을 지움으로써 최고의 존경을 받을 수 있도록 인간이 사용한 일체를 창조했다고, 이 결과 각

> 인간은, 신이 자신을 다른 누구보다도 사랑하여 모든 자연을 자신의 맹목적인 욕망과 끝없는 탐욕에 맞춰 창조해 주게끔, 신 숭배의 잡다한 양식을 자기 자신의 성격에서 미루어 생각해 내게 되었다.[16)]

이러한 스피노자가 생각한 인간이 설정한 신 이론이 타당성을 가지고 있다는 것에 동의하며 이와 관련하여 나의 짧은 소견을 적어 보겠다.

내가 믿었던 예수의 기독교나 모세의 유대교, 마호메트의 이슬람교에서는 유일신인 하나님이 제1의 원리요, 모든 것을 창조하신 창조주이며, 만물의 근원이요, 그분이 아니고는 만물의 존재 이유가 없다는 것을 믿는다.

그렇다면 이런 유일한 하나님은 모든 피조물들과 인간이 말하는 악마와 사탄도 만들어 낸 사실임이 분명하다. 천국과 지옥 또한 마찬가지일 것이다. 그렇다면 신은 왜 자신을 저주하고 방해하며 미워하는 그런 피조물을 만들고, 존속시키고, 방치하는 걸까? 창조주로서 세상 모든 만물은 피창조물이기에 신성을 부여받아 갖고 있으며, 창조된 인간이 믿는 자기와 다른 신은 왜 만들고는 그리도 존재를 부인하며 혐오하게 하는가? 창조주의 그런 독점욕과 이기심이 이 세상을 이리도 아프게 하는데도 말이다.

왜 자신의 형상을 따라 신성을 불어넣고 추가로 자유의지를 부가한 존재이며. 아들이라는 영광스러운 호칭을 부여한 인간에게 믿지 않고, 추종하지 않고, 굴복하지 않으면 뒤따르는 심판의 경우처럼 어쩌면 그렇게도 반이성적인 감성으로 대응하는 것인가? 만약, 인간 세계에서 실제의 아버

16) 『에티카/정치론』, B. 스피노자, 추영현 역, 동서문화사, 2018년.

지와 어머니가 아들에게 딸들에게 말을 듣지 않는다고 지옥의 끔찍한 불 속에 밀어 넣으며 지옥이라는 감옥에 영원히 가두겠는가?

이때, 유일신을 믿는 사람들은 다음과 같이 말할 것이다. 믿으면 모든 문제가 해결된다고. 그럼 믿지 않는 인간은 그 신이 창조하지 않았단 말인가? 그럼 또 다른 신이 만들었단 것인가? 이와 같이 신앙, 즉 종교의 문제는 누구를 설득하고 강요할 주제가 아니다.

이런 비교는 전혀 다른 것이라 할 터이지만, 나는 무엇이 다른 것인지 알 수 없다. 더욱이 악마와 사탄이 하는 짓과 인간이나 악마나 사탄의 존재와 양태와 역할은 모두 신에게서 나온다. 그런 이유로 신이 동의한 것이리라. 그렇다면 악마는 신을 저주해야 하는 일을 하는 것일 뿐이다.

다시 말하지만, 악마와 사탄도 창조주인 신이 만든 것이기에 악마가 하는 그 무엇도 신이 원하는 것이기에 결국 신을 저주하는 것은 결국 악마의 입을 빌린 신 자신이 하는 것이며, 만약 동의한 것이 아니라면 신이 전능하다는 말은 거짓이 된다. 그리하여 만물은 한 가지 원리만이 아니라 둘을 인정해야 한다. 하나는 선이고, 다른 하나는 악이다. 이것이 바로 양자론이요, 음양론이요, 동시성이요, 상관적인 것이다.

스피노자에 의하면 우리의 선악 구별이 인간의 욕구와 감정에 관련되어 있기 때문에 선과 악은 **상관적**이라는 것이므로, **어떤 하나의 동일한 사물은 입장에 따라 동시에 선이고 악일 수 있다**고 말한다. 그래서 무한하고 신성하며 완전한 '신은 어떠한 기쁨이나 슬픔의 정서에 의해서도 작용받지 않는다고 하며, 그러한 이유로 **'신은 아무도 사랑하지 않으며, 아**

무도 미워하지 않는다'고 한다.

여기서 인간이 자신이 바라보는 입장에서 말하는 선과 악은 결국 상관적이기 때문이다. 이렇듯 파동과 입자의 양자역학 원리가 보인다.

『도덕경』 제5장의 "천지불인 이만물 위추구(天地不仁 以萬物 爲芻狗, 천지는 어질지 않아서 만물을 짚으로 만든 개처럼 여긴다)"라는 말처럼 신 또한 선한 자나 악한 자에게 동일하게 해를 비추고 귀천에 구애 없이 동일하게 비를 내려 준다는 아주 간단한 사실만 보아도, 선과 악, 호(好), 불호(不好), 시(是), 비(非) 등의 관념은 인간이 자유의지라는 환상에 의해 형성된 충동과 다름없는 것이요, 목적에 따라 사물을 서로 비교하여 형성한 개념일 뿐이라는 것을 알 수 있다.

따라서 이 우주에는 우주 자체인 대자연의 체계뿐이며 이것이 유일한 실체요, 신이다. 따라서 자연에 목적이나 의지가 있을 수 없다. 자연에는 선도 악도 없다. 오직 냉정한 자연만 있을 뿐이다. 우리가 말하는 상대적 가치 판단의 양자 개념은 인간이 만들어 낸 관념일 뿐이다.

이러한 이유로 일반적으로 신(神)이란 스스로 창조(?)된 물질 자체다. 결코 정의롭지도, 자비롭지도 않으며 질투하지도 않는다. 신은 우리의 상상과는 아무런 상관없으며 결론적으로 벌을 내리지도 보상하지도 않는다고 생각한다.

그러므로 신은 모든 존재들의 근원이며, 그렇기 때문에 신에게 모든 존재는 어느 하나도 다른 하나보다 결코 우월하거나 못하거나 하지 않다. 구더기 한 마리나, 꽃 한 송이나, 돌멩이나, 한낱 지푸라기나 그 어떤 존재보다 인간이기에 더 의미 있고 더 소중하며 각별한 존재가 아니라는 것이다.

신은 신이 보기에 아름답고, 추하고, 선하고, 악하며, 완전하고, 불완전한 의미와 개체가 따로 존재한다고 생각하지 않는다고 본다. 생각을 더 연장해 보면, 신이 인간의 말과 행위에 반응하여 사랑과 증오를 느끼고 다른 어떤 피조물보다 인간을 더 염두에 둔다는 발상은 인간들이 만든 상상의 산물이라고 생각한다.

이와 같은 신과 관련하여 좀 더 살펴보자.

에마뉴엘 칸트(Immanuel Kant)는 『순수이성비판(純粹理性批判)』 서문에서 인간의 이성은 자신이 이해할 수 없는 문제를 이해하려고 하기 때문에 고통을 느낀다고 하였다. 즉, 의지의 자유, 영혼의 불멸성, 신의 존재에 관한 물음 등은 우리의 이성이 해결하고자 하는 문제들이지만 그런 물음들은 우리 이성의 한계를 벗어나는 것이기에 답을 얻을 수 없다고 했다.

좀 풀어서 이야기하면 우리가 감각을 통해 보고, 만지고, 듣는 현상계와 물질계에 관한 지식은 과학이 탐구해야 할 영역이며, 그러한 물질계를 넘어서는 세계와 신에 관한 믿음과 같은 신앙의 세계는 형이상학과 종교의 영역이다. 즉, 믿는 자에게는 있는 것이요, 믿지 않는 자에게는 없는 것인 상대적 개념이다.

그런 영역을 진리라며 강요하고, 구별하고, 핍박하며 편을 가르는 것이야말로 사회적으로 볼 때 비이성적, 비인간적, 비도덕적이라고 본다. 그리고 형이상학과 종교가 현상계와 물질계에 대한 앎을 줄 수 없듯이 마찬가지로 과학이 윤리적 문제나 예술에 관한 문제 혹은 신에 관한 지식에 답변을 줄 수 없다는 뜻이라고 이해할 수 있겠다.

나는 감히 말한다! 신은, 누구와 공유하며 누구에게 그를 설득시키는

존재가 아니라 인간 개인 내면의 깊은 곳으로부터 샘솟아 나는 울림으로 한 개인과 은밀한 정신적 교감을 하는 존재라는 개념이라고.

헤겔이 말하기를, 그를 따르는 것은 모든 철학의 중요한 출발이라며, 그가 "자신으로 하여금 철학을 진지하게 하도록 하는 용기를 준 유일한 철학자"라고 고백한 네덜란드의 철학자 스피노자는 그의 저서『에티카』에서 무한과 유한의 대립 이전의 무한적 유한과 유한적 무한의 절대적 실체를 말하면서 "오직 자연의 체계만이 실체"라고 한다. 그리고 "신이 총괄적으로 읽힐 때는 실체지만, 개별적으로 읽힐 때는 자연이라는 양태(modus)"라고 하며 "신은 곧 자연이다(神卽自然)"라고 말했다.

그는 신이란 자신의 실존을 산출하면서 동시에 모든 사물들을 산출하는 힘을 가지며, 이것이 신의 본질 자체라고 하며, "스스로 생산하는 신인 '능산(能產)적 자연(natura naturans)'과 이미 생산된 신들인 '소산(所產)적 자연(natura naturata)'을 서로 떼어 놓으려는 것은, 쓸모없는 구분이다"라고 했다.

그리고 "신에 대한 생각을 가진 자에게는 신의 본질에서 세계와 존재를 따로 분리하려는 것 자체가 모순이기 때문이다"라며 "신의 다른 이름인 그의 '자연'은 존재하는 것의 총체로 보는 인간과 대립해 있거나, 신에 의해 창조된 피조물이 아니라 영원하고 무한하며 필연적인 것이며, 자기 스스로 하는 원인적인 산출 행위 그 자체를 지칭하는 용어이다"라고 하며 "신은 실체이며 자연이다. 왜냐하면, 신은 유일한 실체로서 일체 존재들의 원인이면서 존재하는 일체의 것들을 산출하는 궁극적 활동성 자체이기 때문이다"라고 했다.

이어서 그에 따르면 실체는 다른 것에서 산출될 수 없는 것이기 때문에 실체는 '자기 원인(Causa Sui)'이다. 즉 실체의 본질은 필연적으로 존재를 포함하거나 아니면 실체의 본성에 존재가 속한다고 한다. 왜냐하면 그들은 자기 안에 존재하는 것, 그리고 자기 자신에 의해 파악되는 것, 다시 말하면 그 인식이 다른 것의 인식을 필요로 하지 않는 것을 실체(Substantia)라고 이해하기 때문이다.(『에티카』 제1부 신에 관하여)

이러한 주장을 토대로 유일한 실체는 신뿐이고, 나머지는 모두 이 실체의 무한한 양태적 변체(변용, modification)로부터 무한한 양태들이 무한히 계속되어 산출된 것, 곧 '세상 만물'이라고 주장하며, 여기서 신이 '첫 번째 원인'이 되기 위해서는 동일하지만 단지 변화했을 뿐이어야 하고 이러한 신의 변화된 모습이 결국 '세상'이 된다고 하면, '신은 곧 세상'이 된다. 이러한 결과의 인과관계를 잘 살펴보면,

① '첫 번째 원인'인 실체는 곧 신은, 세상과 독립적으로 존재할 수 없다.
② 이러한 논리의 결과로 신과 세상 만물과의 관계에 있어서 신은 세상과 '초월적 원인'과 '초월적 존재'가 아닌 세상과 하나가 되는, '내재적(immanent) 원인'이 되어야 한다.
③ 때문에 히브리 유태교와 일부 서양 종교의 세계관처럼 독립된 존재로 인간사회에 개입하는 초월적, 인격적인 신을 믿는 것은 불합리하다.

이로부터 다음과 같은 결론이 나온다.

첫 번째, 신은 무한한 지성에 의해 파악될 수 있는 모든 사물의 작용원인(作用原因, causa efficiens)이다.

두 번째, 신은 자기 자신에 의한 원인이지 우연에 의한 원인이 아니다.

세 번째, 신은 절대적으로 제1원인이다.

때문에 신은 존재하는 개물의 운동원인(運動原因, mover cause)일 뿐만 아니라 사물의 본질적인 운동인이기도 하다는 논리를 편다.

이런 논리로 스피노자는 다음과 같이 언명한다. 실체는 '자기 원인'이자 다른 모든 것의 원인으로 신이다. 또한 자신 안에 있으며 자신에 의해 생각되는 것인 내재적 원인을 포함하는 것으로 그 개념을 형성하기 위해서는 그 개념이 다른 것의 개념을 필요로 하지 않고 자기 자신에 의존하며 파악되는 것으로 이해되어야 한다. 그렇기 때문에, 모든 것이 실체 자체라는 말이 성립된다.

이 실체는 다시 '변화를 일으키는 작용(변용)', '변화된 상태(변체)'로 신의 무한한 지성, 순수자아로 실체와 속성에서 직접 나오는 무한 양태(modus)와 공간과 시간에 제약을 받는 신체와 정신의 현상이라고 말하는 것으로 인간, 동물, 지구, 정서 등의 유한 양태들이 산출된다. 이렇게 산출된 이것이 세상 만물이다. 이러한 연유로 실체는 곧 자연이며 자연은 곧 신이다. 그리하여 스피노자는 '신즉자연(Deus sive Natura)'을 주장하는 범신론적 일원론자로 불리게 된다.

다른 시각에서 동양의 유학자 횡거(橫渠) 장재(張載)에 의하면 "태허에는 기가 없을 수 없고, 기는 모여서 만물이 되지 않을 수 없으며, 만물은 흩어져 다시 태허가 되지 않을 수 없다. 이러한 과정을 따라 나가고 들어오고 하는 것은, 모두 부득이한 것이다".[17]

---

17) 『정몽』, 장재, 장윤수 역, 책세상, 2023년.

요약하여, "태허즉기즉만물(太虛卽氣卽萬物)"이라 했는데, 이는 태허는 스피노자가 말하는 실체요, 기는 변용이고, 만물은 상이라고 볼 수 있다. 이로써 '기가 모이면 만물이고 흩어지면 태허'라는 기일원론이요, '신즉자연'이라는 스피노자의 일원론과 일맥상통하고 있다. 이렇듯 르네 데카르트는 정신과 물체를 '유한 실체'로, 신을 '무한 실체'로 나누어 이원론을 주장했다면, 스피노자는 실체 개념을 분석하여 유일 실체론인 '신즉자연'을 표방하는 일원론을 주창했다.

루트비히 요제프 요한 비트겐슈타인(Ludwig Josef Johann Wittgenstein)을 통해 신을 생각해 보자.

비트겐슈타인(Ludwig Josef Johann Wittgenstein, 1889~1951)
(사진 출처 : 위키피디아)

비트켄슈타인은 저서 『논리철학논고』 서문에서 과학과 논리학의 영역은 말할 수 있는 것으로, 윤리학이나 신앙, 예술의 영역은 말할 수 없는 것으로 나누었다. 윤리적인 행위가 있다는 것, 예술의 아름다움이 있다는 것, 신이 갖는 인간에 대한 존재 의미 같은 것들은 말할 수 있는 언어의 영역을 초월해서 존재하는 것들이고 이것들은 그저 침묵을 통해서 보여 줄 수 있다고 했다. 그는 말할 수 있다는 것은 우리가 사실로 확인할 수 있는 것들이란 결론에 이르게 된다.

그렇기 때문에 비트겐슈타인은 '진리가 ~이다. 신이란 ~이다'라는 식의 명제는 무의미한 것이며, 그 이유는 그러한 명제들과 대조할 수 있는 사실을 우리는 경험할 수 없기 때문이라고 주장했다.

공자 또한 신에 관해서는 이야기를 하지 않았다.

어느 날 자로가 공자에게 다음과 같이 질문한다.

季路問事鬼神(계로문사귀신)

자로가 귀신 섬기는 것을 묻자

子曰 未能事人, 焉能事鬼(자왈, 미능사인, 언능사귀)

공자가 말하기를 "사람 섬기는 것도 제대로 못하는 지경인데, 어찌 귀신을 섬길 수 있겠는가?"

『논어』「양화(陽貨)」편 19장에서 공자는 다음과 같이 말한다.

子曰 天何言哉?. 四時行焉, 百物生焉, 天何言哉?

(자왈 천하언재? 사시행언, 백물생언, 천하언재?)

하늘이 무슨 말을 하더냐? 사계절이 순행하고, 온갖 것들이 생겨나지만, 하늘이 무슨 말을 하더냐?

이렇듯 공자도 하늘의 뜻이라는 것은 인간이 거론할 영역이 아니라는 입장을 취하고 있다.

이와 같이, **칸트가 그의 저서 『순수이성비판』에서 신앙을 과학으로부터 분리했듯이 비트겐슈타인은 신앙을 언어로부터 분리했다.**

결국, 신은 자연에 대해 초월적 원인이 아니라 자연을 생성하게 하는 내재적 원인으로서의 힘이다. 따라서 이 자연을 자연으로 있게끔 하는 궁극적 힘이다. 이러한 결론은 바로 '자연 속의 모든 개체가 오직 타자와의 관계 속에서만 존재할 뿐이라는 연기(緣起)의 실상과 다름이 아니다. 이것은 오직 식(識)만이 실재이며 식과 분리된 다른 실체가 있다고 생각하기를 거부한 화엄의 유식사상과 같다'[18]는 말을 한다. 그렇기 때문에, 자연은 신의 모습(相)이고, 신은 자연의 본체(體)이다. 결코 형식적으로 동일시해선 안 된다. 이 둘은 하나면서 둘이고 둘이면서 하나인 체와 상의 두 얼굴이다.

이렇게 여기까지 살펴본 바로는 지금 현대사회에서 만연해 있는 분열과 혐오와 충돌, 그리고 참혹한 전쟁을 보면서 다음과 같은 진단을 해 본다. 현대의 종교로 인한 전쟁과 비인간적인 상황들은, 현실의 과학과 언어로 표현할 수 없는 신앙을 특히, 나만이 유일하다는 유일신 신앙을, 온 세상이 가진 다채로운 모습의 언어와 지역과 인종과 나라와 문화와 역사를 있는 그대로 보려 하지 않고 다채로운 색깔의 현상과 정신과 신앙을 자기만의 하나의 색깔로 단순화하려고 하고 있기 때문이다. 이렇듯 나를 넘어선 너에게, 이웃에게, 다른 나라에 강요하고, 더불어 나만의 신앙이 공통의 선(善)이라는 생각에 빠져 내가 믿는 신을 믿지 않거나 나와 다른 신을 믿는 사람을 이기적, 독선적, 배타적으로 혐오의 대상으로 바라보는 데서 오는 것이라는 생각을 떨쳐 낼 수가 없다. 이러한 개개인의 신앙의 문제는 각 경전의 말씀이나 사역자의 말씀도 있지만 결국에는 나의 마음

18) 『스피노자와 붓다』, 성희경, 한국학술정보, 2010년.

속에 간절하고 신실한 믿음의 영역이기 때문에, 남에게 강요 혹은 억지로 선택을 요구할 수 없는 것이라고 생각한다. 또한 개인의 신앙을 기준으로 남을 평가해서는 안 된다고 생각한다.

세상에는 물질과 반물질, 입자와 반입자, 입자와 파장, 음과 양, 주관과 객관, 즉자(卽自)와 대자(對自), 너와 나, 주체와 대상이, 서로 상보적이며, 얽힘 상태이며, 이중성의 성질을 갖는다는 양자역학의 원리를 우리 모두 깨달아야 한다.

그리하여 제발 언어로, 과학으로 말할 수 없는 신앙의 영역을 나를 제외한 누구에게도 억지로 강요하거나(정말 여러 가지 수단을 동원하여 열심히 전도하던 시절이 생각난다), 나와 다른 신앙을 혐오하거나 배척하지 말 것을 진심으로 말하고 싶다. 그리하여 최소한 신앙의 문제로 이 땅에 혐오와 분열과 충돌이 일어나지 않는 평화로운 시대가 되기를 소망한다.

좀 더 확장해서 보면, 우리의 현실 세계의 문제를 객관적인 제3자의 입장에서 볼 때 가장 크고 심하다고 느끼는 충돌 지점이 바로 종교와 정치 이데올로기가 아닌가 한다. 물론, 순수 정치이념만으로는 큰 충돌이 만들어지기도 하였지만, 그 이후 현재의 민주사회에 이르러서는 정치이념 하나만으로는 큰 충돌은 일어나지 않으며 조금은 다른 양상의 혐오와 분열이 일어나고 있다.

요즘 사회적으로 아주 극단적 분열의 모습인 좌우 문제, 역사 문제 등의 발언이 빈번하게 일어나는데, 그 발언의 중심에 있는 사람들이 하필이면 기독교인으로 밝혀지고, 단편적으로 보이는 장소 또한 대부분 교회거나 교회 관련 단체의 행사장과 같은 곳에서 시작되는 것을 볼 때, 그 분열 양상은 정치 이데올로기에 잘못된 종교적 신념이 올라타거나 종교가 기초 이념으로 제공될 경우, 그 분열과 충돌의 모습이 크게 느껴진다.

역사 이래로 종교전쟁으로 인하여 가장 많은 생명이 죽었다. 로마 시대에는 기독교 박해의 역사, 2차대전 당시 독일 파시스트와 나치 정권의 유태인 학살, 가까이는 1992년 발발하여 총 10만 명이 사망하고, 12,000~50,000명의 무슬림계 여성이 인종청소라는 악의적 수단의 강간을 당한 기독교와 무슬림의 전쟁인 보스니아 내전, 현재도 유대 이스라엘과 팔레스타인의 일방적인 전쟁을 보면서 배타적 신이라는 이름으로 일어나는 충돌의 양상이 얼마나 잔인하고 큰가를 알 수 있다. 물론 역사적, 실제적, 독점적, 지역 점유 문제가 가장 큰 표면적인 요인이지만, 정치적 동기가 숨겨져 있는 원인으로 출발한다.

첨단 지성이 지배한다는 21세기에 어찌도 이리 원시적이고 무자비한 폭력이 난무하는가? 그것은 우리가 피상적으로 알고 있는 단순히 **종교**라는 것은, 믿는 자에게는 나를 비롯하여 이 우주를 창조한 완전한 조물주이며 완전한 신에게 원죄로 인하여 죽을 수밖에 없는 불완전한 인간이 신에게 의지하여 영생을 얻으며 영성을 고양시켜 감사하고 행복한 삶을 영위하고자 하는 지극히 주관적인 정신적 활동이다. 그런데 내가 사랑하고 감사하는 신이 나만을 사랑해 줄 것이라는 개인적인 신념을 넘어서 현실로 들어와서 집단화, 지역화, 국가화될 때 집단 폭력과 전쟁이 일어나는 것이 아닌가 한다. 개인적인 신념으로만 내재된다면 그런 일이 가능하겠는가? 이는 단순히 종교라는 개인적인 신념으로 다룰 수 없는 영역이기 때문이다.

"신을 사랑하는 사람은 반대로 신이 그를 사랑하게끔 노력할 수 없다"(『에티카』 제5부 정리 19) 말하며, "만일 인간이 신이 인간을 사랑하도록 노력한다면, 그는 자신이 사랑하는 신이, 신이 아니기를 바라는 게 된다. 따라서 그는 슬픔을 느끼기를 욕구하는 것이 된다. 이것은 부당하다."(『에티카』 제5부 정리 19 증명)라는 스피노자의 말이나, 앞에 언급한 『기독교의 본질』의 내용처럼 신이란 인간의 내면이 나타난 것이며 인간 자신이 언표된 것이라는 것을 받아들인다면, 신 때문에 인간의 생명이, 문화가, 인간성이 멸절되는 상태까지 이르지는 않을 것이다. 일반적으로 인간을 구원하기 위한 신이 존재한다고 했을 때 그의 뜻을 왜곡하는, 현재 우리 주위에 상존하는 종교가 결국 인간을 비인간화시키고 있다고 본다.

앞의 포이어바흐의 글이나 스피노자, 칸트나 비트겐슈타인의 생각에서 언급되는 신과 우주와 인간 의식과 관련하여 전혀 다른 시각에서 나와 지구와 우주를 바라보는 『천부경』의 말씀을 살펴보자. 진위의 문제가 있긴 하지만 우리 민족의 상고 역사에서부터 전승되어 온 경전이다. 이 경전에는 누구를 위한, 누구에게만, 누구로부터 발생된 배타적인 신, 유일자의 의식적 창조라는 개념의 이야기는 없다. 삼태극의 개념으로 그저 하늘(우주)과 땅과 인간과의 상호의존과 화합해야 하는 존재 이치와 인간이 소중하고 유일하게 능동적으로 자연과 교류하고 호흡하며 인식하며 살아가야 하는 제일 소중한 존재임을 천명하고 있다.

내 나름대로 해석해 본다.

일시무시일(一始無始一)

우주의 시작은 시작됨이 없이 시작되었다.

석삼극무진본(析三極無盡本)

완전수 3으로 완전히 나누어도

그 근본 이치는 다함이 없다.

천일일지일이인일삼(天一一地一二人一三)

근본의 첫 번째 시작의 1은 하늘이요,

첫 번째 시작의 2는 땅이요,

첫 번째 시작의 3은 사람이다.

일적십거무궤화삼(一積十鉅無匱化三)

하나씩 쌓아 10을 이루면 경계를 허물어 큰 틀을

시작하는 3으로 합하니 모자람이 없다.

천이삼지이삼인이삼(天二三地二三人二三)

하늘의 뜻도 양의(2, 3, 땅과 사람)가 모여 큰 3이 되며

땅의 뜻도 양의(1, 3, 하늘과 사람)가 모여 큰 3이 되며

사람의 뜻도 양의(1, 2, 하늘과 땅)가 모여 큰 3이 되며

대삼합육생칠팔구(大三合六生七八九)

완전수 3에 1, 2, 3 삼극을 더하면 6이 되고

6에 1, 2, 3을 더하면 7, 8, 9가 된다.

운삼사성환오칠(運三四成環五七)

완전수 천원(天圓) 3이 운행하여 땅의 수 지방(地方) 4를

이루고 다시 순환하여 오행과 칠정을 이룬다.

일묘연만왕만래(一妙衍萬往萬來)

우주는 참으로 묘하도다. 만물이 진리의 차원을 넘어

끝없이 가고 오는 순환함이여,

용변부동본(用變不動本)

쓰임은 끝없이 변하지만 그 근본은 변하지 않으니,

본심본태양앙명인중천지일(本心本太陽昻明人中天地一)

사람의 근본 바탕은 해와 달처럼 한없이 밝아 그 근본

바탕의 중정(中正)과 천지는 하나가 되어 우주를 이룬다.

일종무종일(一終無終一)

이와 같이 우주는 마치되 마침이 없는 우주로다.

결론적으로『천부경』에서 말하고자 하는 것은 하늘과 땅이라는 우주 자연, 그것과 더불어 짝하여 사는 하늘과 땅처럼 고귀한 인간이 서로 의지하고 배려하고 화합하여 그 셋이 만들어 내는 여러 방정식과 여러 변화에서 하나가 둘로, 둘이 셋으로 분화하고 다시 하나로 통일되는, 하늘과 땅과 사람이 서로 연결되어 영향을 주고받으며 항구한 우주를 이룬다는 웅변으로, 인간과 우주, 우주와 인간의 통합과 화합을 말하고 있다.

사실 모태신앙이었던 나는 소망하던 목회자가 되기 위해 목표했던 신학대학원 입학을 포기하고 그 신앙의 길에서 돌아섰다.

대학교 1학년 때 형님과, 3학년 때 5촌 당숙이시며 2대째 목회자의 길을 걸어오신 목사님의 이해할 수 없는 사고와 죽음을 마주하고는 내가 신앙하는 신과, 내가 마주하는 죽음과, 내가 배우고 익히는 많은 역사와 진실과 철학적 사유에 대하여 많은 고뇌를 통한 결론은 '내가 믿는 신과는 함께할 수가 없구나'였다.

이런 상황들이 내가 성장하면서 배우고 느낀 생각들과 결합하면서 내가 어려서부터 교회를 다니면서 무조건 희망하고, 목표로 삼아서 삶의 여정으로 가려고 한 목회자의 그 길과 부딪혔기 때문이다. 우리나라 기독교 신앙의 입장에서는 나의 믿음이 잘못된 믿음이었고 사탄의 침투로 인한 것이요 신을 의심하였으므로 하나님의 심판을 받아 지옥에 떨어질 큰 죄악이라 할 것이다.

그러나 인간의 머리카락 수까지 헤아리며 보호해 주시는 신께서 이유도 알 수 없고, 예측 불가능하며 무엇으로도 설명할 수 없는 여러 가지 양태의 죽음이라는 것에 전혀 개의치 않으심, 그리고 나의 생각과 상관없이 우주의 모든 것은 하나의 원인에서 출발하여 각각의 부분으로 분화(分化)했다는 것, 세상은 모두 상위개념이 하위개념을 지배하는 수직적 위계질서를 형성하며, 인간의 모든 것은 원인이 되는 일자(一者)에 의해 결정된다는, 신에게 절대적인 의존적 결정론이 되는 인과적 사유는 하나에서 출발하여 부분으로 분화한다는 사실 이후의 논리가 아무리 애를 써도 나에게 납득이 되지 않아 도저히 그 길을 갈 수 없었다.

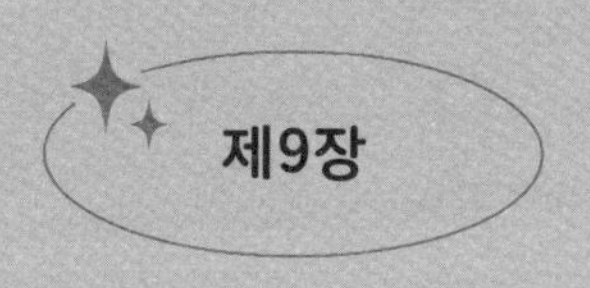

『역경(易經)』 개요(槪要)

제1절. 『역경』 개론

인문학의 정의 가운데 하나로 문(文), 사(史), 철(哲)이라고도 하는데 그 중 동양 고전에서는 각각 문은 『시경』을, 사는 『서경』을, 철은 『역경』을 말한다.

『역경』은 우주 존재의 원리와 변화의 원리와 그 운동의 법칙을 밝히고, 세계 만물과 인간의 생장 소멸의 변화 원리를 풀이한 책으로 인류와 끝없는 영향을 주고받는 상관 영역인 천문, 지리, 인사의 원리를 기술한 책이다. 현대에 와서 『역경』은 인간 관계적, 심리학적, 예술적, 문학적, 군사적, 경영학적, 정치학적, 의학적, 물리학적, 과학적, 천문학적, 지리학적, 철학적인 여러 분야에서 활용 가치가 높아지고 있다.

역경은 자연현상에 내재된 물리적인 의미인 괘상(卦象)의 **상(象)**과 이러한 상을 숫자로 표시한 서수(筮數)의 **수(數)**, 그리고 길흉 판단을 하는 괘효사(卦爻辭)의 **사(辭)**가 포함된 공간과 시간을 넘나들며 인간과 관련된 모든 것들의 의문에 관하여 답을 줄 수 있는 점서(占書)이면서 인간 수양의 지침서요, 경전이다.

그리하여 조선 시대 학자 율곡 이이의 저서 『격몽요결』 제4장 「독서」장에서는 『천자문』에서 출발하여 『동몽선습』을 익히고, 『소학』, 『대학』, 『논어』, 『맹자』, 『중용』, 『시경』, 『예기』, 『서경』을 마치고 나서야 『역경』을 그리고 나서 역사서인『춘추』를 공부하라고 했다. 이러한『역경』은 우주 만물에 존재하는 모든 현상을 8괘 64괘로 표현했다는 특징이 있다.

경전은 첫 번째 괘 중천건(重天乾)에서 30번째 괘 중화이(重火離)까지 30괘를 다룬『상경(上經)』과 31번째 괘 택산함(澤山咸)에서 64번째 괘 화수미제(火水未濟)까지 34괘를 다룬『하경(下經)』으로 이뤄져 있다.

참고로 이 책에서 주로 다루게 되는 역의 예측 기능은 사실 훗날 주나라의 문왕이 되는 주창이 은허에 도착한 뒤에 접한『주역』의 복갑점(卜甲占)과 다른 시초점(蓍草占)이라는 미래 예측 기술이 있었다. 이는 주창의 시대보다 100년이나 빠른 은·상 시기 중엽 제2기와 제3기 교체기의 무덤에서 여러 조합의 숫자가 새겨진 숫돌이 발견되었는데 그 숫자의 조합은 모두 6개였다고 한다. 이는 64괘를 이용한 점술, 즉 역괘(易卦)가 있었다는 것이다.

667668 : 뢰지예(豫)

766667 : 산뢰이(頤)

768767 : 산화비(賁)

665768 : 뢰산소과(小過)

811166 : 택산함(咸)

811116 : 택풍대과(大過)

또한 점술사들의 거주지가 집중된 곳에서 온전한 귀갑이 발견되는데, 몇 조(組)의 숫자와 정길(貞吉)이라는 점친 결과가 있었는데 해석해 보니 점(漸)괘, 건(乾)괘, 태(兌)괘였다. 이를 통해 알 수 있는 것은 풀줄기를 이용하여 점치는 음양 8괘의 산가지를 이용하는 점서(占筮) 체계와 동물의 뼈와 거북의 등껍질을 이용하는 갑골의 점복(占卜) 체계는 상호 대등한 관계라고 말할 수 있다.

이렇듯, 미래 예측 기능에서 출발한『역경』의 변천사를 말하자면, B.C 2,000년 하(夏)왕조 시기에 간(艮)괘를 머리로 한 연산역(連山易)이 있었고, 그 후엔 상(殷, 商)나라 시기에 곤(坤)괘를 머리로 하는 귀장역(歸藏易)이 있었으며 마침내 주나라 대에 이르러 건(乾)괘를 머리로 하는『주역』까지 많은 증보가 이루어졌다.

지금의『역경』의 구성을 살펴보면 64괘와 그 괘사 그리고 384효와 그 효사(爻辭)인「경(經)」과,「경」의 부교재 의미로 괘를 풀이한「단전(彖傳)」상하와, 유교 사관에 의한「대상(大象)」상편과 효사를 풀이한「소상(小象)」하편으로 구성된「상전(象傳)」,『주역』의 기원과 점치는 법을 설명한「계사전」상하권,「문언전(文言傳)」, 소성괘 8괘를 설명한「설괘전(說卦傳)」, 잘 어울리는 괘를 묶어 풀이한「잡괘전(雜卦傳)」, 괘의 순서를 밝힌「서괘전(序卦傳)」의 십익(十翼)이라 하는 전(傳)의 체계로 갖추어져 지금에 이르고 있다.

한나라 학자 정현(鄭玄)은 역에는 세 가지 의미가 있다고 하였다.

① 이간(易簡) : 만물의 생장 소멸의 자연법칙이 음양으로 설명할 수 있어서 간단하고 평이하다는 의미.
② 변역(變易) : 사계의 흐름처럼 만물이 끊임없이 변한다는 의미이며 그 과정이 순환한다는 뜻.

③ 불역(不易) : 만물은 변하지만 그 일정한 법칙은 변하지 않는다는 의미.

그리고 하나라에는 연산역이, 은나라는 귀장역이, 주나라는 『주역』이 있었다고 하였고, 한나라 두 자춘(杜子春)은 연산역은 복희가, 귀장역은 황제의 역이라고 했다.

송나라 학자 주희(朱熹)는 교역(交易)을 일컬어 "변역의 뜻이 있으므로 교역이라 한다." 하였고 이는 음양의 대대법적 원리가 있음을 밝힌 것이다.

그리고 『역경』이라고 하며 경(經)의 경지로 올려놓은 것 또한 주자로 불리는 주희다.

1. 『주역(周易)』 저자

「계사전하」편 제2장을 살펴보면 다음과 같은 말이 있다.

古者 包犧氏 之王 天下也(고자 포희씨 지왕 천하야)
仰則 觀象於天(앙즉 관상어천)
俯則觀法 於地(부즉관법 어지)
觀鳥 獸之文(관조 수지문)
與地之宜 近取諸身(여지지의 근취제신)
遠取諸物(원취제물)
於是 始作八卦(어시 시작팔괘)
"옛날에 **포희**씨가 천하에서 왕 노릇 할 때 우러러서는 하늘의 상(象)을 관찰하고, 굽어서는 땅의 법을 관찰했으며, 날짐승들의 무늬와 땅의 마땅함을 관찰하며 가까이는 자신의 모든 것을 취하고 멀리는 만물의 모든 것을 취하여 이에 비로소 **팔괘**를 지어 신명의 덕에 통하고 만물의 정상(情狀)을 유별하였다."고 하였고

包犧氏沒 神農氏作(포희씨몰 신농씨작)
斲木爲耜 揉木爲耒(착목위사 유목위뢰)
耒耨之利 以教天下(뢰루지리 이교천하)
蓋取諸益(개취저익)
"포희씨가 죽고 **신농**씨가 일어나서 나무를 깎아 보습을 만들고, 나무를 휘어서 쟁기를 만들어 쟁기와 보습의 이로움으로써 천하를 가르치니 대게 익(益)괘에서 취했다."하였고.

神農氏沒 皇帝 堯舜氏作(신농씨몰 황제 요순씨작)
通其變 使民不倦(통기변 사민불권)
神而化之 使民宜之(신이화지 사민의지)
易 窮則變 變則通 通則久(역 궁즉변 변즉통 통즉구)
"신농씨가 죽고 **황제(黃帝)**와 **요순(堯舜)**씨가 일어나서, 그 변화를 통하여 백성을 게으르지 않게 하고 신비하게 감화하여 백성들이 마땅하게 하니 역이 궁하면 변하고, 변하면 통하고, 통하면 오래간다."고 했다.

이 글을 볼 때 서기전 3,000년에서 5,000년 전에 포희씨가 8괘를 만들고 신농씨와 황제, 요, 순을 겪으면서 64괘로 나누었으며, 문왕이 괘에 사를

붙여『주역』으로 이루어진 뒤 그 아들 주공이 효사를 지어 완성하고, 공자가 십익을 붙였다고 보는 의견이 통설이다.

여기서 잠깐『주역』을 지은 것으로 거론되는 인물들의 상세를 살펴보자.

사마천의『사기』에 B.C 1,600~1,046년 사이에 존재한 상(商)나라는 크게 보면 동이족이며, 주나라는 화하족(華夏族)이다. 동쪽에 동이가 있고 서쪽에 화하가 있다고 했다.

20세기 중국의 학자 양관(楊寬)은 저서『고사변(古史辯)』(1927)에 현조(玄鳥)는 은나라 사람과 동이의 조상이라고 했고 동이는 은나라 사람과 동족이며 그 신화 역시 뿌리가 같다고 했다. 태호 복희와 여와의 맏아들 염제 신농, 제준, 제곡, 제순 임금, 소호 금천, 그리고 은나라 시조인 설 등이 같다고 하는 것은 근래의 사람들이 이미 명확히 증명하는 바다. 그리고 그들은 역과 도를 익히며 군자가 죽지 않는 사람들이다.

참고로 자기의 고향 본거지에서 몰래 은나라의 갑골점을 연구하고, 상나라의 수도 감옥에서 죽을 운명에 처했을 때 시초점(筮占)을 배워, 죽을 지경에서 천신만고로 살아나 상나라 정벌의 꿈을 시작한 주 문왕(文王)과, 자기 형 백읍고의 시신으로 끓인 국을 먹은 트라우마로 고통을 겪으며 상나라를 멸한 무왕(武王)이 있다.

그리고 무왕의 어린 자식 성왕을 섭정하여 튼튼한 나라를 만들어 양위한 무왕의 동생 주공 단(旦), 무왕의 장인이며 문왕을 도운 태공망 여상이 있는데『여씨춘추』에 태공망 여상은 동이의 선비(東夷之士)라고 -이때의 동이는 산동 반도 지역이다- 했다. 주공 단이 받은 나라는 노(盧)나라요, 태공망 여상이 받은 나라는 제(齊)나라다.

마지막으로 십익을 지은 공자를 학문적 고찰보다는 태생과 환경적 상황을 살펴보자.

공자는 주나라 무왕의 동생인 주공 단(旦)이, 산동 반도의 제후국 왕인 노나라의 수도 곡부(曲阜)에서 삼한의 동이족인 70세의 아버지와 그 아버지가 성 밖 야산에서 16세의 어린 서토인(西土人)과 만나 그 사이에서 태어났다. 때문에, 어려서 여러 가지 어려운 일들을 접하며 살았다.

노나라는 『주역』, 『효사』를 지은 주공이 다스린 나라였으므로 아마도 상나라의 귀중한 여러 문서들, 상제에게 제를 지내는 법 등 여러 예법들과 청동기 제작 기술 등 기술서와 점서와 역법, 천문 기록 등 상나라의 예절이 잘 보존된 나라였고 주공이 지은 주례와 의례 등을 보관하고 있었을 것이다. 그리하여 사상과 이념 등에서 굉장한 발전을 이룬 나라다.

이러한 상황에서 주나라가 상나라의 식인풍습과 순장 제도, 상나라 조상신인 상제에게 인간 희생을 바치는 제사, 희생용 인간 사냥 등 너무도 잔인하고 무도한 사회 환경을 폐지하고, 상나라의 조상신인 상제 대신 하늘의 개념을 만들어 상나라의 예법을 인간 본위의 예법으로 바꾸는 것을 보고, 공자는 사람을 우선하는 주나라 사상에 큰 감명을 받아 인을 기본으로 하는 유학 사상의 기초를 닦고 사상을 펼쳤다. 거기에는 제일 먼저 『주역』 십익을 지었음이다.

본론으로 돌아와서 『역경』의 작자 문제는 논란의 여지가 많이 있어서 지금까지도 여러 설이 존재한다. 먼저, 사마천의 『사기』의 「주본기(周本紀)」에 따르면, "其因羑里(기인유리), 蓋益易之八卦爲六十四卦(개익역지인괘위육십사괘), 주희창(周姬昌, 문왕)이 상나라 왕 주(紂)에 의해 유리에 구금되어 있는데 8괘를 추론하고 연역하여 64괘를 만들었다고 한다."라고 했으며, 시력삼고(時歷三古), 인경사성(人經四聖)이라 상고시대 복희가 팔괘와 64괘를 짓고, 중고 시대 문왕이 64괘사(卦辭)를 짓고, 그의 넷째 아들 주공(周公)이 384효사(爻辭)를 지었으며, 하고(下古) 춘추시대 공자 또는 그의 제자들이 십익(十翼)을 지었다 하는 설에서부터 신농(神農)씨 얘기도 있으며, 십익의 전(傳) 부분은 전국시대 말기에서 진(秦)·한(漢)대에 많은 학자들이 지었다는 설 등 다양한 의견들의 고서(古書)들이 있으며, 마왕퇴에서 발견된『백서 주역』, 죽간본인 백서본(帛書本) 등 계속 발굴되는 자료들로 인해 더욱 복잡해지는 양상이다. 그러나 현대에 와서 갑골문의 발굴과 내용이 해석되면서 문왕 시대 이전, 상나라 때에 64괘가 존재했음이 밝혀졌다. 이로써 주 문왕 이전에 64괘가 지어졌음을 추론할 수 있겠다. 그럼에도 불구하고, 우리가 생각해 볼 것은 기독교의 공인, 비공인 성경이나 불가의 여러 경전, 그리고『노자』,『장자』,『한비자』,『황제내경』,『산해경』등 작자 미상의 많은 귀한 경전들의 값어치는 작자의 분명함과는 전혀 다른 차원의 문제다.

2.『주역』편찬사(編纂史)

공자는 8괘의 생성 이치를 다음과 같이 밝혔다.

「계사상전(繫辭上傳)」제11장

시고 천생신물 성인즉지 천지변화 성인효지 천수상 견길흉 성인상지 하생도 낙생서 성인즉지(是故 天生神物 聖人則之 天地變化

聖人效之 天垂象 見吉凶 聖人象之 河出圖 洛出書 聖人則之)
이러한 이유로 하늘이 신령스런 물건을 내렸으니, 성인 이 그걸 이용하는 법을 만들고, 천지가 변하니, 성인이 이를 본받고, 하늘이 상을 드리워 길흉을 나타내니, 성 인이 이를 본뜨며, 황하에서 그림이 나오며, 낙수 에서 글이 나오니 성인이 이를 법칙으로 하였다.

상고시대(上古時代)의 중국 삼황(三皇) 중의 하나요, 사마천의 『사기』에 동이족이라고 기술한, 포희씨라고도 하는 태호 복희씨가 문자가 없던 시기에 하늘에서 상(象)을 관찰하고 땅에서 법(法)을 살피고 새와 짐승의 무늬와 땅의 마땅함을 살펴 가까이는 자기 몸에서 취하고 멀리는 사물에서 취해 괘상이라는 부호 형태로 우주의 이치를 8괘로 지어 설명했다.

이는 음양론적 측면에서 천도의 상생하는 **이치**로서, 수리(數理)를 북쪽에 1, 6을, 남쪽에 2, 7을, 서쪽에 4, 9를, 동쪽에 3, 8을 그리고 중앙에 5, 10을 배열한 것으로 생명의 탄생 기운인 물을 중심으로 우(右)로 돌면서 수생목(水生木) → 목생화(木生火) → 화생토(火生土) → 토생금(土生金) → 금생수(金生水) 하는 **상생의 이치**를 표현한 이것을 **선천 8괘(先天八卦)**라 한다.

이는 우주에서는 하늘과 땅이, 인간에게는 물과 불이 중심이라는 사상을 내포하고 있는 것으로, 「설괘전」 제3장에 "天地定位 山澤通氣 雷風相薄 水火不相射 八卦相錯 數往者順 知來者逆 是故 易逆數也(천지정위 산택통기 뢰풍상박 수화불상사 팔괘상착 수왕자순 지래자역 시고 역역수야)", 즉 "하늘과 땅이 자리가 정해지고 산과 못이 서로 기가 통하며 우레와 바람이 서로 부딪히며 물과 불이 서로 해치지 않으며 8괘가 서로 섞이어 64괘가 된다. 지난 일을 헤아리는 것은 순하고 오는 것을, 아는 것은 역하는 것이니 고로 역은 거슬러 올라가며 미래를 헤아리는 것"이라고 정의했다.

북쪽에 음인 곤(坤)으로 땅과 가족으로는 어머니를, 북동쪽에 양인 진(震)으로 우레와 가족으로는 큰아들을, 동쪽에 음인 리(離)로 불과 가족으로는 둘째 딸을, 동남쪽에 음인 태(兌)로 연못과 가족으로는 막내딸을, 남쪽에 양인 건(乾)으로 하늘과 가족으로는 아버지를, 서남쪽에는 음인 손(巽)으로 바람과 가족으로는 큰딸을, 서쪽에는 양인 감(坎)으로 물과 둘째 아들을, 서북쪽에는 양인 간(艮)으로 산과 가족으로는 막내아들을 배치했다.

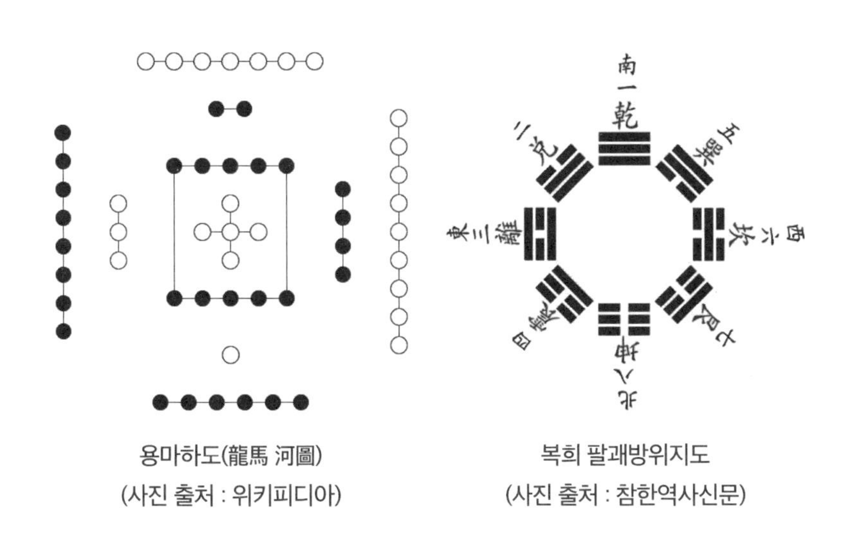

용마하도(龍馬 河圖)
(사진 출처 : 위키피디아)

복희 팔괘방위지도
(사진 출처 : 참한역사신문)

이어서 『서경(書經)』의 홍범(洪範)을 통해 다음 글의 배경을 살펴보자.

天乃錫禹洪範九疇, 彛倫收敘(천내석우홍범구주 이륜수서)

하늘이 우에게 홍범구주를 주시므로, 떳떳한 윤리가 펼쳐지게 되었다.

이 글을 전한 시대 학자이며, 공자의 11대손인 공안국(孔安國)은 다음과 같이 해석하여 썼다.

天與禹洛出書(천여우락출서)

하늘이 우에게 낙수에서 나온 낙서를 주고,

神龜負文而出(신구부문이출)

신묘한 거북이 문양을 지고 나왔다.

우(禹) 임금이 치수 사업 기간 중 낙수(洛水)에서 거북이 등껍질에 새겨진 문양에서 오행론적 측면의 땅의 도리(地道)인 상극의 이치를 얻었다. 이를 가지고 중고시대(中古時代)인 은말(殷末) 주초(周初) 시기에 주 문왕이, 북쪽 물을 기준으로 왼쪽으로 돌면서(左旋) 1, 6 수극화(水克火) → 서쪽 2, 7 화극금(火克金) → 남쪽 4, 6, 9 금극목(金克木) → 동쪽 3, 8 목극토(木克土) → 중앙 5 토극수(土克水)의 수리배열을 하여 그 합이 45이고 각각의 종횡 대각의 합이 15인, 낙서의 수리를 바탕으로 **후천 8괘**를 지었는데 64괘도 연역하였으며 각 괘사를 지었다.

공자(孔子)는 「설괘전」 제4장에 후천 8괘의 이치를 다음과 같은 말로 전한다.

제출호진 제호손 상견호리 치역호곤 설언호태 전호건 로호감 성언호간(帝出乎震 齊乎巽 相見乎離 致役乎坤 說言乎兌 戰乎乾 勞乎坎 成言乎艮)
천제가 진에서 나와서 손에서 가지런히 하고, 리에서 서로 보고, 곤에서 역사하고, 태에서 기뻐하고, 건에서 싸우고, 감에서 수고롭고, 간에서 이룬다.

북쪽에 양인 감(坎)으로 물을, 북동쪽에 양인 간(艮)으로 산을, 동쪽에 양인 진(震)으로 우레를, 동남쪽에 음인 손(巽)으로 바람을, 남쪽에 음인 리(離)로 불을, 서남쪽에는 음인 곤(坤)으로 땅을, 서쪽에는 음인 태(兌)로 연못을, 서북쪽에는 양인 건(乾)으로 하늘을 배치했다.

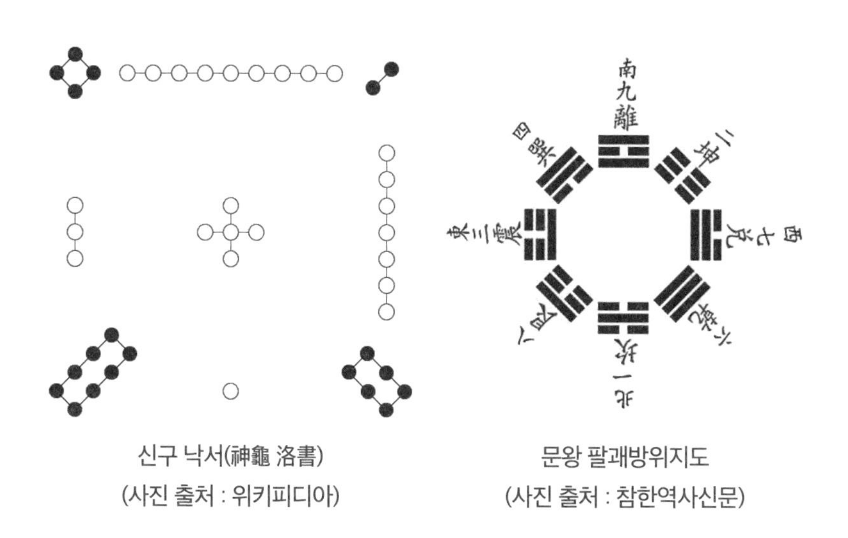

신구 낙서(神龜 洛書)
(사진 출처 : 위키피디아)

문왕 팔괘방위지도
(사진 출처 : 참한역사신문)

이는 시간적, 공간적 변화와 그 사이의 만물이 생멸하는 이치, 즉 우주와 지구의 상관관계를 음양오행의 변화로 정립한 것이다.

동양의 모든 종교에 제각기 스며들어 웅변하고 있는『주역』의 가치는 변함없이 우뚝하다. 다산 정약용은『한서』「예문지」에서『주역』을 반고(班固)가 제기하고 복희씨가 8괘를, 그리고 문왕이 64괘와 괘효사(卦爻辭)를 짓고, 공자가 역전(易傳)인 십익(十翼)을 지어 경문을 해석했다는 것을 들어 "이 둘 간의 시간 차이가 수천 년일 수 있다"라는 점을 거론했다.

사실 현재 역을 통한 여러 가지의 공부를 함에 있어서,『주역』에 나오는 삼재(三才)와 건괘 괘사인 원형이정(元亨利貞)을 많이 이야기한다. 이와 관련하여 횡거 장재 선생의『정몽』「대역」편의 말씀을 들어 보자. "역은 한 가지 사물이면서 세 가지 재(才)를 갖고 있다. 음양은 기이므로 그것을 일러 **천(天)**이라고 하고, 강유(剛柔)는 질(質)이므로 그것을 일러 **지(地)**라 하고, 인의(仁義)는 덕(德)이므로 그것을 일러 **인(人)**이라 한다. 또한, 천하의 이치를 얻는 것이 **원(元)**이요, 모여서 통하는 것이 **형(亨)**이고, 마음에 즐거운 것이 **이(利)**이며, 천하의 움직임을 하나로 하는 것이 **정(貞)**이다."라고 했다.

제2절. 점복학(占卜學, Divination)

점(占)은 거북의 등껍질과 짐승의 뼈를 이용하여 점을 치는 복(卜)과, 산가지와 죽서로써 점을 치는 서(筮)로서 이는 초자연적인 방법으로 미래의 운수와 길흉화복을 추리, 판단, 예측하는 일이다.

미래 예측과 관련하여 인간에게는 개인과 조직의 불투명한 미래를 예측하는 것이 특히나 과학적 문명이 아주 초보적인 사회에서는 가장 중요한 일이었을 것이다. 그 기능, 그 비법은 하늘을 향하여 인간이 나아갈 방향과 내일의 일을 물어보는, 즉 천인합일 천지 감응의 원리를 아주 은밀하게 선택받은 일부 최고위 계층의 사람들에게만 전승되다가 발전을 거듭하여 널리 대중에게도 퍼졌을 것이다.

그리하여 이 미래를 예측하는 기능은 미래라는 개념이 상존하는 한, 내일을 알 수 없고 도전과 항전의 연속인 인류에게는 관련한 타당성을 부여할 수밖에 없을 것이다. 그리하여 후세의 학자들이 공자가 엮은 「계사전」을 더 세밀히 해석하는 문헌들이 나오게 된다. 그중에서 기 철학을 깊이 다룬 장재 선생의 글을 소개한다.

그의 저서 『정몽』의 「신화(神化)」편에 따르면, "오직 신만이 능히 변화할 수 있으니, 신이 천하의 움직임을 하나로 하기 때문이다. 변화의 도를 아는 사람은 반드시 신이 하는 것을 알게 된다. 역을 알면 그 변화의 작은 기미를 신묘하게 알 수 있을 것이다"라고 했다. 같은 책「중정(中正)」편에는 "역은 비록 아무 생각도 없고, 아무 일도 하지 않지만, 명을 받들 때는 곧, 울리는 소리와 같이 응하게 된다"고 말하며, 같은 책「천도(天道)」편에는 "하늘의 일은 감응함이 있으면 반드시 통하고, 성인이 신도(神道)로써 가르침을 펼치니, 천하가 이에 복종한다. 정성스러움이 있으면 저곳에 감응함이 있게 되는 것이 신묘한 도이다."라고 하였다. 그리고『역경』「계사하전」에 "기미(幾)를 아는 것이 신이다"라는 것은, 마땅한 도리로써 일체를 관통하며 온종일을 허비하지 않아도 모두 알 수 있다는 말이다."라며 현재 동서양에서 학문적으로 통용되는 '동시감응'을 이야기하며 미래 예측 행위의 타당성을 설파했다.

점의 종류는 다음과 같다.

- 복(卜) : 4, 5000년 전 지금의 산동 지역인 용산문화에서 시작된 것이 갑골문의 발굴로 밝혀졌고, 이후로 중국 최초의 고대국가 하나라에서부터 상나라에 이르기까지 행해진 동물의 뼈나 껍질을 태워 그 양상으로 예측하는 복(卜)으로서 설문해자(說文解字)는 거북의 껍질을 태운 것이다. 거북껍질에 나타난 종횡의 징조를 형상화한 것이라고 했다.
- 서(筮) : 귀갑(龜甲)의 복과 같은 시기에 음양의 산목(算木)과 서죽(筮竹)의 산술적 조작에 기초하여 그 결합에 의해 판단하는 서(筮).
- 점성술(占星術) : 메소포타미아에서 시작된 황도 12궁과 28 별자리와 태양, 달, 수성 금성, 화성, 목성, 토성의 7 별자리를 이용하는 점성술

(占星術).

- 인도의 점성술.
- 중동 페르시아 지역의 커피를 이용한 점술.
- 라틴 아메리카의 마야 달력.
- 카드로 보는 타로.
- 동양권의 신 내림을 통한 무속(巫俗).
- 크레타, 에게해 문명과 그리스를 비롯한 전 세계적으로 행해진 여러 가지 모습의 신탁 등이 있으며 이외에도 세계 각지의 다양한 점술들이 있다.

특히 『주역』에서 파생한 것으로 작괘하여 8괘, 64괘의 괘상을 살펴보고 점을 치는 방법은 여러 가지 파생 방법이 있는데, 춘추전국시대 오자서와 범려, 장량, 유백온이 능통했다는 육임(六壬), 육효(六爻), 강태공과 장자방, 제갈량이 능했다는 기문둔갑(奇門遁甲), 소강절의 매화역수와, 자미두수(紫微斗數), 구성학(九星學), 풍수지리와 그 외에 4개의 윷을 던져 괘를 만들어 보는 윷점인 척자점(擲字占), 그리고 사주명리학과 토정비결 등이 있다.

갑골과 갑골문
(사진 출처 : 위키피디아)

1. 점술

채침(蔡沈)의 『서경집전(書經集傳)』에 따른 「우서(虞書)」 '대우모(大禹謨)'에 다음과 같은 글이 있다.

> 詢謨僉同 鬼神 其依 龜筮協從(순모첨동 귀신 기의 구서협종)
> 사람들에 물어 논의하니 모두 뜻이 같았으며 귀신이 의지했고 거북점과 시초점이 화합하여 따랐다.

이는 사마천의 『사기』에 따르면 B.C 21세기에서 16세기까지 500년 동안 존재한, 하나라의 시조 우왕의 이야기를 모은 것으로, 3황 5제 이후 요임금의 뒤를 이은 순임금이 뒤를 이을 왕으로 우를 지목하고, 그에게 왕위를 물려주는 과정의 이야기 중에 있는 글로서 거북점과 시초점이 각기 존재하고 있었음을 증명해 준다.

『서경(書經)』 내 「주서(周書)」 '홍범(洪範)' 제7주에서 다음과 같은 글을 찾아볼 수 있다.

> 七. 稽疑 擇建立卜筮人(7. 계의 택건립복서인)
> 일곱 번째, 의심나는 것을 살필 때는 하고자 하는 것을, 택하여 거북점과 시초점 치는 사람을 세워서 점치게 한다.
> 曰雨, 曰霽, 曰蒙, 曰驛, 曰克, 曰貞, 曰悔(왈우, 왈제, 왈몽, 왈역, 왈극, 왈정, 왈회)
> 비 오는 것, 갠다는 것, 애매모호한 것, 멈추는 것, 극복할 수 있

는 것, 참는 것, 후회하는 것 이렇게 일곱 가지다.

卜五 占用二 衍忒(복오 점용이 연특)

거북점이 다섯 가지요, 시초점이 두 가지로 잘못된 것을 헤아리는 것이다.

立時人 作卜筮(입시인 작복서)

마땅한 사람을 세워 점을 치게 하는데

三人占則從二人之言(삼인점즉종이인지언)

세 사람이 점을 쳐서 두 사람의 결과가 같으면 두 사람의 결과를 따르고,

汝則有大疑(여적유대의)

임금이 궁금증이 있다면

謀及乃心(모급내심)

먼저 임금 자신에게 물어보고

謀及卿士(모급향사)

다음은 대신에게 물어보고

謀及庶人(모급서인)

다음에는 백성에게 물어보고

謀及卜筮(모급복서)

그런 다음에도 의문이 풀리지 않으면 거북점과 시초점에 물어보라.

이 중 "稽疑 擇建立卜筮人(계의 택건립복서인)"이라는 문장을 공안국은 다음과 같이 해석했다.

龜曰卜, 蓍曰筮(구왈서 시왈서)

거북을 ‘복’이라 하고, 시초는 ‘점’이라 한다.

考正疑事(고정의사)

의심나는 일을 살펴 바로 함은

當選擇知卜筮人而建立之(당선택지복서인이건립지)

거북점과 시초점 치는 사람의 앎을 택하여 뽑아서 그 일을 세우고 ‘점’을 일으킨다고 했다.

특별히 은허에서 발견된 13만여 개의 갑골문과 5,000여 자의 문자가 포함된 갑골복사(甲骨卜辭)에 기록된 내용 중에서 B.C 1250년에서 1192년 사이에 집권했던 상(商)나라 왕 무정(武丁)이 주(宙)라는 부족을 정벌한 이야기를 소개한다.

『합집(合集)』 6384

계축복(癸丑卜), 쟁정(爭貞)

계축 일에 쟁이라는 점술사가 무정을 위해 점을 쳐서 이렇게 물었다.

자금지우정사(自今至于丁巳), 아전재주(我翦𢦏宙)

“오늘부터 정사일까지 우리 군대가 언제 주 부족을 공격하는 것이 좋겠습니까?”

왕점왈(王占曰)

왕이 점복을 해독하고 이렇게 말했다.

정사아무기전재(丁巳我毋其翦𢦏),

"정사일에는 그들을 정벌하지 말고,

우래갑자전재(于來甲子翦𢦏),

다가오는 갑자일에 정벌해야 한다." 11일 후, 갑자일에 복갑(卜甲)에 전투결과를 이렇게 새겼다.

순유일일계해(旬有一日癸亥), 차불전재(車弗翦𢦏)

계해일에는 전투에 전차를 투입하지 않았는데,

지석향갑자(之夕向甲子), 윤전재(允翦𢦏),

그날 저녁부터 갑자까지는 정벌해도 된다.[19]

이와 같이, 점복이란 고대사회에서는 국가의 중대사에서부터 개인사에 이르기까지 모든 영역에 깊숙하게 자리 잡고 있던 학문이었다. 구체적으로는 먼저 『주역』에는 철학적인 의미역과 점술적인 상수역이 있는바 『주역』 자체로는 점술로 쓰기에는 난해하여 어려움이 있다. 따라서 『주역』에서 일부분을 차용한 육효 개념이나 주역 괘에 오행을 제공한 방식으로 해석하고 연구하여 작괘하여 주역 8괘 64괘의 괘상을 살펴 점을 치는 여러 점술의 방편들이 있었다.

① 초씨역림(焦氏易林) : 초연수가 지은 『주역』 확장판으로 64괘×64괘, 4,096괘의 괘사가 실렸으며, 방법은 양면이 다른 동전을 6번 던져서 괘를 만들었다.

② 육효(六爻) : B.C 중국 전한(前漢) 시대에 용마하도와 신구낙서에 근

19) 『상나라 정벌』, 리숴, 홍상훈 역, 글항아리, 2024년.

거하여 초연수의 제자인 경방(京房)이 창안했으며『주역』을 응용한 점술 중에 가장 널리 쓰인다.『역학계몽』서문에 오늘날의 점술은 모두 이 경방에 뿌리를 두고 있다고 하였다. 육효는 괘를 뽑는 방법에 따라

a. 시구법(蓍龜法) : 모조로 만든 거북이에 시초 108개를 넣어 두고 뽑아서 작괘하는 법.
b. 척전법(擲錢法) : 앞뒤가 다른 엽전 세 개를 던져서 작괘하는 법.
c. 점엽법(拈葉法) : 솔잎으로 왼쪽, 오른쪽, 왼쪽 순으로 세 번 뽑아서 작괘하는 법.
d. 습자법(拾字法) : 책을 놓고 숫자를 손으로 세 번 짚어서 그 수로 작괘하는 법
e. 사주법(四柱法) : 사람이 태어난 생년월일시의 사주로 괘를 뽑는 방법 등이 있다.

③ 육임(六壬) : 2,000년 전에 성립된 점술로 인사 정단의 최고경지라 일컫는 점술이며, 청나라 때『고금도서집성』과『사고전서』에 기록된 것으로 보아 국학으로 인정받았음을 알 수 있다. 그 유형은 진전육임(眞傳六壬), 투파육임(透派六壬), 공동육임(空洞六壬) 등이 있다.
④ 매화역수(梅花易數) : 송나라 소강절 선생이 창안했다. 일상에서 일어나는 여러 가지 조짐에 주역 8괘를 대입하여 해석하는 점술이다.
⑤ 하락이수(河洛理數) : 진희이(陳希夷)의 하락이수는 각지에 배당된 수를 이용해 괘를 구하여 길흉을 예측하는 점술이다.

이외에도 많은 점술이 있으나 여러 가지 방법으로 작괘하고 그 괘상을

해석하는 방법에 있어서 『주역』에서 파생된 점술들은 기본적으로 『주역』을 바탕으로 하여 만들다 보니 용어 등에서는 비슷한 용어들이 있으며, 고대 일가를 이룬 명인들은 위에 열거한 『주역』 파생 점술들을 모두 다 파악하였다고 볼 수 있다.

고대 일본에는 율령제에 따른 중무청의 음양료에 속해 있던 관직의 하나로 '음양사(陰陽師)'가 있었다. 그들은 6세기경 백제로부터 전래된 음양오행설을 설파하는 사람들로 일본 왕조에 들어가 국가기관을 만들어 국가 대사의 점을 보기도 하고 땅의 길흉을 보고, 천체를 관측하고, 달력을 작성했으며 일의 길흉을 판단하는 등 점술과 주술, 제사의 직무를 수행했다. 그 관직은 1945년 태평양전쟁 패망 때까지 일본 중앙정부의 직책이었다. 그들은 현대사회로 치자면 천문학, 기상학, 지리학을 연구하여 농업이나 군수 전략 등을 수립하여 현실에 응용하는 과학자 집단이었다.

우리나라에서는 삼국시대 백제에는 '누각박사(漏刻博士)', '역박사(曆博士)', '일관(日官)' 등의 관직이 있었으며 고구려는 '일자(日者)', 신라는 누각전을 설치하고 '천문박사(天文博士)'를 두었다.

이후 고려시대에는 점치는 일을 주요 업무로 하는 기구로 태복감(太卜監)을 계승한 사천대(司天臺)와 천문 관측 업무를 담당한 태사국(太史局)이 있었다. '복박사직(卜博士職)'과 '복정직(卜正職)'이라는 직위가 있었으며 이때 태사국은 사천대에 종속된 기구였다. 그리고 종교적 직책을 가진 '음양사'가 태의감에 정식으로 소속되어 의사로 일하면서 병을 치료하는 임무를 수행했다.

조선시대에는 고려의 서운관(書雲觀)이란 이름을 계승하다가 1466년 세조 12년에 관제 개청으로 관상감(觀象監)으로 개칭되고 관원은 정1품

영의정이 영사(領事)를 맡고 그 아래 65명의 관원이 있었다. 그들의 주요 업무는 천문, 지리, 길흉, 재상(災祥), 역일(曆日), 추택(推擇), 역수, 측후, 길흉을 점치는 점주의 기능을 담당했으며 특히 『고려사』「천문지」에 상당량의 천문 기록을 남겼다. 그중에는 특별히 국보 제228호로 지정된 「천상열차분야지도(天象列次分野之圖)」가 있다. 이는 1395년 태조 4년에 고구려 시대에 제작한 원본을 취하여 서운관에서 흑요석에 석각했다. 이는 중국의 「순우천문도(淳祐天文圖)」(1247) 다음으로 세계에서 오래된 것이다. 여기에는 북극성과 적도와 황도, 28수와 24절기의 자오선, 12국 분야, 해와 달에 관한 글과, 별 1,467개와 283개의 별자리가 표시되어 있다. 이는 현대의 별자리 88개보다 많다.

2. 점인

『주역』은 오랜 세월 동안 인류의 집단지성(collective intelligence)이 집단학습(collective learning)을 통해 축적해 온 지적 유산이다. 그러한 이유는 고대로부터 '점인'이라고 하는 부류가 남긴 기록이기 때문이다. 그리하다 보니 인간과 인간사회에 영향을 미치는 모든 영역에 대한, 모든 변화와 그 변화의 원리를 발견했고 그 원리에 대한 직관과 통찰의 답이라고 할 수 있을 것이다.

『주역고경금주(周易古經今注)』에는 점을 치는 사람을 정인(貞人)이라고 했다. 이는 갑골문에 점을 치는 것을 정(貞)이라고 썼기 때문이다.

『주례(周禮)』「춘관(春官)」'점인(占人)'편에 다음과 같이 점인이 해야 할 일을 규정하고 있다.

凡卜筮既事則(범복서기사즉)

무릇 거북점과 시초점을 치고 나서는

繫幣以比其命(계폐이비기명)

비단에 그것들을 매어 두어

歲終則計其占之中否(세종즉계기점지중부)

한 해가 끝나면 그 점이 적중했는지 여부를 집계한다.

이처럼 점친 결과를 맞고 틀리고를 분별하여 맞는 것을 남겨 두었을 것이고 이 과정이 수천 년 동안 계속되어 그 결과물이 우리 손에 들려 있는 것이다.

또한, 역사를 통해 초기 점인의 등장을 유추할 수 있겠다.

B.C 1600년경 상나라는 그들의 조상신을 천신(상제)으로 받들었고 그 조상들의 피를 물려받은 후손이 제사를 지냈으니, 천자가 바로 왕이며 제사장이요, 점인 집단의 우두머리였다. 그리하여 은나라에 복속된 읍국(邑國)들의 점인들을 은나라 수도로 파견했고 그 집단에서 중대사에 대한 점을 친 결과에 대한 유권해석을 내렸고 모든 의사결정을 책임지는 왕으로 정신적 지도자를 겸했다. 이러한 상황을 유추할 수 있는 것이 '점령(占領)'이라는 단어가 아닌가 한다. 점령이란 '점으로 영도한다.' 혹은 현대에 와서 '조차지(租借地)를 실질적으로 지배한다.'로 같은 뜻이다.

또한, 『주역』「계사상전」에 "신묘하면서 밝음은 그 사람에게 있다."고 했으니, 이는 장재 선생이 『정몽』「천도」편에서 "하늘의 일을 잘 알지 못하면 문왕(文王)을 마음에 두어야 한다."고 말한 것과 의미가 통하는데, 이것을 내가 해석하기로는 상나라 왕조에서 대대로 주역점을 비전하였고, 그 비전을 문왕이 알아내어 인신 공양을 폐지하고 주역을 더욱더 발전시킨 점을 말하는 것으로 하늘의 일을 잘 알지 못하여 사람의 일을 알고자 한다면, 주역점을 쳐야 함을 우회적으로 말하는 것으로 생각한다.

이와 같이 국가의 모든 사항들에 대하여 예측하고 판단하는 점인들은 최종 결정권자의 싱크탱크였을 것이다.

그렇다면 현대의 상황은 어떤가?

우리는 나라의 여러 기관에서 예측하는 것들을 보고 참고하면서 살아간다. 물론, 일반적으로 예측치가 틀리는 경우가 비일비재하지만, 매년 기획재정부장관은 경제 성장률을 예측 발표하고, 예산의 수입과 지출을 예측하여 결정하며, 그 외에 각종 경제 지표들을 예측 발표한다. 경제에 막대한 영향을 끼치는 소비와 투자와 저축과 대외 무역 등 거시경제에 영향을 미치는 환율과 금리를 국내외적으로 세밀하게 예측하여 통화정책을 결정하는 한국은행 총재, 매일매일 우리 생활에 밀접한 일기(日氣)를 예측하여 발표하는 기상청 예보관. 이들의 역할이 얼마나 중요하며, 얼마나 큰 영향력을 끼치는지는 모두 알고 있는 사실이며, 특히 미국의 연방준비제도 이사회 의장 같은 경우도 역시 모든 경제 지표를 예측하며 세계 기축통화인 달러의 수요 공급을 조정하는 환율과 금리를 결정함으로 세계 경제를 쥐락펴락한다. 그의 위세는 대단하다.

자, 이들에게는 예측을 한다는 공통점이 있다. 중요과제를 예측하는 행위가 고대나 현재나 중요하며 그것을 행하는 것은 고대의 점인이나 현대의 주요 관료와 다르지 않다. 그래서 집권하는 세력의 입맛에 맞는 대로 예측치를 변경하고 왜곡하는 것은, 국가 전체에 심히 악영향을 끼치는 죄

악이다.

점과 관련된 이순신 장군의 일화를 소개해 본다.

『난중일기』
(사진 출처 : 위키피디아)

이순신 장군은 윷을 던져『주역』의 괘를 얻는 척자점(擲字占)을 신뢰하여 전쟁 기간 동안 궁금한 것들에 대해 점을 쳤는데 **『난중일기』**에 스스로 14회 정도 점을 친 기록이 있다.

① 1594년 7월 13일 일기(日氣)점을 치니 '뱀이 독을 뿜는 것과 같다(여사토독, 如蛇吐毒)'는 괘를 얻었다. 이는 "큰비가 내릴 것이니 농사일이 걱정된다." 했으며, 다음 날 이 점이 맞다 하면서 점괘의 신묘함에 놀랐다.

② 같은 날, 아들 면의 병세가 심해진다는 소식에 병세가 어떠한

지 염려되어 척자점을 쳐 보니, '군왕을 만나는 것과 같다(여견군왕, 如見君王)'는 괘가 나왔다. 아주 좋았다. 다시 점쳐 보니 '밤에 등불을 얻는 것과 같다(여야득등, 如夜得燈)'는 괘를 얻었다. "두 괘가 모두 길하여 마음이 좀 놓였다"고 하였다.

③ 1594년 9월 28일 새벽에 왜적과의 전쟁이 길한지 묻는 점을 쳤다. 첫 점은 '활이 화살을 얻는 것과 같다(여궁득전, 如弓得箭)'는 괘였고, 다시 쳐 보니 '산이 움직이지 않는다(여산부동, 如山不動)'는 괘를 얻으니 바람이 순탄치 않아서 안심하고 흉도(胸島) 안바다에 진을 쳤다.

우리가 이 지점에서 중요하게 생각해 볼 필요가 있는 사실이 한 가지 있다. 그것은 우리가 지금껏 배우고 알고 있는『역경』은 1900년대부터 본격적으로 발굴이 시작된 은허의 갑골이나, 역괘 유적이 발굴되어 세상에 드러나기 이전의 서술들이요, 해석이다.

『역경』에 기록된 괘사, 효사들 중 많은 것들은 분명하게 문왕이 겪었던 내용이고, 본인이 끊임없이 공부하고 연구한 64괘의 끝없는 변화하는 의미와 당시 왕국인 상나라의 인신 공양 제사와 그와 관련하여 인간 희생을 제공하는 역할을 해야 하는 문왕 부족인, 주족(周族)의 인간 사냥, 그 당시 문명의 차이로 분화된 부족 사회의 활동과 그 시대의 전체적인 모습의 생생한 증언들이다.

다시 말해서 공자 이래『역경』을 채록한 저작은 많지만, 지금껏 갑골문이나 갑골문 지식의 기초가 없었던 관계로『역경』을 잘못 이해했거나 너무 처참한, 비인간적인 인신 공양, 순장제, 식인풍습, 매일매일 전쟁과 인간 사냥 등이 실존하던 때, 끝없는 삶과 죽음의 갈림길에서 살기 위한 물음의 답을 구하는 역을 이해하지 못했을 수도 있다. 혹은 그것만이 인간의 도가 아니라고 판단한, **공자**가 일부 왕족과만 통하는 하늘을 전체 사람들이 따르고 본받아야 할 하늘로 바꾸는 과정과, 인간이 바른 도리로 살아가야 하는 점을 강조하다 보니 이 '점치는 기술'이 자연스레 뿌리 없는 나무가 되어 버린 것이 아닌가 한다. 때문에 인간 수양과 인문학적 가치도 중요하지만, 그 시대를 서술하고 인간의 실제상황을 기록한 역사서로서의 가치도 결코 간과할 수 없다. 그러므로 그 내용의 해석에 있어서도 현대에 이르러 발굴된 유적의 사실들을 포함하는 노력과 솔직함이 있어야겠다.

그 시대 상황에서 문왕은 역을 연구하면서, 죽음에서 살아나와 상나라를 정벌하여 인신 공양 등 패역의 시대를 마감 짓기 위한 명분을 괘를 통해 얻을 수 있었을 것이다. 그 명분은 일체의 사물은 무상하며 가변적이고, 괘의 움직임은 서로 다른 괘상에 대응하니 이것이 바로 바뀜, 뒤집힘이다. 즉, 세상은 무상한 변화한다는 것을 깨달았고, 만물은 영원히 불변함이 아니라 모든 것에 상반되는 어떤 존재 형식(양자적 상보성)이 있을 수 있으며 모든 사건의 발생 과정은 반대로 뒤집혀서 종점에서 시작점으로 다시 나타날 수 있다는 것이 그가 깨달은『역경』의 이치가 아닌가 한다.

이를 괘의 형상을 통해 살펴보자.

먼저 뒤집어도 같은 괘 8개, 4쌍은 다음과 같이 짝한다.

䷀ 건(乾) : ䷁ 곤(坤),

䷚ 이(頤) : ䷛ 대과(大過),

䷜ 감(坎) : ䷝ 리(離)

䷼ 중부(中孚) : ䷽ 소과(小過)

이 8괘는 수평적, 수직적 뒤집힘이다.

䷫ 구(姤) : ䷗ 복(復),

䷋ 비(否) : ䷊(泰),

䷖ 박(剝) : ䷪(夬),

䷍ 대유(大有) : ䷇ 비(比),

䷮ 곤(困) : ䷕ 비(賁),

䷞ 함(咸) : ䷨ 손(損),

䷎ 겸(謙) : ䷉ 리(履),

䷷ 려(旅) : ䷻ 절(節),

䷿ 미제(未濟) : ䷾ 기제(旣濟),

䷺ 환(渙) : ䷶ 풍(豐),

䷲ 진(震) : ䷸ 손(巽),

䷈ 소축(小畜) : ䷏ 예(豫),

䷩ 익(益) : ䷟ 항(恒),

䷔ 서합(噬嗑) : ䷯ 정(井),

䷠ 돈(遯) : ䷒ 림(臨)

䷓ 관(觀) : ䷡ 대장(大壯)

䷢ 진(晉) : ䷄ 수(需)

䷹ 태(兌) : ䷳ 간(艮)

䷬ 췌(萃) : ䷙ 대축(大畜)

䷦ 건(蹇) : ䷥ 규(睽)

䷵ 귀매(歸妹) : ䷴ 점(漸)

䷱ 정(鼎) : ䷂ 둔(屯)

䷃ 몽(蒙) : ䷰ 혁(革)

䷅ 송(訟) : ䷣ 명이(明夷)

䷐ 수(隨) : ䷑ 고(蠱)

䷤ 가인(家人) : ䷧ 해(解)

䷘ 무망(无妄) : ䷭ 승(升)

䷆ 사(師) : ䷌ 동인(同人)

이 56괘는 수평적 뒤집힘이다.

䷫ 구(姤) : ䷪(夬), ䷠ 돈(遯) : ䷡ 대장(大壯)

䷋ 비(否) : ䷊(泰), ䷓ 관(觀) : ䷒ 림(臨)

䷖ 박(剝) : ䷗ 복(復), ䷢ 진(晉) : ䷣ 명이(明夷)

䷍ 대유(大有) : ䷌ 동인(同人), ䷹ 태(兌) : ䷸ 손(巽)

䷮ 곤(困) : ䷯ 정(井), ䷬ 췌(萃) : ䷭ 승(升)

䷞ 함(咸) : ䷟ 항(恒), ䷦ 건(蹇) : ䷧ 해(解)

䷎ 겸(謙) : ䷏ 예(豫), ䷵ 귀매(歸妹) : ䷴ 점(漸)

䷷ 려(旅) : ䷶ 풍(豐), ䷱ 정(鼎) : ䷰ 혁(革)

䷿ 미제(未濟) : ䷾ 기제(旣濟), ䷃ 몽(蒙) : ䷂ 둔(屯)

䷺ 환(渙) : ䷻ 절(節), ䷅ 송(訟) : ䷄ 수(需)

䷲ 진(震) : ䷳ 간(艮), ䷐ 수(隨) : ䷑ 고(蠱)

䷈ 소축(小畜) : ䷉ 리(履), ䷤ 가인(家人) : ䷥ 규(睽)

䷩ 익(益) : ䷨ 손(損), ䷘ 무망(无妄) : ䷙ 대축(大畜)

䷔ 서합(噬嗑) : ䷕ 비(賁), ䷆ 사(師) : ䷇ 비(比)

이처럼 56괘는 서로 대응하는 수직적 뒤집힘, 바뀜의 원리가 있다. 순서는 작자의 편의대로 구성했다.

다음에 펼친 64괘의 도상은 현실에서 작괘할 때 꼭 필요한 배열이다.

『주역』의 64괘는 다음과 같다.

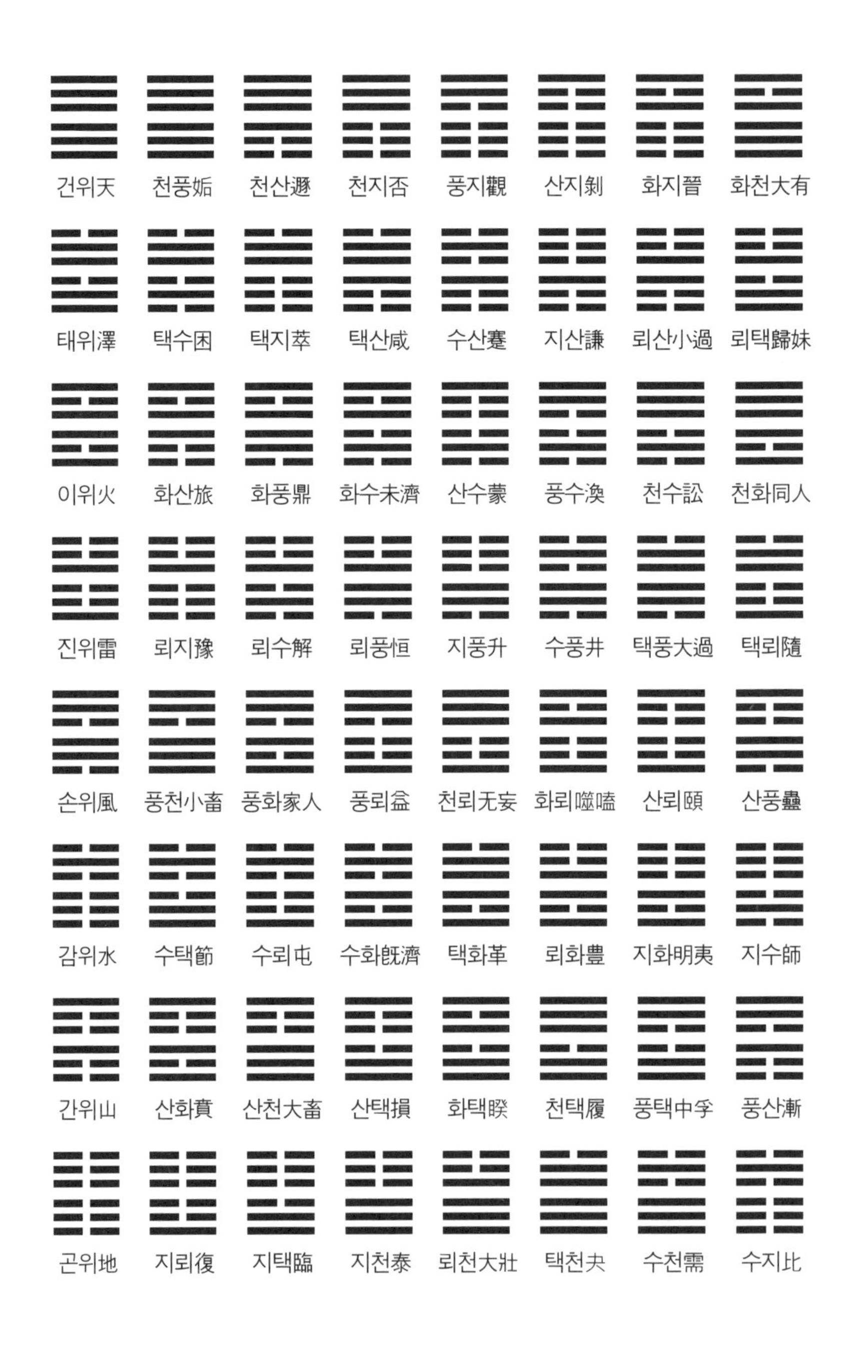
건위天
천풍姤
천산遯
천지否
풍지觀
산지剝
화지晉
화천大有
태위澤
택수困
택지萃
택산咸
수산蹇
지산謙
뢰산小過
뢰택歸妹
이위火
화산旅
화풍鼎
화수未濟
산수蒙
풍수渙
천수訟
천화同人
진위雷
뢰지豫
뢰수解
뢰풍恒
지풍升
수풍井
택풍大過
택뢰隨
손위風
풍천小畜
풍화家人
풍뢰益
천뢰无妄
화뢰噬嗑
산뢰頤
산풍蠱
감위水
수택節
수뢰屯
수화旣濟
택화革
뢰화豊
지화明夷
지수師
간위山
산화賁
산천大畜
산택損
화택睽
천택履
풍택中孚
풍산漸
곤위地
지뢰復
지택臨
지천泰
뢰천大壯
택천夬
수천需
수지比

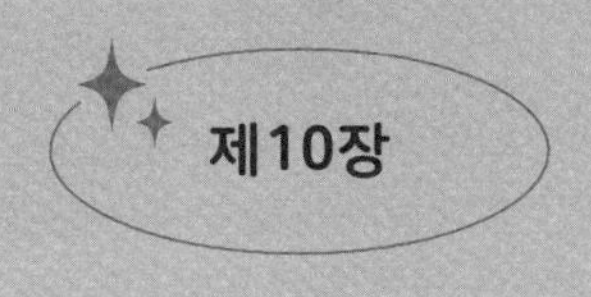

역법(曆法) 개요(槪要)

명리학은 하늘의 명(命)으로 사람이 태어난 시점의 연월일시에 첫 호흡을 할 때 전해진 우주의 기운을 10가지의 천간(天干)과 12가지의 지지(地支)가 표방하는 자연환경인 천문, 지리, 방위의 공간 개념과, 24절기 사시 12개월의 시간 개념을 음양오행으로 구분하여 이를 역법에 적용시켜 자연과 인간, 인간과 인간의 관계를 통한 운명을 분석하고 적용하는 학문이다.

그중 우리가 잘 살펴보지 않는 사항이 있다. 그것은 바로 사주팔자(태어난 연월일시로 만드는 천간 지지의 조합)의 60갑자 조합이 어느 기점에서 출발하느냐 하는 것이다.

간지(干支)의 기원은 약 4,000년 전 동이족이 세운 상(商) 왕조 시대 때 갑골문에 표기가 등장하는 것으로 보아 그 시기로 보인다. 이후 주나라를 거쳐 날(日)의 기록이 사용됐고 한나라 때 태세(年)의 표기가 사용되었다. 이런 점을 미루어, 한대(漢代) 이후 비로소 사주팔자를 기록했을 것으로 판단한다.

다음으로 중국에서 최초의 역법은 황제(黃帝)로부터 시작됐다 하며 춘추전국 시대 이전에는 목성(歲星)의 공전 주기를 기준으로 하는 기년법(紀年法)을 사용했다. 이후, 사마천의 『사기』에 의하면 B.C 104년 음력 11

월 1일 동지(冬至)를 고정한 후 갑자일로 하는 태초력(太初曆)을 선포했다고 한다. AD 85년 후한(後漢) 장제(章帝) 때 태초력의 연과 월을 바꾸어 60간지의 순서로 햇수를 표시하여 사분력(四分曆)으로 선포하였다. 이것을 간지기년(干支紀年)으로 사용한 이후 입춘(立春)을 한 해의 시작으로 60갑자(甲子)로 기년하는 간지기년법(干支紀年法)으로 자리 잡아 많은 수정, 보완을 거쳐 지금에 이르고 있다.

정리해 보면 현재의 60간지 간지력(干支曆)은 사분력을 기준으로 B.C 2698년 음력 11월 1일을 기준으로 하는 연월과 B.C 104년 음력 11월 1일을 기준으로 하는 일시의 간지가 결합한 형태일 것이다.

결국 『사기』의 기록을 근거로 하면 사분력(四分曆)이 연월의 기준으로 삼은 **최초의 갑자년은 B.C 2697년일 가능성이 높다**.

하여 사분력으로 표시해 보면 다음과 같다.

황제력(黃帝曆) : B.C 2698년 음력 11월 1일

○ 戊 甲 甲

○ 子 子 子 가 되고,

태초력(太初曆) : B.C 104년 음력 11월 1일

甲 甲 甲 甲

子 子 子 寅 가 되며,

A.D 85년 태초력을 사분력으로 표시하면

甲 甲 庚 丙

子 子 子 子 가 된다.

현재 이용되는 만세력은 서력기원법(西曆紀元法)에 절기의 변화를 구분한 간지력을 삽입한 것이다.

이 주제를 문헌상의 기록을 통해 알아보자는 취지로 서술해 보겠다. 다음은『서경』「주서(周書)」에 있는 소고(召誥)의 내용으로, B.C 771년경 서주 시대 도읍인 호경에서 낙양으로 천도하는 시점의 기록으로, 소공이 조카인 어린 성왕을 대리 섭정하는 주공을 견제하기 위해 어린 성왕에게 경계하는 글이다.

惟二月旣望越六日乙未(유이월기망월육일**을미**)
2월 16일에서 6일이 지난 **을미일**에
王朝步自周 則至于豊(왕조보자주 즉지우풍)
왕이 주로부터 와서 풍에 이르렀다.
惟太保先周公相宅(유태보선주공상택)
태보가 주공보다 먼저 가서 집터를 보았다.
越若來三月惟丙午朏越三日戊申(월약래삼월유**병오**비월삼일**무신**)
이윽고 3월 **병오일**인 초사흘에서 3일이 지난 **무신일**에
太保朝至于洛 卜宅 厥其得卜 則經營(태보조지우락 복택 궐기득복 즉경영)
태보가 처음으로 낙양에 이르러 집자리에 대한 점을 쳐서 점을 얻고 측량했다.
越三日庚戌 太保乃以庶殷(월삼일**경술** 태보내이서은)
3일이 지난 **경술일**에 태보가 은나라 사람들을 데리고

攻位于洛汭 越五日甲寅 位成(공위우락예 월오일**갑인** 위성)

낙예에서 집자리를 만드니 5일이 지난 **갑인일**에 집자리가 완성됐다.

이 내용을 통해 간지력 역사를 일부 확인할 수 있다.

제11장

결어

過去事(과거사) 不變(불변)

지난 과거는 어떠한 경우에도 바꿀 수 없다.

現在事(현재사) 選擇(선택)

현재란 끊임없이 선택을 하는 과정이다.

未來事(미래사) 可變(가변)

현재의 선택에 의해서 미래는 얼마든지 변할 수 있다.

사람들이 나에게 와서 묻기를 "나의 미래는 어떤가요?", "나의 노년은 어떤가요?", "언제쯤 좋아지나요?" 한다.

묻는 이는 현실의 답답함을 벗어날 희망을 갖기 위한 혹은 궁금한 답을 원하는 것일 것이다. 그때 나는 손님과 타협을 한다. 사주 명식과 대운의 흐름은 대강의 얼개와 같다. 그러나 디테일은 모두 다르다. 사주 명식의 얼개와 다른, 불규칙한 운동을 하는 예측 불가능한 기의 움직임과 영의 침입 여부에 따라서 큰 차이를 보이는 것이므로 중요한 선택의 시점에 물음(check)을 통해 위기를 대비, 대응하는 것이 중요하다고 말해 준다. 물론 희망을 전제로 말이다.

우리는 궁극의 미래-포괄적 의미로-는 정해져 있다고 이야기한다. 자, 그렇다면 산다는 행위가 무슨 의미가 있을까? 굳이 목표를 정하고 배우며 습득하고 하루하루 최선을 다해서 무엇을 하겠다는 것인가? 그러나 다 정해져 있고, 다 알고 있다고 해도 그 미래가 실제로 오기 위해서는 우리가 삶을 행해야 한다는 것이다. 삶을 행하지 않고는, 오늘을 살지 않고는 내일을 열 수 없기 때문이다.

그렇다면 오늘의 삶을 어떻게 살 것인가? 지금까지 살펴본 바대로 인간에게는 오욕 칠정의 감정이 있다. 즉, 인간의 욕구를 조절하면서 냉철한 현실 파악과 개인이 처한 상황과 본인의 상태를 정확하게 들여다보고 그 누구에게도, 어떤 무엇에도 거칠 것 없이 하늘을 우러러 올바른 마음을 유지하여 그때그때의 바른 선택을 해야 한다. 그 선택에 있어서 "사외무기(事外無機) 기외무사(機外無事)"라 '일을 함에 있어 어떠한 의도를 갖지 말며, 의도를 갖추되 그 의도를 일에까지 연결하지 마라.'를 명심하며 바른 결정을 하고 옳은 행동을 해야 한다. 왜냐하면, 내일은 오늘의 결과이기 때문이다.

이렇듯 미래는 실제로는 볼 수 없다. 보았다면 돌아올 수 없기 때문이다. 결국, 우리의 삶은 언제나 현재만 있을 뿐이다. **오늘을 딛지 않고서는 내일이라는 창문 너머는 볼 수 없다.** 때문에 우리들이 이야기하는 선택은 앞에서 언급한 대로 올바른 선택하는 것이 너무도 어려운 일인지라 종교나 학문을 통한 여러 가지 선택을 도와주는 영역이 발전하고 있다. 그리하여 미래 예측 영역은 지금까지 서술해 온 대로 인간의 장구한 역사를 거치면서 만들어진 미래 예측 기법과 그에 따라 비교 분석하고 통계를 통해 만들어진 누적 결과물들이, 그러하게 흘러간 개연성을 강하게 내포하고 있으며 그것이 지금에 와서는 학문의 영역으로 들어올 만큼 논리적 타당성을 확보했다.

이러한 이유로 이 책을 여기까지 써 내려온 것이다. 그럼에도 예정론, 결정론과 같은 세상에서 흔하게 접하는 정태적 명리학 분석기법 또한 발전하고 관련 업체들도 성장하고 있지만, 사람의 미래 예측 기능만으로는 설명하기 힘든 면이 있으며 때로는 중요한 지점에서는 전혀 사용할 수 없는 지경이나 상황들이 너무도 많다. 그런 경우를 살펴보면 다음의 논문을 찾아볼 수 있으며 매우 정확한 설명이다.

> 인간의 삶의 과정인 생활세계를 철학적 관점에서 분류해 본다면, 우선 **필연의 세계와, 우연의 세계 및 개연(蓋然)의 세계로 이 셋의 종합**으로 이해될 수 있다.
> 먼저 **필연의 세계는, 과학이 추구하는 영역이며 상도(常道)의 세계며 언제나 예측 가능하다.** 때문에, 우리의 생활세계에 안정적인 요소는 필연적인 것들과 상도적인 것들에 의해 얻어진다.
> 두 번째 **우연 및 개연의 세계는 비과학적**이며 이론으로 검증이 되지 않고 **불규칙**하며 특별한 규범이 서 있지 않은 관계로 인해 존재하는 **미지와 불안의 세계**다.
> 그리하여 우리의 일상을 공격하고 필연의 세계에 혼란을 가져온다. 그러므로 **우연적 사태는 일상에 대한 습격(irruption)이다. 어떤 사태가 확률적으로 발생하는 세계**이며 그에 대한 예측 또한 개연적인 추정에 의해 가능하다. 이 중 우연적 사태의 습격이

바로 『주역(周易)』이 제시하는 **"우환(憂患)"**이다.[20]

이와 같이, 모든 것을 예측하고 그에 따라 계획하고 열심히 실행하며 최선의 결과를 위해 진심 진력하는 모든 인간에게는 이 우환과 같은, 이해되지 않고 어찌할 수 없는 상황의 마주침이나 도저히 받아들이기 어려운 결과의 도출 등처럼 의심스럽거나 불확실한 상황, 우연의 습격 상황, 창발(創發) 등 필연의 세계로 대표되는 일상생활 세계의 안정성이 심각한 위기로 내몰리는 예측 불가능한 **우연적 사태**에 직면하게 된다.

이런 상황에 대하여 스피노자는 "인간이 선택은 하지만 사건은 상황에 달려 있다."고 말하며 "우리는 인간이 제어할 수 없는 여러 가지 사건에, 있어서 상황에 종속되며 그 한계상황 속에서 선택의 자유를 누릴 뿐이다. 더욱이 그 선택의 결과는 자신이 선택하지 않았고 인식하지도 못했으며 통제하지도 못하는 상황에 따라 달라진다는 점이다."라고 하였다. 즉, 결과는 결국, 인간의 바람에 달려 있지 않다는 점이다. 다시 말하지만 **인간의 운명은 이미 결정되어 있거나 인간의 자유의지로 결정되는 것도 아니면서, 우연도 필연도 아닌 그 둘의 순간적이고 묘한 교차점에 존재하는 그 무엇, 바로 그것이다**.

내가 겪은 일을 예로 들어 볼까 한다.

내가 대학교 1학년 1학기를 막 마치던 시기인 6월 초순의 이슬비 오는 일요일 날의 일이었다. 나에게 한 분뿐인 우리 가족의 장남이신 32살의

---

20) 「점 : 우연사태 속의 철학적 의제」, 박영우, 『범한철학회』 제79집, 2015년.

형님께서 서울 동대문구 신답 로터리의 대로변에 위치한 곳에서 가게를 운영하셨는데, 갑자기 시내버스가 자전거도로를 넘어서 인도의 가로수를 스치고 지나서 점심 식사를 하기 위해 가게 문 앞에 서 계신 형님과 이웃 두 분을 추돌하는 사건이 벌어졌다. 가 보니 두개골 한쪽이 함몰되셨고 출혈이 심한 상태셨다. 그 이후 이웃 두 분은 3일 만에 돌아가셨고, 형님께선 6개월 동안 혼수상태로 말씀을 한 마디도 못 하시고 8살, 5살 남매를 남겨 두고 12월 어느 추운 겨울날 명을 달리하셨다.

장남을 잃은 아버님은 작심하시더니 2년 뒤에 아들을 만나러 돌아올 수 없는 먼 길을 떠나셨다. 이러한 일을 어찌 알 수 있으며 이해하고 설명할 수 있겠는가? 물론, 나중에 이 학문을 하고 나서는 형님과 형수의 사주를 보고는 대강 알 수 있었지만, 그때 당시 신앙생활을 하던 나로서는 충격적이었다. 인간에게 이런 일을 당할 경우 우리가 흔히 말하는 종교적 의미에서의 신을 이야기할 수 있겠는가 하는 생각을 했다. 물론 다른 분들은 이 또한 신의 섭리이다 할 수 있겠지만….

이쯤에서 서술해 본다. 이와 같이 돌아가시기 전의 세 분의 상황을 예측해 볼 때, 한 인간이 일요일에 출근할 것이냐, 일찍 퇴근할 것이냐, 점심을 시킬 것이냐, 나갈 것이냐, 같이 먹을 것이냐, 혼자 먹을 것이냐, 언제 먹을 것이냐의 여러 가지 선택을 할 수 있었을 것이다. 이렇듯 결정적인 상황을 당하기 전의 여러 가지 선택지처럼. 혹은 아직 결정적인 상황을 겪기 전, 우연적 사태 상황에 마주했거나, 대비하려 할 때, 사람들은 그 해결의 실마리를 수학적이고 과학적이며 이성적이고 합리적인 **'필연의 세계'** 안에서 도무지 찾지 못하거나 찾을 수도 없는 지경에서 이것이냐(either), 저것이냐(or)의 의사결정이 필요한, 양자적 중첩 상태인 '행위 선택'의 문제에 이르게 된다.

이럴 때 우리는 어찌해야 하는가? 결국, 직관이나 오랜 기간 역사적으로 축적된 자료에서 그 해답을 찾게 된다. 그것을 우리는 동서양을 망라하여 인간을 둘러싼 환경을 양자역학적 심리적 특성까지 고려하여 복잡한 상황을 분석하고 답을 주는 역학 기법을 점(占)이라고 한다.

경영학과 재학 시절 여러 가지 전공과목을 배울 때 각각의 과목들은 기업과 국가 전방위 모든 조직의 의사결정이 필요한 상황에서 최적의 결정을 내리기 위함이고 최종 결정권자의 의사결정을 돕기 위한 방편이라는 생각을 했다. 왜냐하면, 여러 가지 학술적 연구와 기법을 동원한 수학적, 과학적, 통계적 자료에 바탕을 둔 결론이라고 하더라도, 한순간 직관적 결정이 내려지는 경우가 허다함을 우리가 겪는다.

다시 말해 어떠한 공개적이고 학술적인 통계자료가 있어도 결국 당연히 중요한 요소로서 참고하겠지만 최종 결정권자의 직관에 의한 의사결정이 이루어지고 있음을 익히 알고 있다.

왜냐하면, 그 많은 학문적, 학술적 자료와 방법과 원리와 기법들은 항상 현재와 과거형을 모델로 하고 있다는 점이다. 또한, 앞에서 이야기한 우연적 사태 앞에서는 무기력할 수밖에 없다. 더군다나 여기서 다루는 미래는 0.01%에서 99.99%에 이르는 너무도 많은 경우의 수를 포함하고 있기 때문이다.

그래서 우리에게는 전혀 불가능한 결정이라고, 혹은 잘못된 결정이라고 말하는 결정들이 전혀 반대의 결과를 가져오는 사회, 기업, 개인의 모든 경우에서 나타나고 있지 않은가? 이와 같이 살펴본 바에 의하면 동서양 구분 없이 인간은, 때때로 비국소적, 비이성적, 비논리적, 비합리적 행위 방식을 택할 수밖에 없는 경우를 많이 보고 있다.

인류가 최초로 미래라는 개념을 인식하고 난 이후부터 시작된 개인, 부족, 국가는 오늘에서 내일로 이어지는 보다 행복하고, 안녕한 삶과 내일을 위해 끊임없이 노력하고 궁구하며 몸과 감각을 중시하고 환경에 적응하면서 각 조직이나 나라마다 독특하거나 유사한 인간 세계의 문화라고 하는 다양한 의식을 신석기, 청동기시대인 고대부터 행하여 왔다.

그 의식 중에 독특한 경우, 종교 개념에서 신령-상제, 자연신, 존귀한 사망자의 영혼 등-처럼, 유한한 인간이 무한해 보이는 자연이나 여러 종류의 신(神)에게 바친 인신 공양이 있었다. 이후 공물 공양 등을 통해 기원하거나, 인간을 지배하는 또 다른 환경인 우주 자연에 의지하거나-유일신, 토템, 애니미즘- 무녀(巫女)나 영매(靈媒)를 통해 신탁하여 답을 구하였다.

인신 공양의 예는 약 4,000년 전 은허(殷墟) 유적지의 제사갱(祭祀坑) 유적에서 발견된 갑골문을 보면, 중수감(重水坎) 괘의 괘상을 다음과 같이 썼다. "習坎, 有孚, 維心, 亨, 行有尙(습감, 유부, 유심, 형, 행유상, 포로가 있어서 심장을 꺼내 익혀서 제사를 지냈다. 행실에 존중함이 있다)." 그리고 아프리카 원시 부족 지역, 지중해 크레타 섬의 3,600년 전의 신전 유적, 유라시아 대륙과 북아메리카 대륙이 왕래할 수 있던 시기에 몽고리언들이 이동하여 문명을 세웠을 것으로 추정하는 라틴 아메리카 지역에서 B.C '올멕 문명'과 '테오티우아칸 문명', '톨텍 문명'과 흥성한 '아즈텍 문명', '마야 문명' 등에서 아즈텍 달력과 포로로 잡힌 스페인 병사의 기록에서 발견된 아메리카 인디언 인신 공양 제의와 식인풍습, "그 일 이후에 하나님이 아브라함을 시험하시려고 그를 부르시되 아브라함아, 하시니 그가 가로되 내가 여기 있나이다 여호와께서 이르시되 네 아들 네 사랑하는 독자 이삭을 데리고 모리아 땅으로 가서 내가 네게 일러 준 한 산 거기서 그를 번제(燔祭)로 드려라"(창세기 22장 1~2절)에서 보이는 중동지방의 예, 시베리아와 유럽의 북극권 생활상, 유럽 지역의 주술과 타부들처럼 세계의 어느 하나의 지역도 빠짐없이 볼 수 있다.

그리고 그리스신화에서 신전에 있는 신녀에게 하는 신탁과, 바이칼 호수에서부터 시베리아 끝에서 만주, 한반도 지역에서 볼 수 있는 무녀 토템이 있고, 특히 중국 지역에서는 동물의 뼈나 거북의 등껍질(龜甲)을 이용하여 점을 치는 복(卜)과 산가지를 이용하여 점을 치는 서(筮)가 있다.

서양에서는 동양의 12절기처럼 황도 12궁의 별자리인 춘분일인 3월 20일에서 4월 20일까지를 양자리(Aries)로, 4월 21일~5월 21일을 황소자리(Taurus)로, 5월 22일~6월 21일을 쌍둥이자리(Gemini)로, 6월 22일~7월 22일을 게자리(Cancer)로, 7월 23일~8월 23일을 사자자리(Leo)로, 8월 24일~9월 23일을 처녀자리(Virgo)로, 9월 24일~10월 23일을 천칭자리(Libra)로, 10월 24일~11월 22일을 전갈자리(Scorpio)로, 11월 23일~12월 21일을 사수자리(Sagittarius)로, 12월 22일~1월 20일을 염소자리(Copricorn)로, 1월 21일~2월 19일을 물병자리(Aquarius)로, 2월 20일~3월 19일을 물고기자리(Pisces)로 구분하고 태양, 달, 수성, 금성, 화성, 목성, 토성, 천왕성, 해왕성 등 행성의 움직임을 파악하여 점을 치는 '하로스코프 점성술'과 78장으로 구성된 타로카드를 이용한 타로점, 수치학 등의 점성술이 이어져 내려오고 있다. 이와 같이 행위 선택의 기로에 서 있는 인간에게 일종의 '정당성'을 부여하기 위해 **비합리적이라는 것을 알면서**

도 스스로에게 충분한 의미를 제공하는 점(占)을 이용해 온 것이다.

결국, 이해할 수 없는 우연한 현상의 공격을 해결할 모종의 이성적이고 합리적인 방도를 일상 영역에서 찾지 못하게 되면, 결국 난국의 타개를 위해 인과론에 기초한 서양과학이 자칭 공리(公利)적인 진리라고 하면서 서양 과학에 경도(傾倒)된 사람들이 말하는, 소위 '비이성적'이고 '비논리적'이며 '불합리'하다고 하는 행위 방식에 의존하게 된다.

때문에, 주자(朱子)는 『주역』에서 "점을 치는 행위에서 올바른 일이면 서로 두 갈래로 나누어져 있어서 결단을 내리기 어려운 일에만 점(占)을 쳐야 한다."라고 했다. 이렇듯 앞에서 살펴본 상관적 사유에서의 중첩과 얽힘과 확률적임과 비국소적인 양자역학적, 동시성을 포함한 양의(兩儀)를 함의한 소위 과학적인 것이라고 밝혀진 주역점을 들여다볼 수 있는 것이다.

이와 같이 **점은 우연의 습격 상황에 바로 맞서지 않고 한발 물러서서 안전한 삶을 도모하는 행위이고 일종의 '생존을 향한 몸부림'인 것이다. 이러한 행위는 칼 융의 지적대로 미신으로 간단히 치부될 것이 아니라 삶에 대한 긍정과 지혜로 해석되어야 마땅한 것**이다.

송(宋)나라 때 유학자 정이(程頤)가 서술한 『역전서(易傳序)』에 따르면 "역(易)에는 네 가지 도가 있으니, 이로써 말을 하는 자는 그 말(괘사(卦辭), 효사(爻辭))을 숭상하고, 이로써 움직임으로 하는 자는 그 변화를 숭상하고, 이로써 기구를 만드는 자는 그 상(象)을 숭상하고, 점(占)치는 자는 그 점을 숭상하나니, 길흉 소장의 이치와 진퇴 존망의 도(道)가 그 말에 갖추어져 있으므로 사(辭)를 미루어 괘(卦)를 살펴보면 그로써 변화를 알 수 있는 것이니 상(象)과 점(占)이 그 가운데 있는 것이다"라고 했다.

수학과 과학 등 제반 학문의 발달에도 불구하고 확률적인 이것이냐, 저것이냐의 의사결정은 여전히 사물을 외부에서 파악해 그것을 분석하고 언어로 포착해 내기도 한다. 그러나 그것은 최종 결정의 전 단계로 여러 가지 고려할 사항 중 하나일 뿐 최종적으로는 의사결정권자가 그 내부로 들어가 그것에 유일하고, 따라서 '언어로' 표현될 수 없는 것과 합치하여 공감하는 **직관과 통찰의 양자적 영역에 의한 의사결정을 하게 되는 것이다**.

살펴본 바와 같이 이런 경우에 처해 있는 사람을 위해, 내가 전문적인 『주역』, 동양학의 미래 예측 관련 공부를 하고 사무실을 열어 미래에 관하여 필요한 것을 상담하는 일에 있어서 그 과정은 다음과 같다.

한 개인이 예측 불가능한 우연적 사태의 습격 상황에 직면했을 때나 주변 상황이 변화를 요구하거나 나 스스로 변화를 원할 때 그 변화가 나에게 미칠 영향들과 미래에 대한 막연한 두려움이 있을 때 혹은 사회적으로 공인된 어떤 기관이나 방법이나 해법들을 통해서도 문제가 해결되지 않을 때 내원하면, 먼저 각각의 개인이 스스로 어떠한 특성을 가진 사람인지를 알게 해 준다. 그리고 나와 관계를 맺고 있는 사람과, 직업 등과 관련된, 나와 환경과의 설정된 관계를 유지하는 방법의 특징을 밝혀 준다. 그리고 개인이 욕망과 욕구에 의해 행하려는 각각의 행위의 옳고 그름의 문제를 알려 주고, 이러한 것들이 확실하게 정립된 상태에서 다음의 단계로 넘어간다.

상담 시점에 방문자의 **생년, 월, 일, 시**로써 음과 양, 0과 1의 이진법의 무한한 변화로 생성되는『주역』육효(六爻)로 작괘한다. 이때 비로소 드러난 64괘 384효가 제시하는, 이른바 소강절(邵康節)이 말하는 11,520가지 만물의 가능 세계에 대한 경험과 그 경험을 바탕으로 다른 사물의 이치를 유추해 내는 촉류(觸類), 즉 논리적 비교(analogy)와 실상에 맞게 해석하는 방통(旁通)을 더하게 된다. 그리하게 되면 거의 무한대에 이르는 가능 세계를 파악하고, 변화무쌍한 그 괘상을 살펴서 길흉을 파악하여 최적의 의사결정(optimal solution)을 할 수 있게 도와주는 것이다.

그리고 마지막으로 가장 어렵고 이해하기 어려운 부분이지만 그 괘(진단서, check list)에서 드러내어 보이는, 흔히 흉하다고 말하는 미래의 보이지 않는 창발이나 우연의 습격 같은 기운의 작용과 같은 것들을 발견하고 그 흉한 기운이나 이루기 어려운 혹은 혹독한 경쟁 상태를 피하거나 이겨 내야 하는 상대적 우위를 점하는 결과를 얻고자 하는 희망을 성취하기 위해, 고래(古來)로부터 비법서를 통해 내밀하게 전해지는 방법을 통해 실제로 해결하고 이룰 수 있도록 하는 절차까지를 말할 수 있겠다.

이와 같이, 양자역학적 사고의 귀결과 계속된 실험, 그리고 칼 융의 동시성의 이론에서 얻어진 결론이 내가 행하는 『역경』 육효점(六爻占)의 철학적 본질의 동질성이다.

마무리하면서

세상을 향하여 책을 써 내놓는다는 것이 이리도 세심하고 조심스럽고 면밀하며 막중한 책임을 느끼는 일일 줄은 솔직히 몰랐다. 그러나 초판을 발간하고 나서 드는 면구스러움은 말로 표현하기 어려운 지경이었다.

그러나 주제만큼은 확실하게 밝히고자 함은 변함없는 나의 강한 의지이기 때문에 다시 보고, 또 보고하며 한 줄, 한 줄 세밀하게 살펴보았다. 그러나 마지막 페이지에 이른 지금, 역시 나의 모자람은 어쩔 수 없지 싶다. 그럼에도 초판보다는 좀 더 나아졌다는 평가와, 완성도가 높아졌을 거라는 소심한 바람이 이루어졌으리라 위안하며, 독자들께서 널리 이해해 주시기를 바라면서 오로지 독자들께서 이 책에서 하나라도 새롭고 소중한 정보를 얻으셨기를 바라고, 또 그리되셨다면 참으로 기쁘고 감사할 따름이다.

이 책을 쓰기까지 나의 철학적 사고가 만들어지는 과정과 그 안에서 도움이 된 책 중 일부를 독자 여러분에게 소개해 보려고 한다. 철학과 종교 등과 관련하여 매우 긴 시간 동안 갈등하여 성인이 되고 한참 뒤에 결정한 사항이지만 사실 중학교 때 우리 집에서 잠시 같이 지내던 동성동본의 김영규라는 분이 남기고 간 열네다섯 권의 키르케고어, 샤르트르, 하이데거, 야스퍼스, 러셀 등 현대 실존철학자들의 책을 읽기 시작했던 중학교 시절이 나를 찾는 시작점이었던 것 같다. 중학생이 이해하기엔 어려운 그 책을 하루에 한 줄도 읽어 내려가지 못하면서도 끝까지 보려고 애를 쓰며 지냈던 그 시절부터 말이다.

이후 내 존재를 자각하고 그에 따라 수직적 개념보다 수평적 개념의 사유체계와 사유 방식과 가치관이 만들어지기 시작한 듯하다. 기계공업고등학교 재학 시절 화학 관련 이론과 실험 실습 과정과, 화공과(化工科) 과장님이셨던 정택상 선생님께서 가르쳐 주신 '화학 물리'라는 과목과 유기화학, 무기화학 등 3년간 배운 화학 관련 학문이 큰 발판이 되어, 지금껏 하고 있는『주역』을 화학과 물리의 과학적 원리로 밝혀 보려고 하는 것 같다.

그리고 20대의 청춘기에 내가 속한 가정의 엄청난 일을 겪으며 가뜩이나 감성적인 내가 신과 인간과 삶과 죽음. 그리고 예측 가능하지 않은 생명의 유한성과 불가항력성 등을 철학적, 종교적으로 생각하는 계기가 되었다. 거기서 한 걸음 더 나아간 포이어바흐(Ludwig Feuerbach)와 스피노자(Baruch Spinoza)의 철학적 사고는 내가 평소에 생각하던 바와 너무도 비슷한지라 충격적으로 뇌리에 깊이 각인되었다.

그리고 굳이 꼽아 보자면 조금은 특이하리만큼 수평적 균형, 평등과 같은 개념들이 잘 발달한 나의 사주적 특성으로, -참고로 갑(甲) 일간에 진(辰), 술(戌), 축(丑), 미(未)가 모두 있다- 이는 각각 사계절이 변하는 과정에 있음이고 또한, 진토에 깃들어 있는 겨울의 수(水) 기운, 술토에 깃든 여름의 화(火) 기운, 축토에 저장된 가을의 금(金) 기운, 미토에 보관된 봄의 목(木) 기운의 네 가지의 기운과 토(土) 기운, 본연의 기운이 갖춰져 있어서 4계절과 오행이 모두 갖추어져 있다. 이는 여러 해석이 있을 수 있으나 해석 중에서 한 가지로 해석해 보면, 한쪽에 치우치는 것을 꺼리는 것이다.

이런 과정에서 지금의 일원론적 사고방식과 모든 생각과 현상들의 이치를 절대자인 조물주에게 귀속시켜야 하는 인과론적 사유 방식보다 상관적 사유가 잘 성장하는 토양이 만들어지지 않았나 싶다. 물론 불가의 책들과 도가 계열 책들은 이후의 일이다.

사실은 대학 졸업 후 사업에 매진할 당시 나에게 공부할 것을 권유하셨을 때 사업에 매진하며 기고만장하여 말도 안 되는 소리라고 일축했던 나를 10여 년이나 지나서, 오갈 곳 없는 신세였음에도 나를 받아 주시어 오묘한 배움의 길로 이끌어 주셨으며, -지금에 와서야 왜 권해 주셨는지를 깨닫고 있지만- 각 개인의 생년, 월, 일, 시에 따른 사주를 이용하여 육효괘를 뽑는『사주작괘육효비전(四柱作卦六爻祕傳)』을 만드신 고(故) 송술용 님 영전에 이 글을 올린다. 또한, 내 삶의 노정에서 정신적으로, 물질적으로 가장 어려웠던 시기에 도와주었으며 나를 가르치고 지도 편달해 준 동우(東佑) 송해윤 사부께 마음으로부터 깊은 감사를 드린다.

또한, 이 책 전체의 문맥을 살피고 교정하여 다듬고, 필요한 자료를 수집하느라 많은 애를 써 주었고 버거운 컴퓨터 작업을 해 준 김현아 선생과 첫 초안을 살피고 교정과 조언을 해 준 이담(珥潭) 최미자 선생과 국민대 신소재공학과 4학년, 지금은 어엿한 직장인이 된 정하람 양의 노고에 감사한 마음을 전한다.

그리고 연구 활동과 제자들 강의로 바쁜 와중에 이 글을 살펴보고 조언해 준 가천대학교 전기공학부 장경욱 교수에게 심심한 감사를 표한다.

끝으로 내가 국민학교를 다니며, 신나게 뛰어놀 적에 공부 안 하고 놀기만 하는 나를 언제인가는 그토록 모질게 혼내시고는 다음 날 그 당시 어디서 구해야 하는지도 모르는 붓과 벼루 그리고 먹과 함께 한석봉 천자문을 사 오셔서, 지난 신문지를 철하는 도구로 철해 주시고는 공부하라 하시던 그리운 아버님. 지금 생각해 보면 그때의 회초리와 붓과 한문 공부가 이리도 큰 방편이 될 줄 몰랐습니다. 지금 돌이켜 생각해 보면, 정말 어려운 가운데 좌충우돌의 저를 그토록 아끼시고, 응원하시고, 믿어 주시고, 자랑스러워해 주시고, 사랑해 주신, 이제는 너무도 먼 곳이라 도저히 뵐 수 없는 아버님께 그리움 가득한 마음을 담아 이 책을 올립니다.

갑진년 동지절 우보재에서

참고문헌

『30인의 사상가』, 에드워드 더보노, 홍동선 역, 정우사, 1995년.

『가장 행복한 공부』, 청화, 아시아문화커뮤니티, 2015년.

『고대철학이란 무엇인가』, 피에르 아도, 이세진 역, 열린책들, 2021년.

『공유지의 약탈』, 가이 스탠딩, 임효상 역, 창비, 2021년.

『공자, 노자, 석가』, 모로하시 데쓰지, 심우성 역, 동아시아, 2001년.

『경이로운 수 이야기』, 알브레히트 보이텔슈파허, 전대호 역, 해리북스, 2022년.

『금강경강해』, 김용옥, 통나무, 2007년.

『기독교의 본질』, 포에르바흐, 박순경 역, 종로서적, 1997년.

『기학, 19세기 한 조선인의 우주론』, 최한기, 손병욱 역, 통나무, 2008년.

『기학의 모험』, 조동일, 정세근, 박소정, 김병삼, 백석준, 김시천, 들녘, 2005년.

『그런 깨달음은 없다』, UG크리슈나무르티, 김훈 역, 김영사, 2019년.

『끝없는 우주』, 폴 스타인하트, 닐 투록, 김원기 역, 살림, 2015년.

『난중일기』, 이순신, 김문정 역, 더스토리, 2023년.

『노자신역』, 노자, 장기근 역, 명문당, 2009년.

『노자』, 노자, 최재목 역, 을유문화사, 2006년.

『노자의 칼, 장자의 방패』, 강신주, 김영사, 2013년.

『노자철학 이것이다』, 김용옥, 통나무, 1998년.

『논어』, 공자, 오세진 역, 홍익, 2021년.

『닐스 보어』, 짐 오타비야니, 김소정 역, 푸른지식, 2019년.

『단순한 삶의 철학』, 엘리스 웨스타콧, 오윤기 역, 책세상, 2017년.

『대승기신론』, 마명, 이공우 역, 경서원, 2000년.

『대학, 중용』, 주희, 김미영 역, 홍익, 2011년.

『도덕경의 철학』, 한스-게오르크뮐러, 김경희 역, 이학사, 2021년.

『도에 딴지 걸기, 장자/노자』, 강신주, 김영사, 2020년.

『동시성, 양자역학, 불교영혼 만들기』, 빅터 맨스필드, 이세형, 달을긷는우물, 2021년.
『동양사상과 사회발전』, 김충렬 외, 동아일보사, 1996년.
『루트비히 포에르바하, 독일철학의 종말』, 프리드리히 엥겔스, 양재혁 역, 돌베개, 1992년.
『마르크스와 푸코를』, 자크 비데, 배세진 역, 생각의힘, 2021년.
『마르크스의 자본론』, 이재유, EBS북스, 2022년.
『마조록, 백장록』, 마조도일, 백장대지, 장경각, 2009년.
『만들어진 신』, 리처드 도킨스, 이한음 역, 김영사, 2017년.
『만들어진 유대인』, 슐로모 산드, 김승완 역, 사월의책, 2022년.
『만약 시간이 존재하지 않는다면』, 카를로 로벨리, 김현주 역, 쌤앤파커스, 2021년.
『맑스주의 철학 성립사』 T. I. 오이저만, 윤지현 역, 아침, 1988년.
『망치를 든 철학자 니체 vs 불꽃을 든 철학자 포이어바흐』, 강대석, 들녘, 2016년.
『맹자집주』, 성백효, 한국인문고전연구소.
『몽골리안 일만년의 지혜』, 폴라 언더우드, 김성기 역, 그물코, 2002년.
『무의식의 심리학』, 칼 구스타프 융, 정명진 역, 부글북, 2022년.
『무질서가 만든 질서』, 스튜어트 A. 카우프만, 김희봉, RHK, 2021년.
『묵자』, 권오석 역, 홍신문화사, 2012년.
『물방울에서 신시까지』, 나해철, 솔출판사, 2022년.
『물리와 철학』, 베르너 하이젠베르크, 조호근 역, 서커스, 2018년.
『미래중독자』, 다니엘 S. 밀로, 양영란 역, 추수밭, 2017년.
『민족 사상과 민족 종교』, 이정재, 경희대학교 출판문화원, 2023년.
『반야바라밀다심경』, 다카가미 가꾸쇼오, 김명우 역, 빛과글, 2002년.
『백범일지』, 김구, 도진순 역, 돌베개.
『백일법문 1, 2』, 퇴옹성철, 장경각, 2009년.
『벽암록 상, 중, 하』, 설두중현, 원오극근, 장경각, 2002년.
『벽암록』, 안동림 역, 현암사, 2011년.
『병법노자』, 임건순, 서해문집, 2017년.

『부분과 전체』, 베르너 하이젠베르크, 유영미 역, 서커스, 2019년.

『부의 제한선』, 잉그리드 로베인스, 김승진 역, 세종, 2024년.

『불교철학』, 데이비드 J. 칼루파하나, 나성 역, 이학사, 2019년.

『불안의 시대 이교도와 기독교인』, 에릭 R. 도즈, 송유례 역, 그린비, 2021년.

『비트겐슈타인 철학적 탐구』, 김면수, 주니어김영사, 2019년.

『사지통속고』, 정윤, 정재승 역, 우리역사연구재단, 2020년.

『사단칠정론』, 민족과사상연구회 편, 서광사, 1992년.

『사물들의 우주』, 스티븐 샤비로, 안호성 역, 갈무리, 2021년.

『상나라 정벌』, 리쉬, 홍상훈 역, 글항아리, 2024년.

『새롭게 만나는 공자』, 김기창, 이음, 2021년.

『생명이란 무엇인가』, 에르빈 슈뢰딩거, 서인석, 황상익 역, 한울, 2023년.

『서경강설』, 이기동 역, 성균관대학출판부, 2022년.

『서경덕과 화담학파』, 한영우, 지식산업사, 2022년.

『서양철학사』, 버트란트 러셀, 최민홍 역, 집문당, 1982년.

『서화담문집』, 서경덕, 김학주 역, 명문당, 2003년.

『설봉록』, 각여만제, 백련선서간행회, 장경각, 2003년.

『세계종교의 역사』, 리처드 할러웨이, 이용주 역, 소소한책, 2020년.

『세계질서와 문명등급』, 리디아 류주 편, 차태근 역, 교유서가, 2022년.

『세 명의 사기꾼』, 스피노자의 정신, 성귀수 역, 아르떼, 2023년.

『세상 뭐든 물리 1, 2』, 이공주, 동아시아, 2017년.

『수메르문명과 역사』, 주동주, 범우, 2020년.

『슈뢰딩거 고양이를 찾아서』, 존 그리빈, 박병철 역, 휴머니스트, 2020년.

『스피노자 vs 라이프니츠』, 서정욱, 세창출판사, 2021년.

『스피노자와 붓다』, 성희경, 한국학술정보, 2010년.

『스피노자의 생활철학』, 황진규, 인간사랑, 2020년.

『스피노자의 인식과 자유』, 이경석, 한국학술정보, 2005년.

『시경』, 심영환 역, 홍익, 2011년.

『식물십자군』, 정홍규, 여름언덕, 2020년.
『신완역 주역』, 김경탁 역, 명문당, 2011년.
『신완역 회남자 상, 중, 하』, 유안, 안길환 역, 명문당, 2013년.
『신의 전쟁』, 카렌 암스트롱, 정영목 역, 교양인, 2021년.
『아함경』, 마스터니 후미오, 이원섭 역, 현암사, 2007년.
『에티카/정치론』, B. 스피노자, 추영현 역, 동서문화사, 2018년.
『에티카』, B. 스피노자, 강영계 역, 서광사, 2023년.
『역사 속의 유로메나』, 서강대학교 유로메나연구소, 박단 엮음, 에코리브르, 2021년.
『역사철학강의』, G. W. F. 헤겔, 권기철 역, 동서문화사, 2020년.
『역사와 자유의식』, 안드레아스 아른트, 한상원 역, Editus, 2021년.
『영원한 대자유 1, 2, 3』, 혜자 스님, 도서출판 밀알, 2002년.
『영적 휴머니즘』, 길희성, 아카넷, 2021년.
『오가정종찬 상, 하』, 희수, 소담, 백련선서간행회 역, 장경각, 2007년.
『오스만 제국 600년』, 이희철, 푸른역사, 2022년.
『왜 분노해야 하는가』, 장하성, 헤이북스, 2015년.
『왼손에 노자, 오른손에 공자』, 창화, 박양화 역, 열림카디널, 2007년.
『용담유사』, 최제우, 김용옥 역, 통나무, 2022년.
『우리 우주의 첫 순간』, 댄 후퍼, 배지은 역, 해나무, 2023년.
『우리 사상 100년』, 윤사순, 이광재, 현암사, 2001년.
『우주를 계산하다』, 이언 스튜어트, 이충호 역, 흐름출판, 2019년.
『운문록 상, 하』, 수견, 종연, 백련선서간행회 역, 장경각, 2002년.
『원본주역』, 박병대 역, 일신서적, 1995년.
『육조단경』, 나카가와 다카, 양기봉 역, 김영사, 2001년.
『이것이냐 저것이냐』, 키르케고어, 홍동선 역, 홍신문화사, 1990년.
『이덕일의 한국통사』, 이덕일, 다산초당, 2021년.
『이분법을 넘어서』, 장회익, 최종덕, 한길사, 2011년.
『이탁오 평전』 미조구치 유조, 임태홍 역, 글항아리, 2022년.

『인류세시대의 맑스』, 마이크 데이비스, 안민석 역, 창비, 2020년.
『일본학자가 본 식민지 근대화론』, 도리우미 유타카, 지식산업사, 2020년.
『일어날 일은 일어난다』, 박권, 동아시아, 2023년.
『임제록, 법안록』, 임제의현(원각종연), 법안문익, 장경각, 2008년.
『자동화와 노동의 미래』, 아론 베나나브, 윤종은 역, 책세상, 2022년.
『자본과 이데올로기』, 토마 피케티, 안준범 역, 문학동네, 2020년.
『자본주의는 당연하지 않다』, 데이비드 하비, 강윤혜 역, 선순환, 2021년.
『자본주의와 경제적 이성의 광기』, 데이비드 하비, 김성호 역, 창비, 2019년.
『장자 1, 2, 3』, 장자, 이강수, 이권 역, 도서출판 길, 2019년.
『장자』, 장자, 석연해 역, 일신서적, 1990년.
『장자』, 장자, 오강남 역, 현암사, 1999년.
「점 : 우연사태 속의 철학적 의제」, 박영우, 『범한철학회』 제79집, 2015년.
『정몽』, 장재, 장윤수 역, 책세상, 2023년.
『정역중국정사조선동이전 1, 2, 3, 4』, 문성재 역, 우리역사연구재단, 2023년.
『조선 사상사』, 오구라 기조, 이신철 역, 도서출판 길, 2022년.
『조선상고사』, 신채호, 일신서적출판, 1998년.
『조선 혁명선언』, 신채호, 범우사, 2020년.
『조주록』, 조주종심, 장경각, 2002년.
『존재의 제자리 찾기』, 박영규, 푸른들녘, 2017년.
『종용록 상, 중, 하』, 천동각화상, 만송노인, 백련선서간행회 역, 장경각, 2006년.
『종의 기원』, 찰스 다윈, 김창한 역, 집문당, 1983년.
『주역』, 권오석 역, 혜원출판사, 2006년.
『주역과 한의학』, 곽동렬, 성보사, 1997년.
『주한 미군정 연구』, 그란트 미드, 안종철 역, 공동체, 1993년.
『중국 사상의 원류』, 황원구, 연세대학교 출판부, 1984년.
『중국철학』, 주계서, 문재곤 역, 예문서원, 1993년.
『중국의 유가와 도가』, 임계유, 권덕주 역, 동아출판사, 1993년.

『중력과 은총』, 시몬 베유, 윤진 역, 문학과지성사, 2023년.
『중세철학입문』, 에띠엔느 질송, 강영계 역, 서광사, 1983년.
『지각 심리학』, 최정훈, 을유문화사, 1981년.
『지속불가능자본주의』, 사이토 코헤이, 김영현 역, 다다서재, 2021년.
『차라투스트라는 이렇게 말했다』, 프리드리히 니체, 백승영 역, 사색의숲, 2023년.
『천 개의 우주』, 앤서니 애브니, 이초희 역, 추수밭, 2022년.
『천국의 발명』, 마이클 셔머, 김성훈 역, 아르떼, 2019년.
『철학 vs 실천』, 강신주, 오월의봄, 2020년.
『철학에의 초대』, 덕성여대 출판부, 1983년.
『철학적 탐구를 위한 길잡이』, A. 아흐메드, 하상필 역, 서광사, 2013년.
『청산하지 못한 역사』, 반민족문제연구소, 청년사, 1994년.
『칼 융 분석심리학』, 칼 구스타프 융, 정명진 역, 부글북, 2022년.
『타부, 주술, 정령들』, 엘리 에드워드 베리스, 김성균 역, 우물이있는집, 2022년.
『퇴계철학연구』, 윤사순, 고려대학교출판부, 1980년.
『티마이오스』, 플라톤, 박종현, 김영균 역, 서광사, 2016년.
『파라독사의 사유』, 이정우, 그린비, 2021년.
『팔레스타인 100년 전쟁』, 라시드 할리디, 유강은 역, 열린책들, 2021년.
『포노 사피엔스』, 최재봉, 쌤앤파커스, 2019년.
『포박자』, 갈홍, 이준영 역, 자유문고, 2014년.
『하이젠베르크의 양자역학』, 이옥수, 정윤채 그림, 작은길, 2017년.
『한자의 재구성』, 박영철, 도서출판 길, 2021년.
『한국 사회 심리학』, 고영복, 법문사, 1985년.
『한국자본의 불량한 역사』, 안치용, 내일을여는책, 2017년.
『한국철학 화두로 읽는다』, 임선영, 정성식, 황광욱, 동녘, 1999년.
『행복스러운 인간』, 버트란트 러셀, 황문수 역, 자유에세이, 1987년.
『헤겔 강의록 입문』, 요리카와 죠지, 이신철 역, 도서출판 b, 2022년.
『헤겔에서 니체에로』, 카알 뢰비트, 강학철 역, 민음사, 1985년.

『현대물리학의 논리』, 퍼시 윌리엄스 브리지먼, 정병훈 역, 이카넷, 2022년.

『혐오와 한국교회』, 권지성 외, 삼인, 2020년.

『화두, 혜능과 셰익스피어』, 김용옥, 통나무, 2000년.

『화이트헤드의 유기체철학』, 김영진, 그린비, 2012년.

『황금꽃의 비밀』, 칼 융, 리하르트 빌헬름, 이유경 역, 문학동네, 2022년.

『현사록』, 손각, 지엄, 백련선서간행회 역, 장경각, 2007년

『회남자, 황제내경(하늘, 땅, 인간, 그리고 과학)』, 강신주 역, 김영사, 2020년.

『회남자』, 유안, 김성환 역, 살림, 2013년.

『힌두교사 깊이 읽기』, 이광수, 푸른역사, 2021년.

인과론적 사유에서 상관론적 사유로

양자적 인간

A Quantum Person

초판 1쇄 발행 2025년 2월 12일

지은이 김환규
펴낸이 이기봉
편집 좋은땅 편집팀
펴낸곳 도서출판 좋은땅
주소 서울특별시 마포구 양화로12길 26 지월드빌딩 (서교동 395-7)
전화 02)374-8616~7
팩스 02)374-8614
이메일 gworldbook@naver.com
홈페이지 www.g-world.co.kr

ISBN 979-11-388-3962-4 (03100)

• 가격은 뒤표지에 있습니다.

• 파본은 구입하신 서점에서 교환해 드립니다.